中国特色经济学·研究系列

千慧雄　安同良　著

中国式现代化进程中的金融发展与企业技术创新

Financial Development and Technological Innovation of Enterprise in the Process of Chinese-Style Modernization

南京大学出版社

图书在版编目(CIP)数据

中国式现代化进程中的金融发展与企业技术创新 /
千慧雄,安同良著. — 南京:南京大学出版社,2024.11
(中国特色经济学. 研究系列)
ISBN 978 - 7 - 305 - 28070 - 2

Ⅰ.①中… Ⅱ.①千… ②安… Ⅲ.①金融业—经济
发展—影响—企业创新—研究—中国 Ⅳ.①F279.23

中国国家版本馆 CIP 数据核字(2024)第 090301 号

出版发行 南京大学出版社
社　　址 南京市汉口路 22 号　　　　邮　编　210093
丛 书 名 中国特色经济学·研究系列
书　　名 **中国式现代化进程中的金融发展与企业技术创新**
　　　　　ZHONGGUOSHI XIANDAIHUA JINCHENG ZHONG DE JINRONG FAZHAN YU QIYE JISHU CHUANGXIN
著　　者 千慧雄　安同良
责任编辑 余凯莉
照　　排 南京南琳图文制作有限公司
印　　刷 苏州市古得堡数码印刷有限公司
开　　本 787 mm×960 mm　1/16　印张 14.25　字数 238 千
版　　次 2024 年 11 月第 1 版　　印　次　2024 年 11 月第 1 次印刷
ISBN 978 - 7 - 305 - 28070 - 2
定　　价 75.00 元

网　　址 http://www.njupco.com
官方微博 http://weibo.com/njupco
官方微信 njupress
销售热线 025 - 83594756

前　言

在新中国成立和改革开放长期探索与实践的基础上，尤其是党的十八大以来，以习近平同志为核心的党中央立足中华民族伟大复兴战略全局和世界百年未有之大变局，统筹推进"五位一体"总体布局、协调推进"四个全面"战略布局，推动党和国家事业取得历史性成就、发生历史性变革，现代化建设的理论和实践不断取得新突破，从而使得中国式现代化的理论逐渐趋于成熟。2021年，习近平总书记在庆祝中国共产党成立100周年大会上提出了"中国式现代化"的重要论断。随后，党的二十大报告对中国式现代化建设理论进行了系统阐释：中国式现代化是人口规模巨大的现代化、是全体人民共同富裕的现代化、是物质文明和精神文明相协调的现代化、是人与自然和谐共生的现代化、是走和平发展道路的现代化。现阶段，从国际上看，大国博弈形势错综复杂，以美国为首的西方发达国家对中国不断挑起贸易摩擦，继而进行技术围堵，金融打压，甚至不惜开启"货币战争"；从国内看，人口、资源和环境等结构性因素的变迁使得资源驱动型的传统经济增长模式无以为继，亟须转变为以创新为驱动力的高质量发展模式。创新，尤其是现代复杂性技术创新的主体是以企业为主的创新网络，因此需要构建以企业为主体的创新体系，持续推进企业创新能力的提升，才能不断突破关键技术、核心技术、"卡脖子"技术，实现中国科技的自立自强。

Schumpeter(1934)最初研究创新时就十分强调金融的重要作用，他指出："银行家已不仅仅是生产商品购买力的中间商，由于所有储蓄都流向他，对自由购买力的总需求也就向其集中，银行家就可以取代资本家或者变成其代理人，他就能以社会的名义授权企业家实现生产要素的新组合。"Hicks(1969)在研究中也指出新技术在市场化阶段需要稳定的金融支持，一个发展滞后、流动性不足的金融市场很难帮助企业完成技术创新。随着研究的深入，Levine(2004)将金融对实体经济发展和技术创新的主体功能总结为五项：动员和集聚储蓄、生产信息和配置资本、监督和管理企业、规避风险、便利化贸易。金融对企业技术创新的重要支撑和促进作用已经得到广泛的理论和经验证明，但现有的研究还比较分散，尤其是对中国情境下金融发展促进企业技术创新的理论机制还缺少系统性研究。

中国实体经济已经快速经历了简单的手工生产、大规模生产、柔性协同化生产阶段，目前正向复杂的智能网络化生产迈进。智能网络化生产阶段使用的是复杂性技术，而复杂性技术的创新通常具有投入更大、周期更长、风险更大等特征，且创新会在不确定的节点上涌现。因此，复杂性技术创新需要更大规模、更加稳定和持续的资金投入。作为创新主体的企业也需要资金来维持正常的生产经营活动，单靠其内源融资很难持续进行大规模的研究与试验发展(R&D)投资，因而复杂性技术创新活动更加需要金融市场的强有力支持。经过40多年的改革与发展，中国金融市场已经彻底摆脱了浅短状态，金融机构体系日趋完备，金融监管体系不断优化，金融市场的厚度、宽度和自由度都获得极大提升，以市场为基础的利率、汇率制形成机制趋于成熟，人民币国际化程度不断提高，配置国内国外两种金融资源的能力日益增强。但从对企业技术创新的支撑来看,目前仍存在创新结构与金融结构不匹配、金融市场竞争不充分、金融部门市场势力较强、金融普惠性较低等问题。党的十九大报告、二十大报告,以及国家"十四五"规划等中央重要文件都强调金融要支持实体经济,尤其是技术创新活动。因此,研究中国情景下金融发展促进企业技术创新的机制和传导渠道,以及金融优化发展路径等问题既可以进一步丰富金融与技术创新关系的理论,又契合国家以金融发展促进实体经济和技术创新、实现高质量发展的大局,更是推进中国式现代化进程的内在要求,具有重要的理论价值和现实意义。

基于中国式现代化进程的理论创新需要,本研究以中国金融发展促进企业技术创新的机制和传导渠道为研究对象,同时鉴于金融发展概念的复杂性,本研究将金融发展概念分解为金融深化、金融结构优化、金融市场竞争增强、金融市场效率提高和普惠金融发展五个维度。由于中国社会主义市场经济起步于计划经济,金融体系的发展也肇始于"大一统"的金融体系,所以本研究首先系统地分析了中国金融体制的市场化改革进程,然后从五个维度上分析改革开放以来中国金融发展的演变进程;接着,在五个维度上分别构建理论模型研究金融发展促进企业技术创新的机制与传导渠道,同时使用中国省级区域的经验数据进行实证检验。研究表明:金融深化能够通过金融市场厚度增加、金融市场宽度拓展和金融市场自由度提升三个维度促进企业技术创新;以风险包容性增强为表征的金融结构优化能够提升金融结构与创新结构的适应性,从而促进企业对关键技术、核心技术等复杂性技术的突破;金融市场竞争的增强能够通过融资成本降低机制、融资约束缓解机制和人力资本回流机制三个渠道促进企业技术创新;

金融市场储蓄动员、信息甄别、资源配置等金融效率的提升亦能够通过降低企业融资成本、缓解企业融资约束等途径促进企业技术创新；普惠金融推进的过程中也能够通过降低企业融资价格、缓解企业融资约束等途径拓展企业技术创新可能性空间，从而促进企业技术创新。

为实现高水平科技自立自强，加速推进中国式现代化进程，应进一步系统地优化金融发展，更好地服务实体经济和技术创新：以市场化改革为抓手，继续推进金融深化战略，建设金融强国；积极推进中国金融结构转型升级，深化金融供给侧结构性改革，提高金融结构对创新的风险包容性和风险承担能力；多措并举推动金融业市场竞争，降低金融机构尤其是头部金融机构的市场势力；提升金融系统对实体经济和技术创新服务的主体功能效率；多维度推进普惠金融建设，尤其是大力发展数字普惠金融；疏通传导渠道，提升金融发展促进企业技术创新的作用效能。

目　录

第一章 导 论

一、研究背景

（一）推进中国式现代化进程要求企业有更强的技术创新能力

习近平总书记在庆祝中国共产党成立 100 周年大会上提出了"中国式现代化"的重要论断,他指出:"中国特色社会主义是党和人民历经千辛万苦、付出巨大代价取得的根本成就,是实现中华民族伟大复兴的正确道路。我们坚持和发展中国特色社会主义,推动物质文明、政治文明、精神文明、社会文明、生态文明协调发展,创造了中国式现代化新道路,创造了人类文明新形态。"随后,党的二十大报告对中国式现代化进行了全面的理论阐释,同时指出:"在新中国成立特别是改革开放以来长期探索和实践基础上,经过十八大以来在理论和实践上的创新突破,我们党成功推进和拓展了中国式现代化。"中国式现代化是人口规模巨大的现代化,中国式现代化是全体人民共同富裕的现代化,中国式现代化是物质文明和精神文明相协调的现代化,中国式现代化是人与自然和谐共生的现代化,中国式现代化是走和平发展道路的现代化。中国式现代化是社会全面发展的现代化,从经济发展来看,要求建立现代化的经济体系,实现高水平科技自立自强,进入创新型国家前列。尤其是现阶段,面对国内外复杂的经济形势,尤其是发达国家的技术封锁,要求加快构建以国内大循环为主体、国内国际双循环相互促进的新发展格局,促进经济社会高质量发展,而实现高质量发展的必由之路则是加快实现高水平科技自立自强。因此构建以企业为主的技术创新体系,提升企业自主创新能力,加快突破关键技术、核心技术、"卡脖子"技术是推进中国式现代化的内在要求。

(二) 金融在企业技术创新过程中具有重要的推进器、加速器等主体性功能

纵观国内外企业技术创新过程,尤其是技术先进国家和地区的企业技术创新过程,金融都起着至关重要的作用。正如 Schumpeter(1934)指出的:"银行家已不仅仅是生产商品购买力的中间商,由于所有储蓄都流向他,对自由购买力的总需求也就向其集中,银行家就可以取代资本家或者变成其代理人,他就能以社会的名义授权企业家实现生产要素的新组合。"Hicks(1969)在研究中也指出新技术在市场化阶段需要稳定的金融支持,一个发展滞后、流动性不足的金融市场很难帮助企业完成技术创新。随后金融发展影响实体经济和技术创新的研究逐渐丰富,根据 Levine(2004)的总结,金融发展对企业技术创新的主体功能主要体现在五个方面:(1) 动员和集聚储蓄,金融系统将分散的储蓄动员和集聚起来需要克服交易成本(Sirri and Tufano, 1995)和信息不对称(Boyd and Smith, 1992)两个难题,集聚起来的储蓄可以实现规模经济,解决投资的不可分性等问题(Acemoglu and Zlibotti, 1997),从而促进经济发展和技术创新。(2) 生产信息和配置资本,创新者和投资者间的信息不对称会阻碍金融资源向技术创新流动,出于套利目的,金融中介会挖掘更多信息,提高甄别能力,将资金配置给创新能力最强的创新者(Greenwood and Jovannovic, 1990; Acemoglu et al. , 2003)。(3) 监督和管理企业,金融市场对企业创新过程的监督和管理能够降低道德风险问题,从而提高创新效率(Blackburn and Hung, 1998; Morales, 2003)。(4) 规避风险,金融发展能够提高对创新者截面风险(King and Levine, 1993)、跨期风险(Allen and Gale, 1997)、流动性风险(Aghion et al. , 2004)的分散,从而促进创新投资;(5) 便利化产品和服务贸易,金融发展能够降低交易成本和缓解信息不对称,从而促进专业化和技术创新(Greenwood and Smith, 1996)。除了理论研究,国际上大量实证研究表明发展良好的金融市场能够促进企业技术创新和经济增长(King and Levine, 1997; Aghion et al. , 2005; Meierrieks, 2015)。国内也存在一些关于金融发展促进企业技术创新的理论和经验研究。如:中国金融市场的发展能够促进产业结构升级和企业技术创新(孙伍琴和王培,2013;易信和刘凤良,2015);中国金融结构优化、金融市场深化能够促进企业技术创新(千慧雄和安同良,2020;千慧雄和安同良,2022);数字金融的发展能够促进企业技术创新(唐松等,2020;朱俊丰,2023),尤

其是对中小企业技术创新的推动作用更显著(谢雪燕和朱晓阳,2021;郭沛瑶和尹志超 2022)。综上所述,国内外众多的理论和经验研究都表明金融发展对企业技术创新有重要的支撑和推动作用。

(三)中国金融发展与创新经济的融合适应度不高

国家"十四五"规划指出要健全具有高度适应性、竞争力、普惠性的现代金融体系,构建金融有效支持实体经济的体制机制;党的二十大报告又强调要加快实施创新驱动发展战略,推动创新链、产业链、资金链、人才链深度融合。然而现实中,金融发展对企业技术创新的促进机制不畅,与创新经济的融合适应程度不高,表现在:

(1)创新结构与金融结构不匹配。从中国企业创新活动的实际情况来看,投入端主要包括四类行为:R&D、新产品开发、技术获取和技术改造;R&D 又分为基础研究、应用研究和试验发展。从内容来看,R&D 活动包含较多的科学研究活动,周期最长,风险也最大;新产品开发则存在着开发失败风险,以及后期的市场开拓风险,因此风险也较大;技术获取包括技术引进、消化吸收和购买国内技术三项活动,更多的是技术的直接获得,只有部分市场和适应性风险,风险也较小;技术改造则是直接的工艺、设备的替换过程,风险最小。从结构上来看,改革开放后相当长一段时期,中国一直以低风险的技术改造和技术获取为主(安同良,2003),到 1991 年时,技术改造支出在四项支出中占 51.98%,加上技术获取这一比例上升至 79.07%,高风险的 R&D 活动和新产品开发经费则很少。但是随着改革开放的深入推进,尤其是中国加入WTO 后经济获得一个加速发展期,创新结构也发生了质的变化,高风险的 R&D 支出和新产品开发支出的占比迅速上升,到 2021 年时中国 R&D 和新产品开发支出比重分别达到了 38.86%和 50.27%,两项合计 89.13%,创新结构已转变为以高风险的 R&D 和新产品开发为主。从融资结构来看,2022 年全国社会融资规模增量为32.01 万亿元,其中人民币贷款为 20.91 万亿元,占 65.32%,如果再加上外币贷款、委托贷款、信托贷款、未贴现银行承兑汇票等各类贷款,这一比例将上升到 73.54%,而企业债券和非金融企业境内股票融资仅占 6.40%和 3.68%。高风险的直接融资比例较低,与以高风险为主的创新结构不相适应。

(2)金融市场竞争不充分,金融部门市场势力较强,对实体经济表现出局部性的

"攫取之手"。金融部门不直接创造财富,其利润来自实体部门的转移,转移份额的大小取决于双方的市场势力对比。长期以来,中国金融部门保持着较高的利润率,据Wind 统计,2022 年 A 股 5 167 家上市公司实现营业总收入 71.65 万亿元,实现净利润 5.65 万亿元;同期 58 家中 A 股上市银行营业收入合计 6.09 万亿元,实现净利润 2.14 万亿元,净利润占全部 A 股上市公司的 37.88%。另外,5 家 A 股保险公司 2022 年实现净利润 1746.93 亿元,50 家 A 股证券公司实现利润 1343.58 亿元,银行、证券、保险三类金融类上市公司利润合计 2.45 万亿元,占上市公司利润的比重达 43.35%,即 A 股上市公司超过四成的利润来自金融企业。

(3) 金融普惠性较低,创新性高的"专精特新"企业融资难、融资贵问题频现。据统计,90% 以上的中小企业无法从正规金融机构获得商业贷款,融资难问题已经严重制约了中小企业的发展(李建军和张丹俊,2015)。从融资规模占比来看,2014 年末,中小微企业获得的信贷余额仅占企业贷款余额的 30.4%,与其 60% 以上的 GDP 贡献率不相称。近年来,随着普惠金融的推进,小微企业贷款比重有大幅提升,根据中国银保会的统计,2021 年末,全国小微企业贷款余额近 50 万亿元,占全国企事业贷款余额的比重约为 40%,但仍有较大空间。另外,中国民营企业在融资过程中还遭受着附加的"所有制"歧视,融资难、融资贵现象较为突出(刘尚希等,2018)。在金融排斥下中小微企业,尤其是民营企业技术创新活动较难有效开展。

二、研究意义

从现有的研究来看,金融发展对企业技术创新的信息甄别、融资约束缓解、融资成本降低等机制已有较多的理论和经验分析,但关于金融发展促进企业技术创新的理论机制还缺乏一个系统的架构,尤其是中国情景下金融发展促进企业技术创新的特殊性、存在的问题,以及未来的优化路径研究较少。因此,本研究可以从理论上进一步丰富金融发展与企业技术创新之间关系与作用机制,具体来讲,本研究有三方面的理论价值。一是将金融发展进行多维分析。金融发展是金融规模扩张基础上金融业高度化带来金融效率持续提高的过程,是一个综合性很强的概念。本研究将金融发展分解为金融深化、金融结构优化、金融市场竞争增强、金融市场效率提高,以及普惠金融发展五个维度进行分析,将内涵丰富的复杂概念分解为内涵单一的简单概念,从而便于理论建模,以及构建数量指标进行经验分析。二是在各个分维度上构建理论模型进行细致的机制分析。本研究构建金融深化对企业技术创新的作用机制模型、金融结构与创新结构的适应性模型、金融市场竞争增强对企业技术创新的作用机制模型、金融市场效率提高对企业技术创新的促进机制模型,以及普惠金融发展对企业技术创新的促进机制模型五个模型系统分析金融发展促进企业技术创新的理论机制。三是探讨金融发展促进企业技术创新的传导渠道。在研究细分维度金融发展的基础上初步提炼出四条金融发展促进企业技术创新的传导渠道:融资约束缓解机制、融资成本降低机制、配置效率提高机制、人力资本回流机制。

从现实的需要来看,党的十九大报告、二十大报告,以及国家"十四五"规划等中央重要文件都强调金融要支持实体经济,尤其是技术创新活动。因此,研究中国金融发展促进企业技术创新的机制和传导渠道,以及金融发展的优化路径契合了国家以金融发展促进实体经济和技术创新、实现高质量发展的大局,具有重要的现实意义。具体来讲,本研究有三个方面的应用价值。一是对金融发展的多维分析和测算方法可以为分析中国金融发展提供理论工具。本研究将金融发展分为五个维度并分别给出测算方法,从横向看,可以进行国际比较,从而查找差距补齐短板,亦可进行国内各区域比较,从而了解地区金融发展的优劣势;从纵向看,可以对中国金融发展水平进行动态分析,从而了解金融改革和金融创新的实际效果。二是本研究能够使政府在利用金融手段促进区域创新时选择更好的金融工具。根据本区域金融发展优势,以及细分金融维度的传导机制,政府在使用金融市场来促进企业技术创新时可以选择自己更具优势的金融工具。三是提供未来的优化路径。一方面可以发现优势,更重要的是能够意识到哪些地方发展不足,从而有针对性地补齐金融发展的短板;另一方面则是基于金融发展促进企业技术创新传导机制的研究与检验,及时发现传导渠道是否畅通,从而积极疏通金融发展促进企业技术创新的传导渠道,最大化发挥金融发展促进企业技术创新的效能。

三、研究内容

(一) 研究对象

本研究的研究对象是中国金融发展促进企业技术创新的机制和传导渠道。由于金融发展概念具有复杂性,这里将金融发展分解为五个维度:金融深化、金融结构优化、金融市场竞争增强、金融市场效率提高,以及普惠金融发展。这样,一个大的研究对象可细分为金融深化、金融结构优化、金融市场竞争增强、金融市场效率提高,以及普惠金融发展如何促进企业技术创新这五个小的研究对象。在理论研究与经验分析的基础上提出进一步优化中国金融发展的路径。

(二) 框架思路

1. 研究框架

本研究的总体研究框架是:首先,对中国金融发展水平及与技术创新的关联性进行分析;其次,从五个维度上构建理论模型分析金融发展对企业技术创新的促进机制并检验;再次,提炼中国金融发展促进企业技术创新的传导渠道并检验;最后,在理论和经验分析的基础上提出未来中国金融发展的优化路径。总体的逻辑框架参见图1-1。

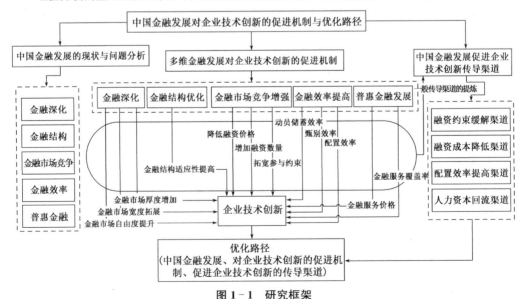

图1-1 研究框架

2. 主要研究内容

根据前述课题研究框架,本研究的研究提纲如下:

(1) 金融发展促进企业技术创新的理论基础。金融发展对企业技术创新的促进作用源于 Schumpeter(1934)研究创新理论时对银行家作用的强调,Levine(2004)则将金融发展对实体经济和技术创新的作用从动员和集聚储蓄等五个方面进行总结,其间又有对甄别机制、竞争机制、人力资本积累机制等促进机制的阐释,这都将成为本课题的理论基础。在此之上,本课题将从促进机制和传导渠道两个层面,金融深化、金融结构优化等五个维度构建理论框架。

(2) 中国金融发展的多维分析及技术创新促进机制存在的问题。首先,对中国金融发展的多维分析将从金融深化、金融结构、金融市场竞争、金融效率、普惠金融五个维度进行展开,横向上进行区域分析,纵向上分析改革开放以来中国金融发展的演进过程。其次,在多维现状分析的基础上,着重研究分析中国金融发展与企业创新的关联性,主要探究促进机制的有效性、传导渠道的畅通性、与技术创新的适应性等方面存在的问题。

(3) 中国金融发展促进企业技术创新的作用机制。本部分主要是构建五个理论机制模型:① 金融深化对企业技术创新的促进机制,从金融市场厚度、宽度和自由度三个维度刻画金融深化;② 金融结构优化对企业技术创新的促进机制,从金融结构与创新结构的风险适应性角度构建模型;③ 金融市场竞争增强对企业技术创新的促进机制,改造古诺数量竞争模型,以资金供给的均衡数量和价格来描述促进机制;④ 金融效率提升对企业技术创新的促进机制,金融部门嵌入 Aghion 和 Howitt (1992)的垂直创新框架构建模型;⑤ 普惠金融发展对企业技术创新的促进机制,从金融服务价格和金融覆盖率两个方面寻找参数。

(4) 中国金融发展促进企业技术创新的传导渠道。在金融发展与企业技术创新关联性分析,以及金融深化、金融结构优化、金融市场竞争增强、金融效率提高和普惠金融发展五个维度对企业技术创新的促进机制分析的基础上,提炼金融发展促进企业技术创新具有普遍意义的一般传导渠道。通过初步分析,提炼出四条传导渠道,分别是:融资约束缓解渠道、融资成本降低渠道、配置效率提高渠道和人力资本回流渠道。

(5) 中国金融发展对企业技术创新促进机制的有效性和传导渠道的畅通性检验。实证检验的难点是构建指标体系,这里仅列出核心指标。金融市场厚度取居民存款年底余额占 GDP 比重,金融市场宽度取七类融资占比的标准差,金融市场自由度取区域市场化指数,技术创新的风险结构取企业 R&D 投资等四类投入的比例,金融结构取股权融资、债券融资和各类贷款融资的比重,金融市场竞争取银行分支机构数 HHI 指数,金融效率取 DEA 方法测算的 Malmquis 指数,普惠金取用 Sarma (2008)方法的 IFI 指数,技术创新可用企业 R&D 投入或专利授权数来表示。

(6) 进一步优化中国金融发展对企业技术创新促进机制和传导渠道的政策建议。根据对中国金融市场发展的多维分析、金融发展与企业技术创新的关联性分析、金融发展对企业技术创新五个维度促进机制的分析、四条一般传导渠道的提炼,以及促进机制有效性和传导渠道畅通性的检验,提出未来进一步补齐金融发展短板、优化促进机制、疏通传导渠道的可行方案,充分发挥金融发展对企业技术创新的促进作用。

(三) 重点难点

1. 研究重点

(1) 中国金融发展现状及其在优化企业技术创新促进机制、畅通传导渠道等方面存在的问题。这是本课题研究的出发点,一方面,通过对中国金融发展的多维分析,能够明确中国金融发展在各个维度上与发达国家的差距,同时发现自身优势;另一方面,通过对国内区域间金融发展水平的比较,能够使政府了解到我国金融发展区域间的非平衡性、金融发展与技术创新的低契合度等问题。更重要的是,在对企业技术创新的关联分析中发现金融发展在促进企业技术创新机制有效性、传导渠道畅通性等方面存在的问题。

(2) 金融发展促进企业技术创新的理论机制。这是本课题研究的重中之重,本课题的研究对象是中国金融发展如何促进企业技术创新,解决这一问题首要的就是厘清金融发展促进企业技术创新的理论机制,而要将理论机制阐释得清晰和准确,只有通过构建严谨的数理模型才能实现。为此,本课题将金融发展拆解为金融深化、金融结构优化、金融市场竞争增强、金融效率提高和普惠金融发展五个维度的发展,并构建五个与之对应的理论模型进行系统性研究。

（3）中国金融发展的优化路径。这是本课题最终的落脚点,通过研究中国金融发展的实际情况、金融发展促进企业技术创新的理论机制,以及对金融发展促进企业技术创新机制有效性和传导渠道畅通性的检验,可以明确中国金融发展存在哪些短板,哪些促进机制不显著,哪些传导渠道不畅通。基于这些就可以提出未来中国金融发展的优化路径,从而使金融发展更有效地为企业技术创新服务,促进中国经济的高质量发展。

2. 研究难点

（1）中国金融发展指标体系的构建。指标的构建涉及两个难点:一是金融发展拆分后涉及的指标较多,如金融深化涉及金融市场厚度、金融市场宽度和金融市场自由度三个指标,金融效率也可以从市场配置效率、企业效率,以及储蓄动员效率等方面来衡量,因此指标的设计要尽量与其内涵相符;二是要考虑数据的可得性,这牵涉到宏观方面的区域数据,以及企业的微观数据,要保证数据的连续性和普遍覆盖性,这样才能保证数据分析结果的可靠性。

（2）高质量数据的获取。本课题数据来源有两个方面:一是国家和各个地区统计局及其他数据统计部门,如国家统计局、各省统计局、中国人民银行、上海证券交易所(简称上交所)、深圳证券交易所(简称深交所)等部门公布的数据,虽然这些数据可以通过公开途径获得,但存在数据的口径不一致、时间跨度不同、覆盖区域不平衡等问题;二是企业微观调研数据,这需要设计恰当的调查表,然后分发到合适的企业进行调查,需要花费较多的时间和成本。

（四）主要目标

第一,阐释中国金融发展如何促进企业技术创新。本课题的首要目标就是阐释金融发展对企业技术创新的促进机制,为实现这一目标,本课题拟构建金融深化对企业技术创新的影响机制、金融结构优化对企业技术创新的促进机制等五个理论模型,从理论上系统分析金融发展对企业技术创新的促进机制,在此基础上又使用中国的经验数据进行检验,从而使中国金融发展对企业技术创新促进机制的阐释得到理论和实践双方的交互印证。

第二,为进一步优化金融发展,促进企业创新提供政策建议。本课题研究的最终目标是更好地发挥金融对企业技术创新的支撑和保障作用,促进企业技术创新从而实现中国经济的高质量发展。通过对中国金融发展、金融发展对企业技术创新的促进机制,以及传导渠道的理论分析和实证检验,挖掘中国金融发展的短板,如促进机制不完善、传导渠道不畅通等问题,基于此提出优化中国金融发展的政策建议。

四、创新之处

(一) 学术思想方面的特色和创新

本研究在学术思想上的一个重要创新是对金融发展的多维分析,即将内涵复杂、综合性强的金融发展概念分解为金融深化、金融结构优化、金融市场竞争增强、金融效率提高和普惠金融发展等五个内涵简单、综合性较低的维度,在这五个维度上构建金融发展促进企业技术创新的理论模型并进行经验分析。当然这五个维度只是一个初步的分法,必然存在某些不成熟和不完善的地方,但这一思想可以成为未来研究的起点,随着研究的推进,对金融发展的多维分析必然更加成熟和完善。

(二)学术观点方面的特色和创新

本研究有下列五个创新性的学术观点:(1) 金融发展对技术创新和经济增长存在"支持"和"掠夺"双重作用,因此需要对金融市场进行积极的引导和规制,更好地发挥其对技术创新和经济增长的促进作用;(2) 金融发展对企业技术创新的促进作用是间接的,有一系列作用机制和较长的传导渠道,因此需要发现这些机制和传导渠道,并保证作用机制的有效性和传导渠道的畅通性;(3) 金融市场竞争的增强能够增加金融市场的资金供给并降低资金的价格,从而通过缓解企业的融资约束、降低融资成本来促进企业技术创新;(4) 中国的创新结构已经由以技术改造和技术获取为主的低风险结构向以新产品开发和 R&D 投资为主的高风险结构转换,因此需要风险包容性更高的金融结构与之相适应;(5) 金融深化能够通过金融市场厚度增加、金融市场宽度拓宽和金融市场自由度提高三个维度来缓解企业融资约束,降低企业融资成本,从而促进企业技术创新。

（三）研究方法方面的特色和创新

本书在研究方法上有三个特色:(1) 理论建模与经验分析相结合,模型着重解决五个维度金融发展对企业技术创新的促进机制,经验分析着重解释促进机制是否显著,传导渠道是否畅通;(2) 数值模拟与数理解析相结合,模型分析首先采用数理解析的办法,同时采用 MATLAB 数值模拟;(3) 统计数据分析与问卷调查项结合,企业层面的数据需要进行调查问卷获取数据,产业层面则可以使用统计年鉴的数据。

第二章 中国金融体制的改革历程

第一节 金融体制改革的历史背景

1948 年 12 月 1 日,在华北银行的基础上,合并解放区的北海银行、西北农民银行组建中国人民银行,标志着新中国构建国家金融体系的正式起步。新中国成立后,没收官僚银行资本,通过公私合营等多种形式改组改造私人银行、私人钱庄等金融机构,同时大力发展农村信用合作社,在此基础上参照苏联模式,构建起"大一统"的金融体系,这一金融体系一直运行至 1979 年金融体制改革前。"大一统"金融体系的主要特征是,组织体系上,中国人民银行是全国唯一的金融机构,分支机构按行政区域逐级分设。中国人民银行承担着中央银行和商业银行双重职能,既要发行货币,执行货币政策,又要办理存款、贷款、结算等业务,甚至还要负责对企业的资金流动进行监管。信用体系上,实行一切信用归于银行,禁止商业信用的原则,这样,中国人民银行就垄断了全部的金融业务,并配合国家的经济计划调拨信贷资金、配置资源,实际上成为全国唯一的信贷中心、结算中心和现金出纳中心。经营管理上,实行高度集中的计划经济管理体系,以完成计划程度作为唯一的经营绩效评价标准,经营利润实行内部统收统支。利率制度上,实行利率管制政策,存贷利率由中国人民银行总行统一制定,各分支行没有浮动权,也不存在市场利率。外汇管理上也处于管制状态,实行出口结汇和固定汇率制度,企业出口、个人侨汇等所得外汇必须出售给中国人民银行,企业和个人不得持有外汇,禁止外汇的私人交易,企业和个人用汇需向中国人民银行提出购汇申请;汇率由中国人民银行统一制定和维持,没有外汇市场和汇率的市场浮动。

"大一统"的金融系统为新中国国民经济的恢复和发展做出了巨大的贡献。第一,统一财经,集中力量一举制止了新中国成立初期的恶性通货膨胀,在全国市场统一人民币的流通,集中财力支持城乡经济发展,快速恢复国民经济。第二,配合国家全面计划经济体系,支持国家重大项目建设,以及重工业优先发展的战略,顺利完成国民经济前五个五年计划,初步建立了国家工业体系,为后来的改革开放和中国经济的腾飞建设打下了坚实的基础。第三,维持了人民币和国内金融体系的稳定,使人民币成为世界上最稳定的货币之一,金融业获得初步发展,金融深化程度大幅提高。1979 年底,全国各项存款余额达 1 362 亿元,各项贷款余额达 2 082 亿元,分别比1949 年增长了 1 000 倍和 2 000 倍。但是随着实体经济改革开放的推进,这种"大一统"金融体系的缺陷也逐渐暴露出来,与实体经济的发展越来越不相适应。第一,处于高度金融抑制下的国内金融市场,金融工具单一,处于管制下的利率长期处于极低水平甚至负利率状态,无法充分调动国内储蓄的积极性。第二,商业信用处于禁止状态,信用创造能力不足。第三,信贷配给政策下的资金配置方式,政企不分、机制僵硬,完全服从政府计划和指令,无法保证资金的使用效率。第四,随着改革开放的推进,非公有制经济快速发展,但被排斥在"大一统"的金融服务体系之外,这成为非公有制经济发展的一个重要障碍。第五,高度管制下的外汇市场基本处于自我封闭状态,不仅国内外汇使用效率较低,同时也不利于国内企业对国际金融市场的使用以及国内金融机构参与国际金融市场竞争,从而丧失了参与国际金融市场的能力。

面对此种形式,在 1979 年 10 月 4 日中共中央召开的各省、市、自治区委员会第一书记座谈会上,邓小平就明确指出,银行应该抓经济,现在仅仅是算账、当会计,没有真正起到银行的作用。要把银行当作发展经济、革新技术的杠杆,"必须把银行真正办成银行",从此掀开中国金融体制改革的序幕。这一改革首先从建立中央银行制度开始,扩展到整个金融监管体系的构建和完善,与此同时建立商业银行体系并对国有商业银行经营体制不断进行改革,证券、保险等其他非银行金融机构也纷纷成立,完善的金融市场逐步形成。随着改革的深入,利率市场改革也有序展开,外汇市场改革由管制向经常账户自由兑换,资本账户自由兑换稳步推进,人民币汇率制度也由固定汇率制度转向以市场供求为基础、参考一篮子货币进行调节、有管理的浮动汇率制度。下面将以金融体制改革的内容为线索,详细分析中国金融体制改革的历史进程。

第二节　金融监管体系改革

一、综合监管的形成（1983—1992 年）

　　改革开放前"大一统"的金融体系下作为唯一的金融机构,中国人民银行既办理银行业务,也负责货币发行以及其他的金融管理,这时没有严格意义上的金融监管体系。1979 年,根据邓小平"必须把银行真正办成银行"的指示,金融体制改革开始起步。1983 年 9 月 17 日,国务院出台《关于中国人民银行专门行使中央银行职能的决定》,文件指出:中国人民银行是国务院领导下管理全国金融事业的国家机关,不对企业和个人办理信贷业务,集中力量研究和做好全国金融的宏观决策,加强信贷资金管理,保持货币稳定;成立中国人民银行理事会,作为决策机构;成立中国工商银行,承担原来人民银行办理的工商信贷和储蓄业务。1984 年 1 月,中国工商银行成立,开启了"中央银行—商业银行"双层银行体系。与此同时,"拨改贷"改革的实施使得国有企业的发展需要寻求更多银行资金支持,金融业获得了快速发展,不但交通银行、深圳发展银行等股份制银行相继成立,中信银行、招商银行等企业办的银行也陆续成立,保险公司、信托公司等非银行金融机构不断涌现。商业银行的快速发展,以及金融市场多元化的初步形成使得中国人民银行需要承担更多的监管职能,1984 年 2 月 6 日,中国人民银行颁发《关于中国人民银行专门行使中央银行职能的若干问题的暂行规定》,"对计划管理、统计、集中管理信贷资金、专业银行的存贷利率、联行制度、发行库管理、财务以及人民银行与工商银行的帐务划分等问题,作了明确规定"。中国人民银行初步行使对商业银行监管的职能,随后,中国人民银行又发布了《关于对外发行债券由中国人民银行归口管理的通知》《关于对外借款由中国人民银行管理的通知》等文件,进一步完善其监管职能。1986 年 1 月 7 日,国务院发布《中华人民共和国银行管理暂行条例》,此条例明确规定:中国人民银行是国务院领导和管理全国金融事业的国家机关,是国家的中央银行。该条例是中国人民银行成为中央银行、负责监管全国金融市场的法律依据。此后,中国人民银行又陆续出台了《关于 1988 年发行金融债券、发放特种贷款的规定》《中国人民银行总稽核职责规定》《同业拆借管理试行办法》等金融监管条例,逐步建立起对各类金融机构及金融市场的监管制度,同时普遍设立地级分行和县级支行,形成了以中国人民银行为唯一监管机构的综合监管体系。

二、从综合监管向分业监管的转换（1993—2007 年）

综合监管在实际运行上是中国人民银行既要对银行进行监管,又要承担对证券、保险、财务公司等非银行金融机构的监管责任。这种监管不是典型市场经济意义上的监管,而是主要依靠行政力量进行机构准入、业务审批、经营范围和规模上的管控等。随着改革开放的深入以及金融业的快速发展,许多银行,尤其是新成立的股份制银行,其经营范围已由银行业拓展到证券、保险、信托等领域,形成了实际上的混业经营模式。在这种情况下,综合监管的弊端就暴露了出来:一是主要依靠审批准入的监管模式无法深入金融机构业务流程进行功能监管;二是新旧金融体系的转换,具体监管缺乏法律依据,导致出现大量监管空白区域。监管能力不足和大量监管漏洞的存在,使得银行等金融机构的无序扩张、违规放贷现象没有得到及时的控制,导致经济过热,形成了 1986—1988 年较为严重的通货膨胀,峰值达到 28.4%。面对通货膨胀,中共中央和国务院都出台政策进行整顿,中国人民银行决定对城乡居民个人 3 年以上定期储蓄存款实行保值贴补,经过集中整治,通货膨胀问题得以解决,但经济也出现了一定的滑坡。邓小平南方谈话后,经济建设再次加速,为满足经济发展所需资金,上海证券交易所和深圳证券交易所分别于 1990 年 11 月 26 日和 1990 年 12 月 1日成立,进行集中规范的股权交易,这标志着中国规范的资本市场开始形成。但是由于交易规则的不完善以及监管能力的不足,初期的资本市场较为混乱,甚至出现了深圳市场的"8·10"风波。

面对金融市场的快速发展,综合监管模式暴露出来的监管能力不足问题越来越严重,为此中共中央和国务院一方面对通货膨胀及其他金融问题进行集中整顿,另一方面对监管体系进行了相关的调整。1992 年成立了国务院证券委员会和中国证券监督管理委员会(简称证监会),专门对证券业务进行监管,这是中国金融监管由综合监管向分业监管转换的标志。1993 年,国务院出台《国务院关于金融体制改革的决定》,明确指出:"深化金融体制改革,首要任务是把中国人民银行办成真正的中央银行……正确引导非银行金融机构稳健发展,对保险业、证券业、信托业和银行业实行分业经营。"为对金融市场实现依法规范的监管,1995 年 3 月 18 日,第八届全国人民代表大会第三次会议通过《中华人民共和国中国人民银行法》;1995 年 5 月 10 日,第八届全国人民代表大会常务委员会第十三次会议通过《中华人民共和国商业银行法》和《中华人民共和国票据法》;1995 年 6 月 30 日,第八届全国人民代表大会常务委员会第十四次会议通过《中华人民共和国担保法》《中华人民共和国保险法》;1996 年 4 月 29 日,中国人民银行公布《外国金融机构驻华代表机构管理办法》。其后又陆续颁布了一系列相关的金融法律法规,这些法律法规不仅明确了各类金融机构的业务范围、交易规则和相关责任,同时为我国金融业的分业经营和分业监管奠定了法律基础。1998 年 4 月,根据国务院机构改革方案,决定将国务院证券委与中国证监会合并组成国务院直属正部级事业单位;1998 年 12 月 29 日,第九届全国人民代表大会常务委员会第六次会议通过《中华人民共和国证券法》,这为全国证券业的集中统一监管提供了法律依据和组织保障。1998 年 11 月 18 日,中国保险监督管理委员会(简称保监会)正式成立,根据国务院授权履行行政管理职能,依照法律、法规统一监督管理保险市场。2003 年 4 月 25 日,批准设立中国银行业监督管理委员会(简称银监会),将中国人民银行对银行业金融机构的监管职责划入中国银行业监督管理委员会,中国人民银行不再承担金融监管职能。2003 年 12 月 27 日,第十届全国人民代表大会常务委员会第六次会议通过《中华人民共和国银行业监督管理法》和《关于修改〈中华人民共和国中国人民银行法〉的决定》。至此,中国金融综合监管体系完成了向分业监管体系的转变,"一行三会"监管格局的组织架构和法律法规基本完善,极大提高了金融监管效率,中国金融体系建设逐步完善,金融市场运行平稳,金融机构稳健性也逐渐增强。

三、监管协调机制与宏观审慎监管框架的初步构建（2008—2017 年）

2007 年,由美国次贷危机引发的金融风暴席卷全球,暴露出各国金融监管普遍存在的一些问题,从国际上看主要是金融监管的国际间合作,各国金融监管标准不统一,从而引起监管套利和过度金融自由化,再加上长期以来金融监管重点在于资本充足率,忽视了对金融衍生品和表外业务的监管,从而对金融风险的集聚与放大客观上没有起到及时防控的作用。另外,金融创新的加速、分业监管模式下各个监管机构的监管边界模糊、监管机构间的协调机制不畅导致新监管漏洞的出现,从而给金融机构监管套利的空间,引起金融风险的扩大。从中国的情况来看,金融危机后,影子银行和大资管行业规模的扩大给金融市场带来了一些混乱现象;另外,过度杠杆、资金池业务,甚至出现的集资诈骗现象增加了潜在的金融风险。为应对新问题给金融监管带来的挑战,我国对金融监管体系进行了新一轮的调整。首先,构建监管部门间的协调机制。2008 年 1 月 16 日,中国银行业监督管理委员会与中国保险监督管理委员会签署了《关于加强银保深层次合作和跨业监管合作谅解备忘录》,旨在加强和改进金融监管,健全监管协调机制,规范银行业和保险业之间开展深层次合作,防范和化解金融风险,进一步提升跨业监管的有效性。2008 年 7 月 22 日,国务院办公厅转发国家发展和改革委员会《关于 2008 年深化经济体制改革工作的意见》,要求人民银行、财政部、银监会、证监会、保监会负责建立健全金融监管协调机制,建立完善金融控股公司和交叉性金融业务的监管制度。其次,借鉴《第三版巴塞尔协议》(Basel Ⅲ)原则,构建“中国版 Basel Ⅲ”监管框架。2011 年 4 月 22 日,中国银监会颁布《中国银监会关于中国银行业实施新监管标准的指导意见》;同年 6 月 1 日,中国银监会颁布《商业银行杠杆率管理办法》;2012 年 6 月 7 日,中国银监会发布《商业银行资本管理办法(试行)》,2014 年 1 月 17 日中国银监会颁布《商业银行流动性风险管理办法(试行)》。这一系列法律法规共同构成了“中国版 Basel Ⅲ”监管框架。最后,构建中国宏观审慎监管框架。中国人民银行在 2009 年第三季度《中国货币政策执行报告》中首次提出宏观审慎监管的概念,同年 12 月,中国人民银行货币政策委员会明确表示要探索建立宏观审慎监管框架;2010 年 5 月 31 日,国务院转发国家发展和改革委员会《关于 2010 年深化经济体制改革重点工作的意见》,要求建立宏观审慎管理框架,强化资本和流动性要求,确立系统性金融风险防范制度。宏观审慎监管框架的组织架构主要有三个:金融稳定局、金融监管协调部级联席会议和国务院金融稳定发展委员会。其中国务院金融稳定发展委员会是指导和协调部门,具体实施部门主要是中国人民银行、银监会、保监会、证监会,支持部门主要有中央财经委、国家发改委、财政部等,另有中组部、中宣部、最高法院等协作部门。从宏观审慎监管的机制建设上看,主要机制有:以差别准备金为代表的逆周期宏观调控机制、金融机构宏观审慎评估体系、金融机构评级体系、系统重要性金融机构监管体系,以及对房地产金融的逆周期调整机制等。

四、"一行—总局——一会"协同监管框架的构建与宏观审慎框架的完善（2018 年至今）

随着金融市场化改革的深入推进,加上近年来信息技术的发展,尤其是大数据、云计算、人工智能、区块链、移动互联网等技术在金融领域的应用,金融科技(Fintech)创新在支付清算、借贷融资、财富管理、零售银行、保险、交易结算等领域广泛应用,使得原有分业经营的业务边界变得越来越模糊,互联网金融创新的加速更加使得金融服务突破了时空的局限,金融产品与服务的创新出现前所未有的跨市场、跨行业、跨机构局面,金融业分业经营的限制已被突破,形成了实际上的混业经营。而"一行三会"的分业监管体系,虽然后来又增添了一些监管部门间的协调机制,但由于监管标准的不统一、协调机制的滞后性等,原有的分业监管体系存在较多的监管漏洞,另外还存在一些监管重叠的问题,无法较好地防范金融创新引致的跨行业、跨机构金融风险的上升。鉴于此,国家对金融监管体系进行了新一轮的调整。2017 年 11月,设立国务院金融稳定发展委员会,加强监管部门间的协调工作。2018 年,根据"两会"国务院机构改革方案,将银监会和保监会合并为中国银行保险监督管理委员会(简称银保监会),统一了银行业和保险业的监管。2023 年 3 月,中共中央、国务院印发了《党和国家机构改革方案》,决定在中国银行保险监督管理委员会基础上组建国家金融监督管理总局,不再保留中国银行保险监督管理委员会;5 月 18 日,国家金融监督管理总局揭牌。国家金融监管总局统一负责除证券业之外的金融业监管,强化机构监管、行为监管、功能监管、穿透式监管、持续监管,统筹负责金融消费者权益保护,加强风险管理和防范处置,依法查处违法违规行为。此外,鉴于国家金融监督管理总局是在中国银保监会基础上组建的,中国人民银行对金融控股公司等金融集团的日常监管职责、有关金融消费者保护职责,中国证监会的投资者保护职责都被划入国家金融监督管理总局。同时,为了加强党中央对金融工作的集中统一领导,2023年3月中共中央、国务院印发的《党和国家机构改革方案》中提出组建中央金融委员会,不再保留国务院金融稳定发展委员会及其办事机构,中央金融委员会集中负责金融稳定和发展的顶层设计、统筹协调、整体推进、督促落实,研究审议金融领域重大政策、重大问题等。银监会与保监会的合并、中央金融委员会的升级,以及金融数据的互联互通和信息共享的建设,进一步增强了金融监管的统一性和穿透性,增强了对金融创新引起跨业风险的防范,中央金融委员会集中领导下的"一行—总局——会"协同监管框架初步形成。

党的十九大提出要健全货币政策与宏观审慎政策的双支柱调控框架。为了统筹和加快宏观审慎政策框架的建设,2019年2月,中国人民银行设立宏观审慎管理局,负责牵头建立宏观审慎政策框架和基本制度;2021年12月31日,中国人民银行发布《宏观审慎政策指引(试行)》,该指引厘清了宏观审慎政策框架的相关概念,明确阐述了宏观审慎框架的具体内容,同时也指出了宏观审慎政策所需的支持和保障条件,在该指引的指导下我国宏观审慎政策框架的建设日趋完善。

第三节　金融支柱行业的改革与发展

一、银行业的改革与发展

改革开放以来,中国银行业共经历了四个阶段的改革与发展:

第一阶段:从"大一统"到专业银行体系的建立和发展(1978—1993年)。1978年以前,中国是"大一统"的银行体系,中国人民银行既是国家机关,又办理商业银行业务。随着经济体制改革的启动,银行业也打破了中国人民银行"大一统"格局,首先是中国农业银行1979年3月恢复经营,是中国第一个国家专业银行,作为国务院直属机构其主要任务是"统一管理支农资金,集中办理农村信贷,领导农村信用合作社,发展农村金融事业"。1979 年 3 月,中国银行从中国人民银行分离出去,设立为外汇专业银行,其主要任务是统一经营和集中管理国家的外汇业务。1979 年 8 月,国务院批准中国人民建设银行为国务院直属单位,其主要任务是固定资产投资贷款。1984 年 1 月,中国工商银行成立,其主要任务是办理工商业信贷和储蓄。至此,以中国农业银行、中国银行、中国人民建设银行和中国工商银行四大专业银行为主体的专业银行体系初步建立。同时,根据 1983 年 9 月国务院《关于中国人民银行专门行使中央银行职能的决定》,从 1984 年 1 月 1 日起中国人民银行不再办理针对企业和个人的信贷业务,成为专门从事金融管理、制定和实施货币政策的政府机构,这就宣告了"大一统"银行体制的结束。1986 年 7 月,以中国第一家股份制商业银行——交通银行的组建为开端拉开了股份银行发展的大幕,随后,陆续成立了招商银行、中信实业银行、深圳发展银行等 12 家股份制银行。与此同时,在利益的驱动下,各专业银行不但突破了原来专业分工的界限,而且还打破了行业分工的边界,纷纷向保险、投资等领域发展,形成了实际上的混业经营。1993 年 12 月 25 日,国务院作出《关于金融体制改革的决定》,提出"建立政策性金融与商业性金融分离,以国有商业银行为主体、多种金融机构并存的金融组织体系",并明确指出"把我国的专业银行办成真正的商业银行"。以此为界,我国银行业发展方向开始由专业银行向商业银行转型。

第二阶段:从专业银行向商业银行转型(1994—2003 年)。为推动专业银行向商业银行的转型,首先将政策性业务从专业银行中分离出来,实现政策性银行和商业银行分离经营。1994 年 3 月 17 日,国家开发银行成立,主要承担国内开发型政策性金融业务;紧接着,1994 年 7 月 1 日,中国进出口银行成立,主要负责大型机电设备进出口的融资;最后,1994 年 11 月 8 日,中国农业发展银行成立,主要负责农业政策性融资。至此,四大专业银行的政策性业务全部由新成立的政策性银行承担。在分离专业银行的政策性业务后,为进一步提升商业银行实力,推动其健康发展,1997 年 3 月,财政部定向发行 2 700 亿元特别国债向四大行注资,使其资本充足率达到 8% 以上。基于历史原因,四大行沉积了较多的不良资产,为使国有商业银行能够轻装上阵,1999 年成立中国华融资产管理公司、中国长城资产管理公司、中国东方资产管理公司、中国信达资产管理公司四大资产管理公司,分别接收处理从工、农、中、建剥离出来的共计 1.3 万亿元的不良资产。与此同时,中国银行业的法制化建设也在同步推进,1995 年 7 月《商业银行法》正式实施,2003 年 12 月又对其进一步修订和完善,加上这一时期通过实施的《中华人民共和国担保法》《中华人民共和国票据法》等金融法律法规,共同构成了商业银行发的经营规范,为商业银行的健康发展提供了法律保障。

第三阶段:商业银行的市场化转型(2004—2017 年)。2002 年 2 月,第二次全国金融会议指出:"必须把银行办成现代金融企业,推进国有独资商业银行的综合改革是整个金融改革的重点……具备条件的国有独资商业银行可以改造为国家控股的股份制商业银行,条件成熟的可以上市。"为推动国有商业银行的市场化转型,2003 年 12 月 16 日,由财政部出资成立中央汇金公司,准备运营央行的外汇储备对国有商业银行进行股份制改造。2004 年 1 月 6 日,中央汇金公司注资中国银行;2004 年 8 月 24 日,中国银行股份公司正式成立。同年,中央汇金公司又分别注资中国建设银行和交通银行,于 2005 年和 2008 年分别注资中国工商银行和中国农业银行,推动这些银行完成股份制改造。在完成股份制改造并引入战略投资者的基础上,国有商业银行开始公开发行股票并上市,首先是 2005 年中国建设银行和交通银行在香港 H 股上市,2006 年中国银行和中国工商银行同时在香港和上海上市,2007 年交通银行和建设银行又实现在 A 股上市,2010 年中国农业银行在 A 股和 H 股上市。至此,四大国有商业银行完成了 A 股加 H 股双上市,市场化转型取得初步成果。在国有大型商业银行市场化转型的同时,股份制银行也在"升级改造":一方面,积极引入战略投资者进行公开上市;另一方面,快速扩张,在全国布局站稳的基础上,部分有实力的股份制银行开始向海外扩张。农村商业银行和城市商业银行的改革也紧随其后,由于开放力度的加大,引入了较多的国际资本。随着银行业市场改革的推进,中国放宽了民营资本进入银行业的限制,2014 年,深圳前海微众银行、上海华瑞银行、温州民商银行、天津金城银行、浙江网商银行等第一批 5 家民营银行开始试点;2016 年,第二批 14 家民营银行完成论证并于 2017 年全部开业。截至目前,已有 19 家民营银行。以大型国有控股银行为主体,多元化、市场化的银行体系基本形成。

第四阶段:银行业的高质量发展(2018 年至今)。2017 年党的十九大提出:"深化金融体制改革,增强金融服务实体经济能力,提高直接融资比重,促进多层次资本市场健康发展。健全货币政策和宏观审慎政策双支柱调控框架,深化利率和汇率市场化改革。健全金融监管体系,守住不发生系统性金融风险的底线。"中国银行业进入高质量发展阶段。第一,银行业经营更加规范,2017 年银监会开展了"三违反、三套利、四不当、十乱象"的"三三四十"专项整治行动,经过整治,银行业经营积累的矛盾得到化解,"脱实向虚"势头得以初步遏制,同时金融创新也回归理性。第二,现代企业制度建设进一步完善,股权管理更加严格,"三会一层"建设进一步加强,更加注重对金融消费者的保护。第三,更加注重对实体经济以及人民群众生活需求的服务,大力发展绿色金融,优化"三农"金融产品的供给。第四是增强银行金融产品的科技支撑,顺应数字经济发展大潮,充分运用人工智能、大数据、云计算、区块链等新兴技术,提高服务水平,大力发展移动互联网终端业务,构建互联网金融服务平台。第五,实现银行业更高水平的对外开放,进一步放宽外资进入限制,鼓励境外金融机构设立、投资股份制银行,同时支持符合条件的银行在境外有序发展。

二、保险业的改革与发展

改革开放以来,中国保险业的改革与发展经也经历了四个阶段:

第一阶段:保险业的全面恢复与初步发展(1979—1991 年)。1979 年 2 月,中国人民银行召开全国分行行长会议,提出恢复国内保险业。同年 4 月,国务院批转《中国人民银行全国分行行长会议纪要》,决定"逐步恢复国内保险业务"。随即,中国人民银行颁布《关于恢复国内保险业务和加强保险机构的通知》,对国内保险业务的恢复和保险机构的设置做了具体部署。1979 年 11 月,全国保险工作会议决定恢复中国人民保险公司,标志着停办了 20 年的国内保险业务重新扬帆起航。在国内保险业恢复初期一直是中国人民保险公司独家经营,为丰富保险市场主体,1986 年 2 月由农业部、财政部注资成立新疆建设兵团农牧业生产保险公司,1992 年更名为新疆兵团保险公司;1987 年中国人民银行批准交通银行及其分支机构成立保险部,1991 年在交通银行保险部的基础上组建中国太平洋保险公司;1988 年中国人民银行正式批准成立中国平安保险公司。至此,中国保险市场不仅打破了中国人民保险公司一家独大的局面,股份制保险公司的设立还进一步丰富了保险市场主体。从保险规章制度上看,1982 年实施的《中华人民共和国经济合同法》对保险合同做了初步的规定,1983 年 9 月国务院颁布了《中华人民共和国财产保险合同条例》,1985 年又颁布了《保险企业管理暂行条例》,这两部法规对保险合同关系、保险机构的经营做了较为详细的规定。与此同时,1988 年起中国人民银行又批准在四川省、大连市、沈阳市、厦门市和长沙市设立人寿保险公司,探索财险与寿险的分业经营,社会保险业务的探索也在进行。中国保险市场在保险种类的丰富性、保险机构的多样性,以及保险市场经营规范性方面都获得初步的发展。

第二阶段:保险市场的对外开放与保险监管体系的初步构建(1992—2001 年)。随着中国经济改革开放力度的加大,国外保险公司开始进入金融中国市场。1992 年,上海被国务院确定为对外开放试点城市;同年 7 月,中国人民银行颁布《上海保险机构暂行管理办法》,9 月美国友邦保险公司被批准在上海设立分公司;1994 年 9 月,日本东京海上火灾保险公司在上海成立分公司。经过上海的试点,1995 年广州也加入试点行列,保险业对外开放的步伐加快。截至 2001 年底,中国共引入外资保险机构 32 家,其中财产保险机构 13 家,人身保险机构 19 家。国外保险进入中国市场,一方面丰富了中国保险市场的金融主体,促进了保险市场的有序竞争;另一方面,国际保险机构先进的经营模式会对国内保险机构产生较强的溢出效应。随着保险市场的发展,保险监管体系逐步完善。1995 年 6 月《中华人民共和国保险法》正式颁布,对保险合同、保险公司、保险经营行为、保险监管、保险违法行为处罚等做出了较为系统的规定;同时这部法律还确立了产险、寿险分业经营的原则,按照这一原则,中国人民保险公司于 1996 年 7 月改组为中国人民保险(集团)公司,下设中保财产保险有限公司、中保人寿保险有限公司、中保再保险有限公司,并于 1998 年 10 月撤销中保集团,三家子公司各自独立分设,分别更名为中国人民保险公司、中国人寿保险公司和中国再保险公司。新疆兵团保险公司、中国太平洋保险公司、中国平安保险公司也都先后完成分业经营体制改革。根据中国金融分业经营、分业监管的改革要求,1998 年 11 月国务院设立中国保险监督管理委员会,对全国的保险市场实行集中监管。

第三阶段:保险机构经营体制改革与保险监管体系的进一步完善(2002—2014 年)。

随着中国正式加入 WTO,保险业进入全面对外开放阶段,在竞争压力下国内保险机构进行了深度的经营体制改革。首先,国有保险公司进行股份制改革。早在 2000 年保监会就提出了股份制改革的构想,2002 年正式启动国有保险公司的股份制改革,2003 年中国人民保险公司、中国人寿保险公司和中国再保险公司相继完成股份改革,2006 年随着中华联合保险控股股份公司的成立,国有保险公司的股份制改革全部完成。其次,规范保险公司治理结构。2006 年保监会发布《关于规范保险公司治理结构的指导意见》,在独立董事、内部审计、风险管理等方面制定了完善的配套制度,为保险机构的经营提供规范。2008 年全国保险工作会议再次强调公司治理的重要性,同时将保险公司的股权管理和对高管的监管放在重要位置。最后,改革保险公司经营方式。随着保险市场的发展,保险公司经营方式开始朝着专业化和集团化两个方向发展:专业化致力于养老、健康、农业等细分领域,进行精耕细作,如平安养老保险、国寿养老保险等;集团化则是通过控股公司的形式实现跨业经营,将规模做大以增强抗风险能力,如平安集团已经发展为集保险、银行、投资于一体的综合金融服务集团。伴随着中国保险市场的发展,保险监管体系也得到进一步完善,主要是构建了三支柱监管框架。2003 年保监会发布《保险公司偿付能力额度及监管指标管理规定》,提出保险公司的监管要从单一的行为监管转变为市场行为监管与偿付能力并重;2006 年发布的《关于规范保险公司治理结构的指导意见》又引入了公司治理,这样就形成了偿付能力、公司治理、市场行为监管三支柱监管框架。

第四阶段:《中国第二代偿付能力监管制度体系建设规划》的实施与保险业的创新发展(2015 年至今)。2012 年中国保监会发布了《中国第二代偿付能力监管制度体系建设规划》(简称"偿二代"),"偿二代"建设正式启动,并于 2015 年 2 月建设完成并进入过渡期。2016 年 1 月起,中国保险市场进入"偿二代"(一期)时代,从定量资本要求、定性监管要求和市场约束要求三个方面对保险公司的偿付能力进行监管。从2017 年开始进入"偿二代"(二期)建设阶段,2021 年 12 月银保会发布《保险公司偿付能力监管规则(Ⅱ)》,标志着二期工程的完成,从 2022 年 1 月起中国保险市场进入"偿二代"(二期)时代。"偿二代"(二期)规则提高了监管指标的风险敏感性和有效性,更加注重引导保险业服务实体经济和支持资本市场发展。这时期保险业的发展呈现两个特点。一是保险业对外开放力度持续加大，监管部门稳步取消外资股比限制、减少外资准数数量限制，在放宽政策的推动下外商通过独资、收购、增资等多种渠道快速进入中国市场。截至 2022 年底，境外保险机构在华设立保险机构 68 家，另有 19 家代表处，外资机构总资产达到 2.26 万亿元。二是随着人工智能、大数据、云技术、移动互联网等新一代信息技术的广泛应用，数字经济方兴未艾，保险业的数字革命和创新也持续加码。先是互联网保险的业态创新，众安在线、康泰在线、安心在线、易安保险等互联网保险机构相继成立。传统保险机构也大力运用数字技术对保险业务流程进行智能化改造，如中国人寿运用人工智能构建"数字员工"，创建"智慧顾问""智能核保""智能客服"等各类智能机器人；中国平安推出了"智能拜访助手"等智能工具，提供销售智能辅助、面访总结等核心功能。由于保险业，乃至整个金融业的数字技术创新，使得金融市场资金流动呈现跨时空、跨边界交错复杂的现象，为提高对保险业以及整个金融市场监管的有效性，防范化解金融风险，中国的金融监管体系也进行了适应性调整：先是 2018 年 4 月将银监会和保监会合并设立中国银行保险监督管理委员会，继而在 2023 年 5 月组建国家金融监督管理总局，不再保留中国银行保险监督管理委员会。这意味着对保险业的监管将融入国家对金融市场的统一监管框架内，进一步增强对保险业监管的穿透性和稳健性。

三、证券业的改革与发展

改革开放以来，中国证券业的改革与发展也经历了四个阶段：

第一阶段：证券业改革初期的探索与区域资本性市场的初步形成（1978—1990 年）。1978 年十一届三中全会后，经济体制改革从农村到城市梯次推进，城市集体和国有企业开始向公众发行股票筹集资金。1980 年 1 月，中国人民银行抚顺支行向当地红砖厂发行价值 280 万元的"红砖股票"，从此拉开了新时代中国证券市场发展的序幕。随后，1981 年国家开始发行国库券，1984 年 7 月经中国人民银行批准北京天桥百货股份有限公司向社会公开发行 300 万元股票，同年 11 月上海飞乐音响股份有限公司向社会公开发行股票 1 万股，面值 50 元，成为新中国成立以来第一家股份制上市公司。1986 年 8 月，沈阳信托投资公司开始在柜台代办有价证券交易，这是中国第一家证券交易市场,但仅限于债券;1986 年 9 月,上海工商银行信托投资公司静安营业部开始代办股票柜台交易,主要交易对象是飞乐音响和延中实业两只股票,从此拉开了证券二级市场流通的序幕。1988 年,上海成立了海通、万国和振兴三家证券公司,初步形成了场外证券交易市场。这一时期的证券市场基本上处于自发的、缺少管理的状态,仅形成了一些区域性市场,证券中介机构缺位,交易规则不规范,市场交易环境未形成,还处于初步探索阶段。

第二阶段:全国统一资本市场的形成与规范发展(1991—2003 年)。在证券市场十余年的探索后,初步形成了区域性市场,为解决证券市场的分散性和证券交易的不规范性,1990 年 12 月 19 日上海证券交易所正式开业,除了方正科技等"老八股",开业当日还挂出 5 种国债、8 种企业债券,以及 9 种金融债券,共计 30 种有价证券,全国统一规范的证券交易市场的发展开始起步。1991 年 7 月 3 日,深圳证券交易所正式开业。1993 年,股票发行试点由上海、深圳推向全国,由此全国统一证券市场发展提速,上市公司的数量由 1990 年底的 10 家增加到 2003 年底的 1 287 家,发行的股票包括 A 股、B 股、H 股和 N 股。随着证券市场的发展,专业性证券监管体系的建立和完善变得日趋紧迫,1992 年随着上海、深圳两个证券交易所开始抽签限量发行股票,由于供求不匹配加上监管不完善,出现了深圳"8·10"风波。国务院随即成立国务院证券委员会和中国证券监督管理委员会,中国证券市场统一监管正式起步。1993 年起,地方政府管理的证券交易所逐步纳入证监会管理,但这仍是处于过渡阶段,对证券业的监管处于证监会、国务院证券管理委员会、国家计委、国家体改委、中国人民银行、财政部等多个部门都对证券业有管理权限阶段,这种多头管理不利于证券业的发展。为此,先是 1997 年国家确立了银行、证券、保险分业经营分业监管的原则,继而1998 年 3 月国务院进行了机构改革,取消了国务院证券管理委员会、国家计委、国家体改委等机构对证券业的监管,改由中国证券监督管理委员会集中统一监管。同年12 月,第九届全国人民代表大会常务委员会第六次会议通过《中华人民共和国证券法》。至此,中国证券业发展有了明确的法律规范,集中统一的监管体系也初步建立,区域性资本市场迅速向全国统一资本市场方向发展。

第三阶段:资本市场的深化改革与国际化的推进(2004—2018 年)。2004 年 1

月,国务院出台了《国务院关于推进资本市场改革开放和稳定发展的若干意见》,开启了对证券市场的深层次改革和对外开放的步伐。对内改革主要有三个方面。(1)股权分置改革。为解决股权分置问题,2003年国务院成立国有资产管理委员会,代表国家成为出资人;2005年8月,证监会、国资委、财政部、中国人民银行、商务部联合发布《关于上市公司股权分置改革的指导意见》,9月证监会发布《上市公司股权分置改革管理办法》,股权分置改革进入实施阶段:首先选择三一重工、清华同方等作为改革的试点,继而全面推开股权分置改革进程。截至2006年底,沪深两市已有1 301家上市公司完成或进入股改程序,占应改公司的九成以上。(2)股票发行审批制度改革。中国股票发行起初实行的是"额度管理"的审批制度,由证监会确定全年发行数量,然后把指标分配给各个地区和部门,这导致开始时上市公司主要是国有企业,而且上市发行的公正性、透明度都无法保证。2001年证券会出台《中国证监会股票发行核准程序》,将推荐通道下放给中介机构,2004年进一步明确了"保荐制"的核准制度,从而使股票发行机制更加公正、更加透明。(3)资本市场法律法规的进一步完善。1998年出台的《中华人民共和国证券法》在面对证券市场出现的许多新问题、新情况时无法适应,鉴于此,全国人民代表大会常务委员会分别于2004年8月、2013年6月、2014年8月进行三次修正,且于2005年10月、2019年12月进行两次修订,使《中华人民共和国证券法》更加成熟和完善。与此同时,《中华人民共和国公司法》《证券公司董事、监事和高级管理人员任职资格监管办法》《证券结算风险基金管理办法》等一系列法律法规陆续出台,规范证券市场发展的法律体系更加完善。加入WTO后中国加快了证券市场对外开放的步伐,中国人民银行与证监会制定了合格境外机构投资者(QFII)和人民币合格境外机构投资者(RQFII)制度,允许境外机构投资者投资境内市场,也允许境内机构投资者投资境外市场。2014年1月推出"沪港通",2016年12月正式启动"深港通",2017年推出"债券通",2018年证监会正式发布《关于上海证券交易所与伦敦证券交易所互联互通存托凭证业务的监管规定(试行)》,12月启动"沪伦通"计划,次年6月"沪伦通"正式通航。2018年6月起,中国A股纳入MSCI新兴市场指数和全球基准指数,中国资本市场的开放力度不断加大。

　　第四阶段:注册制改革的初步完成与多层次资本市场的完善(2019年至今)。早在 2013 年党的十八届三中全会就提出"推进股票发行注册制改革";2018 年 11 月,首届中国国际进出口博览会开幕式正式宣布在上海证券交易所设立科创板并试点注册制,注册制改革进入实施阶段;2019 年 7 月 22 日,25 家科创板公司上市,注册制正式落地。2020 年,中央深改委通过《创业板改革并试点注册制总体实施方案》,同年 8 月首批 18 家创业板注册制企业上市。2021 年 11 月 15 日,北京证券交易所正式开市,同时实施注册制试点。2023 年 2 月,证监会就全面实行股票发行注册制涉及的《首次公开发行股票注册管理办法》等主要制度规则向社会公开征求意见,全面实行股票发行注册制改革正式启动。根据 Wind 数据统计,截至 2022 年底,A 股通过注册制上市公司达 1 075 家,首发募集资金 1.18 万亿元,注册制企业总市值达 8.89 万亿元。继 2019 年 7 月科创板上市、2021 年 11 月北京证券交易所(简称北交所)正式开市,中国资本市场建设日趋完善,目前已形成了沪、深两市主板市场、中小板和创业板的二板市场,瞄准科技创新企业的科创板和"专精特新"中小企业的北交所,以及新三板和地方股权交易所分梯度、多层次的资本市场体系。

第四节　利率市场化改革

一、改革开放初期利率浮动的调整与利率市场化改革思路的形成（1978—1995 年）

1978 年以前计划经济体制下中国实行严格的理论管制,这一时期利率的档次少、利率低、利差小,且管理高度集中,利率对经济资源的调节作用无法发挥。随着改革开放的推进,首先对利率水平进行了调整,连续提高存贷利率,增加了储蓄种类,提高了利率档次。1981 年,中国人民银行下发了《转发〈国务院批转人民银行关于调整银行存款、贷款利率的报告〉》,虽然利率的制定权仍在中国人民银行,但人民银行可以在一定范围内确定不同的利率档次。随着农村家庭联产承包责任制的全面实施及城市企业改革的展开,居民货币收入上升,非公有制经济投资上升,民间集资活动随即增加,从而出现了利率"双轨"现象,经济系统一度出现了混乱。

　　面对金融及经济秩序的混乱,1993 年 11 月党的十四届三中全会出台《中共中央关于建立社会主义市场经济体制若干问题的决定》,指出:"中央银行按照资金供求状况及时调整基准利率,并允许商业银行存贷利率在规定幅度内自由浮动。"同年 12 月,国务院出台了《国务院关于金融体制改革的决定》,明确指出:"中国人民银行要制定存、贷款利率上下限,进一步理顺存款利率、贷款利率和有价证券利率之间的关系;各类利率要反映期限、成本、风险的区别,保持合理利差;逐步形成以中央银行利率为基础的市场利率体系。"1995 年,中国人民银行出台了《中国人民银行关于"九五"时期深化利率改革的方案》,提出利率市场化改革的基本思路是:先外币后本币,先贷款后存款,先商业银行后政策性银行,先批发后零售,先放开同业拆借利率后扩大商业银行决定利率自主权。随后,中国利率市场化改革在这一思路下开稳步推进。

二、利率市场化改革的探索与市场利率体系的初步构建(1996—2015 年)

　　1995 年中国利率市场化改革的基本思路确定后,利率市场化改革在各个市场上快速得到有序开展。(1) 银行间同业拆借和债券利率市场化。1996 年 3 月 1 日,银行间同业拆借利率市场化改革启动,利率由交易双方在央行确定的区间内自由协商;同年 6 月 1 日,央行放开银行间同业拆借利率,实现利率由双方根据供求自由确定。1996 年 4 月 9 日,央行首次以市场招标形式向 14 家商业银行回购 2.9 亿元人民币国债,债券利率市场化改革启动;1997 年 6 月 16 日,银行间债券市场启动,同时放开了银行间债券市场的债券回购和现券交易利率。1998 年 9 月,国家开发银行在银行间债券市场以利率招标方式成功发行金融债券,银行间债券市场发行利率全面放开。1999 年 9 月实现了国债在银行间以市场利率招标发行。(2) 外币利率市场化改革。2000 年 9 月 21 日,经国务院批准,中国人民银行开始对外币存贷款利率进行市场化改革,大额外币存款(300 万美元及以上)利率由金融机构与客户协商确定,小额存款利率由银行协会统一制定。2002 年 2 月,将境内外资进入机构对中国居民的小额外币存款纳入央行小额外币存款统一管理,实现内外公平待遇。2003 年 7 月,放开英镑、瑞士法郎和加拿大元的小额存款利率,由商业银行自由决定。同年 11 月,放开小额外币存款利率下限,对美元、日元、港币、欧元小额存款利率实行上限管理,商业银行可以在不超过上限的情况下自由确定利率。2004 年 11 月,央行放开 1 年以上小额外币存款利率,商业银行外币利率自主权进一步扩大。(3) 商业银行利率市场化改革。2002 年 1 月,央行扩大农村信用社利率改革试点范围,扩大农村信用社利率浮动范围。2004 年 1 月,央行再次扩大金融机构贷款利率浮动区间,商业银行、城市信用社上限扩大到基准利率的 1.7 倍,农村信用社为 2 倍,下限为 0.9 倍。2004 年 10 月,央行取消金融机构贷款利率上浮封顶(城乡信用社上限扩大为基准利率的 2.3 倍),下限仍为 0.9 倍。2013 年 7 月,央行取消了金融机构贷款利率下限(个人住房贷款不调整),贷款利率实现市场化。2015 年 10 月,中国人民银行决定对商业银行和农村合作金融机构不再设置存款利率浮动上限,标志着中国利率市场化改革初步完成。

三、利率市场化深层次机制改革与完善（2016 年至今）

中国人民银行取消对商业银行存贷利率的限制后,利率放开的改革基本完成,但利率放开后,要有有效的利率形成机制、不同市场间畅通的利率传导机制、健全的央行利率调控机制等,这样才能保证市场化利率体系的有效运行。因此,2016 年起开始着手这些深层次的机制改革。(1) 利率形成机制的完善。贷款端,2013 年 10 月中国人民银行初步建立了贷款市场报价利率(LPR)集中报价和发布机制,2019 年 8 月中国人民银行发布改革完善后的贷款市场利率报价形成机制,对报价原则、形成方式、报价频率等六个方面进行完善。存款端,早在 2013 年中国人民银行就指导建立了利率自律机制,金融机构存款利率实行自律管理;2015 年存款利率放开后,利率自律成员金融机构的存款利率在自律上限内自主确定;2021 年 6 月中国人民银行优化存款利率自律上限形成方式,由基准利率加成方式改为加上一定基点的方式。至此,存贷款两方都有了完善的市场利率形成机制。(2) 利率传导机制的完善。利率放开后,我国建立了比较完备的利率市场体系。货币市场上有公开市场操作(OMO)利率、中期借贷便利(MLF)利率、常备借贷便利(SLF)利率、超额准备金利率、上海银行间同业拆放利率(SHIBOR)、银行间回购定盘利率(FR)、银银间回购定盘利率(FDR)等;贷款市场上有存款基准利率、贷款报价利率,债券市场上有债券基准利率等。利率的基本传导机制为：由中国人民银行制定各种政策利率首先传导至货币市场，接着影响无风险的国债收益率，并最终传导到广义债券和人民币贷款利率。但长期以来，我国的"利率双轨制"问题一直存在，即市场化利率与基准利率并存，而基准利率的调整无法适应快速多变的市场，因此市场化的利率传导机制效率不高。因此，2019 年 8 月，中国人民银行进一步改革了 LPR，此后 LPR 按 MLF 利率由银行根据市场情况加点形成，这样 LPR 可以直接作用于贷款利率，这不仅促进了中国利率的"双轨合一"，而且进一步提高了利率传导效率。（3）利率走廊调控机制的建立。早在 2013 年中国人民银行就创设了 SLF，为探索利率走廊做准备。2014 年 5 月，中国人民银行行长周小川在全球金融论坛上明确表示："在我国货币政策框架从数量型向价格型转变过程中，未来短期利率的调控方式将采取利率走廊模式。"2015 年第一季度《中国货币政策执行报告》正式提出："探索常备借贷便利利率发挥货币市场利率走廊上限的功能。"经过 10 年的探索，目前我国已形成以公开市场操作利率为短期政策利率和以中期借贷便利利率为中期政策利率、利率走廊机制有效运行的央行政策利率体系。

第五节　人民币汇率制度改革

一、改革开放的启动与复汇率的形成（1978—1993 年）

改革开放之前，中国外汇实行的是固定汇率制度加严格的外汇管制，外贸由国家垄断，人民币不能自由兑换，限制资本的国内外流动。随着十一届三中全会确立对内改革、对外开放的基本国策，汇率制度的改革也提上了日程。1979 年 3 月，国务院设立国家外汇管理总局，同年 8 月出台了《出口商品外汇留成试行办法》，在外汇由国家集中管理、统一平衡的基础上，按照一定比例给予出口企业购买外汇的额度，允许企业通过外汇调剂市场转让多余的外汇，即出口企业和其他单位将外汇收入按统一价格出售给国家，然后国家按一定比例拨给相应企业作为留成，这样该企业就可以到国家指定的银行按照外汇牌价买到外汇。由此逐步形成了官方汇率和外汇调剂市场汇率并存的双重汇率制度。外汇留成制度的实施,激发了企业出口积极性,但随着外贸的发展和用汇需求的上升,外汇留成制度直接滋生了黑市交易,即经济实际运行中存在官方牌价、外汇调剂价和黑市现钞价格等多重汇率。在进入 20 世纪 90 年代后,中国经济再次高涨,多重汇率的存在使外汇投机过度活跃,形成金融泡沫,影响实体经济发展,外汇并轨改革势在必行。

二、复汇率的并轨、经常项目可自由兑换与管理浮动汇率制度的建立 （1994—2004 年）

面对 20 世纪 90 年代初期的经济过热以及外汇领域存在的问题,1993 年党的十四届三中全会出台《中共中央关于建立社会主义市场经济体制若干问题的决定》,指出:"改革外汇管理体制,建立以市场供求为基础的、有管理的浮动汇率制度和统一规范的外汇市场,逐步使人民币成为可兑换货币。"同年 12 月 25 日,国务院出台《国务院关于进一步改革外汇管理体制的通知》,决定从 1994 年 1 月 1 日开始,实现官方汇率与市场汇率并轨,实行以市场供求为基础的、单一的、有管理浮动的汇率制度。为保证外汇市场的稳定,中国人民银行实行结售汇周转头寸外汇限额管理,即要求外汇制定银行结售汇周转的外汇金额不得超过核定区间,超买或超卖的部分要到外汇市场上进行套补。1996 年 12 月 1 日,中国接受 IMF 第八条款,实现人民币经常项目可自由兑换,不再实行歧视性货币安排和多重汇率,同时将外商投资企业纳入外汇结售体系,取消外商投资企业出口用汇和利润汇出的限制。2001 年底,中国加入 WTO,加速融入全球经济,国际收支出现持续大额顺差,外汇管理理念也由"平衡管理"转向"均衡管理"。2002 年建立 QFII 制度,跨境证券投资开放力度加大;2003 年成立中央汇金公司,用外汇储备向国有商业银行注资,探索多元化运用外汇储备的路径。

三、管理浮动汇率制度的完善与巩固（2005—2012 年）

2005 年 7 月,中国人民银行启动新一轮汇率制度改革,人民币不再盯住美元,而是参考一篮子货币进行调节,即建立以市场供求为基础、参考一篮子货币、有管理浮动的汇率制度。按照这一思路,2006 年 1 月 4 日开始,人民币汇率中间价形成机制开始调整,同时建立做市商报价制度,扩大人民币汇率波动浮动。陆续推出合格国内机构投资者(QDII)和RQFII机制,允许更多境外金融机构将离岸筹集的人民币资金投资境内资本市场,同时放宽RQFII投资范围的限制。2008年修订《中华人民共和国外汇管理条例》,外汇管理的法制化建设迈上新台阶。2012年取消货物贸易外汇收支逐笔核销制度,大幅提高了贸易便利化程度。

四、人民币国际化与资本项目开放的探索（2013年至今）

人民币国际化起步可以追溯到2009年7月2日中国政府在上海、广州、深圳、珠海和东莞五个城市开展的跨境贸易人民币结算试验,当时主要是面对东盟和中国港澳地区的货物贸易。随后试点扩大到全国,结算对象也由货物贸易扩展到服务贸易,以及以投资为主的资本项目。2013年中国改革服务贸易外汇管理制度,全面取消服务贸易的事前审批,所有业务直接到银行办理,随后进一步扩大金融市场的双向开发,先后推出了"沪港通"(2014年)、内地与香港基金互认(2015年)、"深港通"(2016年)、"债券通"(2017年),中国资本项目逐步开放。2015年8月11日,中国人民银行改革人民币汇率中间价形成机制,由做市商报价基础上加权决定的不透明定价,转变为做市商在银行间市场开盘前参考上一日收盘价,综合考虑外汇市场供求以及国际主要货币汇率形成报价,并不再加权。"8·11"汇改后,人民币汇率市场化程度进一步提高。同年12月1日,IMF宣布人民币从2016年10月1日起加入特别提款权(SDR),即从2016年10月1日起,人民币被认定为可自由兑换货币,成为继美元、欧元、日元、英镑之后第五种加入SDR篮子的货币,从此成为国际认可的储备货币。之后中国进一步完善全口径跨境融资审慎管理,推动银行间债券市场双向开放。2018年进一步增加QDII额度,取消QFII资金汇出限制和QFII、RQFII锁定期要求,扩大合格境内有限合伙人(QDLP)和合格境内投资企业(QDIE)试点,进一步提高了中国资本项目的开放水平。

第六节　本章小结

当前的金融体制脱胎于新中国成立初期构建的"大一统"金融体系,伴随着实体经济的改革开放,中国金融体制改革也于1979年拉开帷幕。金融体制改革从中央银行制度的建立开始,紧接着建立商业银行体系,即"把银行真正办成银行"。随着商业银行体系的建立和发展,证券、保险等非银行金融机构也纷纷建立并迅速发展,金融机构体系不断完善,金融业态也日益丰富,金融监管体系便不断面临新的挑战。在填补监管空白、堵住监管漏洞,以及解决种种监管难题的进程中,中国监管体系在与金融市场的适应性改革与发展中日趋完善。随着金融体制改革的深入,利率市场化、汇率市场化改革,以及货币政策体系改革的完善,中国特色社会主义市场金融体制逐步形成。

第一,监管体系上,初步形成了中央金融委员会集中领导下的"一行一总局一一会"协同监管框架。中国金融监管体系,从中国人民银行的统一监管开始,经历了"一行三会""一行两会"的分业监管,最终形成了当前中央金融委员会集中领导下的"一行一总局一一会"协同监管框架。

第二,金融支柱行业市场化改革基本完成,金融机构、金融产品和服务体系日益丰富。银行业的改革从"大一统"体系开始,经历了专业银行体系的建立、从专业银行向商业银行的转型,以及商业银行市场化改革的最终完成;保险业的发展从改革开放初期保险业的全面恢复开始,经历了保险业的对外开放、保险监管体系的建立和完善等阶段,目前处于"偿二代"的实施与创新发展时期;证券业的发展始于20世纪80年代证券业的初步探索,后来逐步形成区域性资本市场、全国统一资本市场,现在多层次资本市场体系建设逐步完善。另外,随着支柱金融行业的发展,金融机构体系、金融产品和服务体系也日益丰富。

第三,以市场为基础的利率形成机制、利率传导机制和中央银行利率调控机制日益完善。贷款端的LPR集中报价和发布机制加上存款端的利率自律机制共同构成了市场利率形成机制;中国人民银行建立了丰富的政策利率工具,同时促进利率的

"双轨合一",形成了高效的人民币政策利率向市场利率传导的利率传导机制;中央银行利率调控机制上形成了以常备借贷便利(SLF)利率为走廊上限和超额存款准备金利率为走廊下限的利率走廊机制。

第四,在人民币汇率制度上形成了以市场供求为基础、参考一篮子货币进行调节、有管理的浮动汇率制度。中国汇率制度改革始于改革开放初期的固定汇率制度和严格的外汇管制,后经历了复汇率制度、单一汇率制度,最终形成了以市场供求为基础、参考一篮子货币、有管理浮动的汇率制度。另外,在汇率制度的改革过程中,人民币的国际化程度不断提高,当前已实现了经常项目下人民币自由兑换,正在积极探索资本项目的开放进程。

第五,金融宏观调控上形成了货币政策与宏观审慎政策的双支柱调控框架。货币政策主要用于宏观经济的逆周期调节,而宏观审慎政策则着眼于控制金融风险的顺周期积累,以及跨机构、跨行业和跨市场传染,主要是防范区域性、系统性金融风险。这两个支柱紧密配合,在促进经济平稳增长的同时守住不发生区域性、系统性金融风险的底线。

经过40多年的改革和发展,中国的金融体制日益完善,但由于本身发展起步较晚、中国实体经济改革仍在向深处推进、国际国内金融创新层出不穷等,金融体制仍存在一些需要进一步改革和动态调整的地方,未来金融体制改革的主要方向有:

第一,全面推进金融领域的法制化建设。加快金融领域的立法建设,尤其是金融重点领域和金融创新产生的新兴领域,使金融系统的运行有法可依;培育金融机构,以及其他金融市场主体的依法依规意识,厚植金融体系依法依规运行的基础;金融监管机构依法依规监管,实行严格的违法惩罚制度,用"长牙齿"措施来实施金融法规,做到执法必严、违法必究。

第二,监管体系由协同监管最终完成向"集中统一"监管的转型。当前"一行一总局一一会"的协同监管框架虽然有中央金融委员会的集中领导,但纵向上仍存在三个监管部门的条状分割,横向上更是存在中央与地方各个金融监管机关的块状分割,难免存在一些监管重叠、监管漏洞,以及监管协调困难等问题。因此,未来监管体系改革的方向是实现所有金融业务纳入单一机构、中央地方纵向贯通的统一监管,从而保证监管的穿透性、及时性、连续性。

第三,进一步深化国有金融企业体制改革,加强稳健微观金融主体建设。在行业监管的基础上,强化国有金融企业出资人监管,进一步完善国有金融企业国资监管体制机制;完善国有金融企业法人治理结构,重点加强党的领导、落实董事会职权,以及加强对职业经理人的管理;规范国有金融企业薪酬和激励制度建设,提升内部薪酬分配透明度和规范度;完善国有金融企业的风险管控机制。

第四,持续深入推进利率、汇率市场化改革。健全市场化利率形成机制、调控机制和传导机制,疏通资金流向实体经济的渠道,优化金融资源配置;健全贷款利率LPR报价机制、提高报价质量,完善存款利率行业自律机制,提高金融机构自主定价能力;稳步深化汇率市场化改革,完善以市场供求为基础、参考一篮子货币进行调节、有管理的浮动汇率制度,保持人民币汇率在合理均衡水平。

第五,积极推进人民币国际化,持续拓展金融开放的广度和深度,提升全球金融资源的配置能力。推动金融市场双向开放,拓展人民币跨境使用场景;提升人民币融资货币功能;完善金融基础设施建设,完善跨境支付系统;积极参与全球金融治理,提升金融资源的全球调动和配置能力。

第三章　中国金融发展的多维分析

第一节　金融深化

一、金融深化的内涵与测算方法

金融深化理论源于 Mckinnon(1973)和 Shaw(1973)对发展中国家金融抑制的研究。Mckinnon(1973)指出,金融部门与经济发展是息息相关的,深度金融和浅度金融分别对经济起着促进或抑制作用。一国金融业是处于金融深化还是金融抑制状态,可以通过金融资产的存量、流量,金融体系的规模、结构,金融资产的价格来衡量。在金融深化与金融抑制的比较中,Mckinnon(1973)给出了金融深化的经济特征,即在金融深化的经济中:(1) 从金融资产存量来看,金融资产存量的品种范围扩大,期限种类增多,与国民收入之比或与有形物质财富之比逐渐上升;(2) 从金融资产流量来看,金融资产流量较少依赖财政收入和国际资本,更多来自国内储蓄,货币流通速度也下降;(3) 从金融体系来看,金融体系规模扩大、金融机构增加、专业化增强、有组织的国内金融机构取得优势;(4) 从金融价格来看,利率更能准确反映投资替代消费的机会,实际利率较高,各个市场利率差距缩小,外汇黑市和远期外汇市场上本国货币贴水下降。而在金融抑制的经济中其特征刚好与此相反,它压低国内金融资产的收益率,高估本币,使国内金融资产需求受到抑制。Mckinnon(1973)和 Shaw(1973)给出的解决办法是金融自由化改革,通过用市场代替官僚机构减少对金融业的干预,让其自由发展,从而增加私人和政府储蓄以及国际资本的流入,优化储蓄的分配和使用,从而达到增加就业和促进经济增长的效果,即所谓的储蓄效应、投资效应、就业效应和收入效应。通过 Mckinnon(1973)和 Shaw(1973)对金融深化和金融抑制的描述可以得知,金融深化就是通过金融业甚至整个经济政治体系的改革和发展,使金融业从浅度金融向深度金融演进的过程。

　　从 Mckinnon(1973)对金融深化特征的描述中可以发现,金融深化的测算主要是从金融资产的总量、流量,金融体系的规模、机构,以及金融资产价格是否反映实际市场供求,即金融资产价格是否自由等方面进行。结合 Mckinnon(1973)的理论以及中国的实际情况,这里拟从三个方面进行测算。(1) 金融市场厚度,这是衡量金融市场总体规模的指标,通常是用金融资产、金融机构、金融从业人员等占 GDP 的比重来衡量。从经验研究来看,较多研究者使用城乡居民储蓄存款年底余额占 GDP 的比重来衡量,但这种方法存在两个问题:一是城乡居民储蓄存款这一口径不包含企业、部队、机关、团体单位存款,从覆盖面来看存在较多遗漏;二是本研究还需要分析省域之间的比较情况,而在省级层面上没有这一口径的统计数据。为解决上述两个问题,这里选取金融机构年末存款余额占 GDP 的比重来测算金融市场厚度。另外,还可以从金融业从业人员、金融机构数量、金融业增加值等方面来辅助衡量金融市场深度。(2) 金融市场宽度,这是衡量金融市场多样性的指标,指金融工具、金融中介,以及金融业态的多样性,最终将集中表现为金融市场融资渠道的多样性。从中国数据的可得性来看,从 2013 年起,中国人民银行公布地区社会融资规模增量统计表,该统计表包含 31 个省级区域人民币贷款、外币贷款(折合人民币)、委托贷款、信托贷款、未贴现银行承兑汇票、企业债券、非金融企业境内股票融资七项融资规模的增量,从 2018年起又增加了政府债券这一指标,为保持数据的连续性,且政府融资不是本研究的重点,所以这里暂时不考虑政府债券问题,只研究原来的七项指标。为表征融资渠道的多样性,首先要计算出每项融资增量占区域融资规模增量的比重,然后再计算出这七个比重的标准差,用标准差来衡量融资渠道的多样性,标准差越大表明融资渠道越集中,即多样性越低,金融市场宽度就越窄,反之则结论相反。(3) 金融市场自由度,在Mckinnon(1973)和 Shaw(1973)的金融深化理论中,发展中国家金融浅短的主要原因就是金融抑制,即金融市场的政府管制,解决的办法就是金融自由化改革,放松对金融市场的管制。而金融市场自由度又是一个综合性较强的概念,包括金融市场参与者进出自由、资本流动自由、金融产品交易价格自由等,最终表现为各种融资工具之间替代弹性的提高。在测度上,这里借鉴樊纲等(2011)对金融业市场化的测算方法,用金融机构分配给非国有部门贷款占 GDP 的比重来衡量。

二、中国金融深化进程

(一) 金融市场厚度的增加

关于中国金融市场厚度变化趋势,首先根据前述测算方法,使用金融机构存款年底余额占 GDP 的比重来测算,历年 GDP 和金融机构存款年底余额数据来自 Wind 数据库,这里可以获取 1978—2022 年的数据,GDP 是当年价,根据这些数据绘制图3-1 改革开放以来中国金融市场厚度变化趋势。

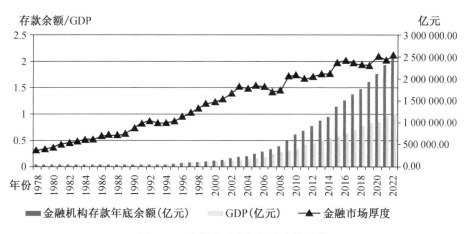

图 3-1　中国金融市场厚度变化趋势

资料来源:GDP 和金融机构存款年底余额来自 wind 数据库。

图 3-1 中有两个纵坐标轴,左侧主坐标轴显示的是金融市场厚度,右侧次坐标轴显示的是金融机构存款年底余额和 GDP,横坐标表示的是年份。在改革开放刚起步的 1978 年,中国的 GDP 总量为 3 678.70 亿元,人均 GDP 仅为 382.4 元,金融机构存款年底余额为 1 155.01 亿元,用金融机构存款年底余额占 GDP 比重衡量的金融市场厚度为 0.31,可以发现此时中国经济发展水平较低,金融市场厚度也极薄,尚处

于金融抑制的金融浅短状态。随着改革开放的启动和不断深化,中国经济步入了 40 余年快速增长的轨道,用当年价衡量,2022 年全国 GDP 达 121.02 万亿元,是 1978 年的 328.97 倍。随着经济增长和居民收入的增加,金融机构存款年底余额也快速增长,2022 年底全国金融机构存款余额达 258.50 万亿元,是 1978 年的 2 238.08 倍。金融机构存款年底余额的增长速度远远快于 GDP 增长速度,因此金融市场的厚度从 1978 年开始总体上一直处于快速增加的趋势,到 2022 年金融市场厚度增加到 2.14,是 1978 年的 6.9 倍,彻底扭转了改革开放初期金融浅短状态,已经处于深度金融的发展水平。

另外,金融市场厚度还可以从金融业增加值、金融业从业人员、金融机构数量,以及 M2 占 GDP 比重等方面来全面反映。根据 Wind 数据库以及历年《中国第三产业统计年鉴》等数据整理绘制图 3-2、图 3-3 和图 3-4,这三个图分别反映了中国金融业增加值、金融业从业人员和 M2 的变化趋势。

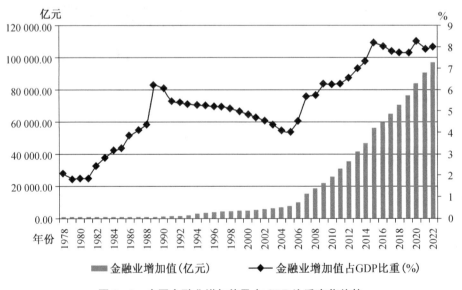

图 3-2 中国金融业增加值及占 GDP 比重变化趋势

资料来源:金融业增加值数据来自历年《中国第三产业统计年鉴》,GDP 数据来自 Wind 数据库。

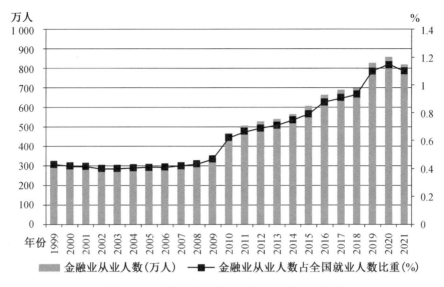

图 3 - 3 中国金融业从业人数及比重变化趋势

资料来源:金融业从业人数来自历年《中国第三产业统计年鉴》,全国就业人数来自历年《中国统计年鉴》。

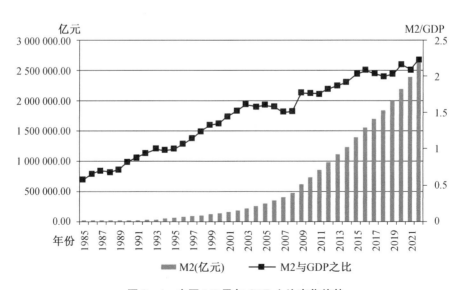

图 3 - 4 中国 M2 及与 GDP 之比变化趋势

资料来源:M2 和 GDP 数据来自 Wind 数据库。

　　图 3-2 左侧主坐标轴显示的是金融业增加值,右侧次坐标轴显示的是金融业增加值占 GDP 的比重。从图 3-2 可以观察到,1978 年时中国金融业增加值为仅为 75.5 亿元,占 GDP 的 2.07%,总量和比重都比较低。随着改革开放,尤其是金融业体制改革的推进,金融业增加值和比重总体上都是呈上升趋势,到 2022 年金融业增加值已达 9.68 万亿元,占 GDP 的比重为 8.0%,金融业已成为国民经济重要的产业部门,对现代经济的核心作用初步显现。图 3-3 左侧主坐标轴显示的是金融业从业者年末人数,右侧次坐标轴显示的是金融业从业者年末人数占全国就业者年末人数的比重。图 3-3 的变化趋势与图 3-2 的变化趋势基本一致,1978 年时中国金融业从业者年末人数为 68 万,占全国就业者比重为 0.16%,到 2021 年时,金融业从业者年末人数增长到 819 万,占全国就业者的比重为 1.1%,金融业从业者的总量和比重都大幅上升。图 3-2 和图 3-3 综合来看,金融业增加值的比重要远远高于金融业从业者比重,这表明金融业人均增加值远远高于全国平均水平。图 3-4 是中国 M2 及占 GDP 比重的变化趋势,其绘制方法与前面三图相同。从图 3-4 可以发现,1985 年时中国 M2 为 5 198.9 亿元,与 GDP 之比为 0.57,这表明中国此时经济的货币化程度较低,到 2022 年时 M2 已达 266.43 万亿元,与 GDP 之比为 2.20,经济的货币化程度与发达国家基本相当。

　　从金融机构的发展来看,1978 年金融体制改革前,中国是"大一统"的金融体系,金融系统只有中国人民银行一家金融机构,既是国家机关,又承担着商业银行的职能。随着实体经济改革开放以及金融体制改革的深入推进,中国人民银行逐渐剥离了商业银行的职能,成为纯粹监管金融市场和执行货币政策的国家机关,商业银行、保险公司、证券公司、财务公司等金融机构体系也建立起来,且金融机构的数量越来越多,分工体系越来越完备。根据中国人民银行的统计,截至 2021 年 3 月底,中国共有金融机构 13 978 家,其中商业银行 39 家,发展性金融机构 110 家,中资金融机构 610 家,外资金融机构 322 家,这些金融机构在全国拥有超过 4.6 万个网点,总资产超过 400 万亿元。

（二）金融市场宽度的拓展

　　根据前述测算方法,金融市场宽度用各类社会融资规模在融资总量中占比的标准差来衡量,虽然中国人民银行是从 2013 年开始公布地区社会融资规模增量表,但国家层面的数据可以追溯到 2002 年,表 3 - 1 是根据 Wind 数据库获取数据整理而得的。观察表 3 - 1 可以发现,占主体地位的人民币贷款比重呈下降趋势,2002 年时人民币贷款占全部融资的比重为 91.90%,此时银行贷款基本上是社会融资的唯一渠道;2022 年时,这一比重已下降到 65.34%,虽然比重仍较高,但已有超过三分之一的社会融资可以从其他渠道获取了,融资渠道得到较大的拓展。从其他融资渠道来看,2002 年以来企业债券融资有显著的上升趋势,非金融企业境内股票融资处于波动上升趋势,股票二级市场处于牛市时融资比重显著上升,非牛市时处于波动状态,但总体上 2002 年以来呈上升趋势。

表 3 - 1　2002—2022 年中国各类新增社会融资规模占比　　　单位:%

年份	新增人民币贷款	新增外币贷款	新增委托贷款	新增信托贷款	新增未贴现银行承兑汇票	企业债券融资	非金融企业境内股票融资
2002	91.90	3.60	0.90	0.00	−3.50	1.80	3.10
2003	81.10	6.70	1.80	0.00	5.90	1.50	1.60
2004	79.20	4.80	10.90	0.00	−1.00	1.60	2.40
2005	78.50	4.70	6.50	0.00	0.10	6.70	1.10
2006	73.80	3.40	6.30	1.90	3.50	5.40	3.60
2007	60.90	6.50	5.70	2.90	11.20	3.80	7.30
2008	70.30	2.80	6.10	4.50	1.50	7.90	4.80
2009	69.00	6.70	4.90	3.10	3.30	8.90	2.40
2010	56.70	3.50	6.20	2.80	16.70	7.90	4.10
2011	58.20	4.50	10.10	1.60	8.00	10.60	3.40
2012	52.10	5.80	8.10	8.20	6.70	14.30	1.60
2013	51.35	3.38	14.71	10.63	4.48	10.46	1.28
2014	59.44	2.16	15.23	3.14	−0.78	14.74	2.64
2015	73.14	−4.17	10.33	0.28	−6.86	19.08	4.93

（续表）

年份	新增人民币贷款	新增外币贷款	新增委托贷款	新增信托贷款	新增未贴现银行承兑汇票	企业债券融资	非金融企业境内股票融资
2016	69.86	−3.17	12.28	4.83	−10.97	16.85	6.97
2017	52.93	0.01	3.06	8.50	2.05	2.39	3.35
2018	69.67	−1.87	−7.14	−3.10	−2.82	11.70	1.60
2019	66.01	−0.50	−3.67	−1.36	−1.86	12.67	1.36
2020	57.46	0.42	−1.13	−3.16	0.50	12.75	2.56
2021	63.60	0.55	−0.54	−6.40	−1.57	10.48	3.94
2022	65.34	−1.64	1.12	−1.88	−1.07	6.41	3.67

资料来源：Wind 数据库。

　　根据表 3-1 提供的数据,可以计算出 2002—2022 年各类融资规模占比的标准差,以此来衡量中国金融市场宽度变化情况,图 3-5 绘制的就是 2002 年以来中国金

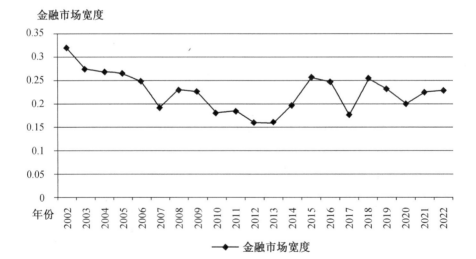

图 3-5　中国金融市场宽度变化趋势

资料来源：根据 Wind 各类融资规模增量数据整理计算。

融市场宽度的变化情况。标准差是一个逆向指标,即标准差越小表明金融市场宽度越宽。观察图3-5可以发现,图中曲线呈波动下降趋势,即中国金融市场宽度总体上呈拓宽趋势。

(三) 金融市场自由度的提高

金融市场自由度的衡量借鉴樊纲等(2011)金融业信贷资金分配市场化指数的方法来测算,即用银行将信贷资金配置给非国有企业的比重来衡量金融市场信贷资金配置的市场化水平。关于信贷资金配置给非国有企业比重的估计,借鉴李青原等(2013)的"残差结构一阶自相关"的回归方法,回归方程为:

$$Credit_t = c + \beta Soe_t + \varepsilon_t \qquad (3-1)$$

$$\varepsilon_t = \rho\varepsilon_{t-1} + \delta_t \qquad (3-2)$$

其中,$Credit_t$表示年末贷款余额占GDP的比重,Soe表示非国有工业企业营业收入占全国工业其营业收入的比重,ε_t是残差项。通过对系数的估计,用βSoe_t表示非国有企业获得的融资比重。从Wind数据库可以获取1999—2021年的数据,回归结果见表3-2。

表3-2　估计非国有企业的信贷

	回归系数
非国有工业企业营业收入/全部工业企业营业收入	0.433** (0.183)
$\rho(var)$	0.779*** (0.134)
Wald's test	chi2=845.12***

注:*、**和***分别表示参数估计在10%、5%和1%水平上显著;小括号内为参数估计的标准误差。

根据表3-2估计出的回归方程,非国有工业企业比重的回归系数为0.433;再根据历年非国有工业企业营业收入占全国工业企业营业收入的比重,可用βSoe_t计算出非国有工业企业获得的融资比重,然后再除以国有企业的融资比重,可以得到金融市场的市场化指数,即金融市场自由度,图3-6就是根据这些数据绘制。

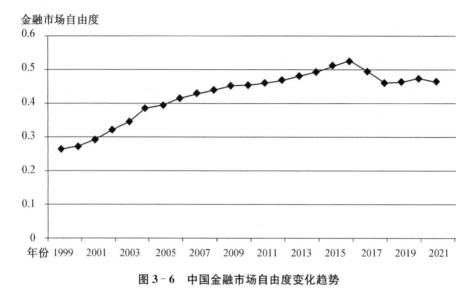

金融市场自由度

图3-6　中国金融市场自由度变化趋势

资料来源:根据 Wind 数据库中工业企业营业收入、非国有企业营业收入、年末贷款余额、GDP 等数据整理计算。

从图3-6的曲线可以观察到,1999年以来中国金融市场自由度总体上处于上升趋势,其中1999—2016年处于稳步上升阶段,从1999年的0.26一直达到2016年的峰值0.52,2017年以后略有下降,但仍处于较高水平。

三、中国金融深化的区域比较

(一) 金融市场厚度

前面分析了中国金融深化的总体进程,由于中国地区间经济发展不平衡,金融发展也不平衡,因此需要对区域间金融深化进行比较分析。首先比较金融市场厚度在区域间的差异,根据前述测算方法,这里依然使用金融机构存款年底余额占 GDP 的比重来测算中国各个省级区域(不含港澳台)金融市场厚度的变化情况。省级层面可获取的数据是从2001年开始,而且西藏地区有较多的数据缺失,因此这里主要比较除西藏外的 30 个省级区域,根据各个省级区域的 GDP 和金融机构存款年底余额,计算出二者的比值,然后绘制成图 3-7。

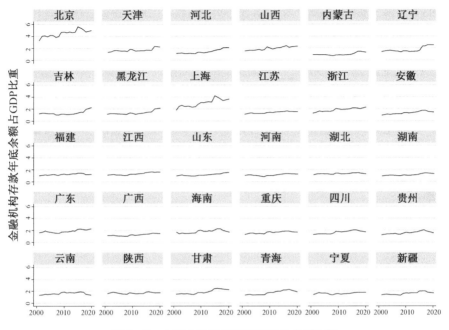

图 3-7　中国金融市场厚度变化的省域比较

资料来源:根据 Wind 数据库中各区域年末贷款余额和 GDP 数据整理计算。

　　观察图 3-7 中国金融市场厚度变化的省域比较,可以发现,2001—2020 年,中国 30 个省级区域金融市场厚度总体上呈现一致的上升趋势,但发展水平、变化速度等方面各地存在较大差异。从发展水平来看,北京、上海两地的金融市场厚度远远高于其他各省级区域,内蒙古、广西、山东、河南、湖南等地的金融市场厚度始终处于相对较低的水平,广东、浙江、山西、甘肃、江西等地的金融市场厚度处于较高位置。江苏作为全国经济最发达的地区之一,其金融市场厚度始终处于较低水平,而经济不发达甚至是欠发达的山西、江西、甘肃等地的金融市场厚度反而高于江苏,这是实体经济与金融发展匹配的一个表现。从发展速度来看,近年来,东北三省的金融市场厚度增加速度较快,尤其是辽宁金融市场厚度已跻身前三强。

（二）金融市场宽度

关于省级区域的金融市场宽度,首先根据中国人民银行公布的 2013—2022 年《地区社会融资规模增量统计表》计算出各类融资权重的标准差,然后根据 30 个省级区域 2013—2022 年融资权重标准差的面板数据,可绘制图 3-8。

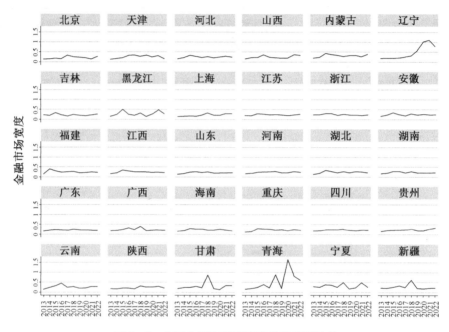

图 3-8　中国金融市场宽度变化的省域比较

资料来源:根据中国人民银行公布的历年《地区社会融资规模增量统计表》整理计算。

观察图 3-8 可以发现,中国 30 个省级区域金融市场宽度的变化总体上呈"倒 U 型"变化,即从 2013 年开始,融资权重的标准差呈逐年增长趋势,到 2018 年前后达到峰值。从数据观察,主要原因是人民贷款这项融资的权重有上升趋势,区域融资对银行的依赖性上升;2018 年之后到 2022 年,融资权重的标准差呈下降趋势。从数据上看,人民币贷款权重下降,企业债券、非金融企业境内股票融资权重上升,即金融市场宽度呈拓宽趋势。从地区间的比较来看,北京、上海、江苏、浙江等经济发达区域对银行融资的依赖性较低,金融市场宽度较宽;青海、甘肃、云南,以及东北三省区域融资主要依赖银行贷款,金融市场宽度较窄。

(三) 金融市场自由度

金融市场自由度的测算借鉴与前面国家层面相同,不同的是对各省级区域信贷资金配置给非国有企业的比重进行估算时采用的是规模以上工业企业数据,同时由于这里是 30 个省级区域 2001—2021 年的面板数据,对回归系数进行估计时采用的是"残差结构一阶自相关"固定效应方法,然后根据系数估计结果;同时根据各省级区域规模以上非国有工业企业主营业务收入比重,可以估算出信贷资金配置给非国有企业的比重,进而计算出各省级区域金融市场自由度,最后绘制成图 3-9。

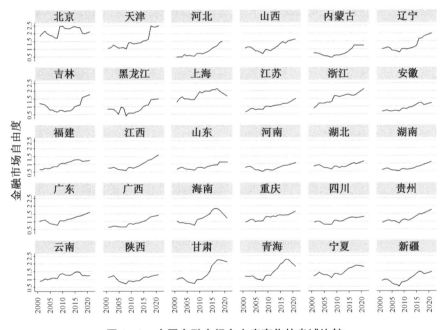

图 3-9　中国金融市场自由度变化的省域比较

资料来源:根据 Wind 数据库各区域规模以上工业企业主营业务收入、GDP、年末贷款余额等数据整理计算。

观察图 3-9 中国金融市场自由度变化的省域比较可以发现,各省域金融市场自由度总体上呈上升趋势;从发展水平上看,北京、上海处于领先地位,陕西、内蒙古、宁夏、新疆等地金融市场自由度较低;从发展速度上看,河北、江苏、浙江、广东、福建自2001年以来基本上呈现直线上升趋势,天津、辽宁、江西等地近年来发展较快。总体来看,金融市场自由度与各省的经济发展水平基本一致。

第二节　金融结构优化

一、金融结构的内涵与测算方法

世界银行与国际货币基金组织2005年出版的《金融部门评估手册》(*Financial Sector Assessment: A Handbook*)指出,就金融业总体而言,金融结构是指金融业各部门结构,以及决定金融效率的部门特征。金融结构的评估应该涵盖主要的机构参与者,包括中央银行、商业银行、储蓄机构、金融发展机构、保险公司、抵押贷款公司、养老基金机构,以及其他金融市场组织。金融市场的功能结构也应被覆盖到,包括货币市场、外汇市场和资本市场。国内也有较多关于金融结构的研究,关于金融结构的内涵,这里借鉴李健和贾玉革(2005)的界定:金融结构是指构成金融总体的各个组成部分的分布、存在、相对规模、相互关系与配合状态,而一国的金融总体主要由金融各业(银行、证券、保险、信托、租赁等)、金融市场、各种信用方式下的融资活动、各种金融活动所形成的金融资产、一国与他国或国际组织的金融往来等部分组成。因此,衡量一国的金融结构可从金融各业的金融市场结构、金融产业结构、金融融资结构、金融资产结构、金融开放结构等五个方面入手。

关于金融结构的测算方法与指标选取,借鉴刘超和孙晓鹏(2023)的测算方法:金融市场结构用证券市场年交易额与存贷款总额年末余额之比来表示;金融产业结构用金融机构数量的对数表示;金融融资结构用融资总额与GDP之比表示;金融资产结构用金融资产总额与GDP之比表示;金融开放结构有一个专门估算方法,估算公式是:

$$FOS_t = \alpha FDI_t/GDP_t + \beta OFDI_t/GDP_t + \gamma FDL_t/TDL_t, (\alpha+\beta+\gamma=1) \quad (3-3)$$

其中,*FOS*表示金融市场开放指数,*FDI*是外商投资额,*GDP*是国内生产总值,

OFDI 是对外直接投资,*FDL* 和 *TDL* 分别表示金融机构外币存款总额和本币存款总额,*α*、*β* 和 *γ* 分别取 0.3、0.4 和 0.3。

二、中国金融结构的演变

(一) 金融市场结构

根据前述测算方法,金融市场结构用证券市场年交易额与存贷款总额年末余额之比来表示。从可获取的数据来看,从 Wind 数据库可以获取沪深两市的年交易额,其他市场的证券交易数据暂时无法获得,这里就用沪深两市的证券交易额作为代表;从中国知网(CNKI)的年鉴数据库可以获取金融机构年末存款余额和金融机构年末各项贷款余额两个指标,加总后可以得到金融机构年末存贷总额,进而可计算出二者的比值,具体结果见表 3－3。

表 3－3　金融市场结构

年份	金融机构年末存款余额/亿元	金融机构年末各项贷款余额/亿元	金融机构年末存贷余额总值/亿元	沪深股市年交易额/亿元	股市交易额与存贷款余额总值比值
1993	29 627.0	32 943.1	62 570.1	3 698.0	0.059
1994	40 502.5	39 976.0	80 478.5	8 133.2	0.101
1995	53 882.1	50 544.1	104 426.2	4 035.5	0.039
1996	68 595.6	61 156.6	129 752.2	21 332.1	0.164
1997	82 390.3	74 914.1	157 304.4	30 827.3	0.196
1998	95 697.9	86 524.1	182 222.0	23 544.3	0.129
1999	108 778.9	93 734.3	202 513.2	31 319.6	0.155
2000	123 804.4	99 371.1	223 175.5	60 826.7	0.273
2001	143 617.2	112 314.7	255 931.9	38 305.2	0.150
2002	170 917.4	131 293.9	302 211.3	27 990.5	0.093
2003	208 055.6	158 996.2	367 051.8	28 655.5	0.078
2004	241 424.3	178 197.8	419 622.1	42 334.0	0.101

年份	金融机构年末存款余额/亿元	金融机构年末各项贷款余额/亿元	金融机构年末存贷额总值/亿元	沪深股市年交易额/亿元	股市交易额与存贷款余额总值比值
2005	287 163.0	194 690.4	481 860.0	31 664.5	0.066
2006	335 459.8	225 347.2	560 807.0	90 468.7	0.161
2007	389 371.0	261 691.0	651 062.0	460 556.2	0.707
2008	466 203.0	303 395.0	769 598.0	267 112.6	0.347
2009	597 741.0	399 685.0	997 426.0	535 886.7	0.537
2010	718 238.0	479 196.0	1 197 434.0	545 633.6	0.456
2011	809 368.0	547 947.0	1 357 315.0	421 649.7	0.311
2012	917 555.0	629 910.0	1 547 465.0	314 667.4	0.203
2013	1 043 847.0	718 961.0	1 762 808.0	468 728.6	0.266
2014	1 138 645.0	816 770.0	1 955 415.0	743 913.0	0.380
2015	1 357 022.0	939 540.0	2 296 562.0	2 550 538.3	1.111
2016	1 505 864.0	1 066 040.0	2 571 904.0	1 267 262.6	0.493
2017	1 641 044.2	1 201 321.0	2 842 365.2	1 124 625.1	0.396
2018	1 775 226.0	1 393 670.8	3 168 896.8	901 739.4	0.285
2019	1 928 785.3	1 586 020.6	3 514 805.9	1 274 158.8	0.363
2020	2 125 721.0	1 727 452.5	3 853 173.5	2 067 253.7	0.537
2021	2 322 500.0	1 868 884.4	419 1384.4	2 579 734.6	0.615
2022	2 584 998.2	2 191 000.0	4 775 998.2	2 245 094.7	0.470

资料来源：Wind 数据库和 CNKI 年鉴数据库。

　　从表 3-3 的数据可以观察到，1993—2022 年，中国金融机构年末存贷余额总值呈逐年上升趋势，这是中国经济和居民收入持续快速增长的集中表现。从沪深两市的交易额来看，1993 年时只有 3 698.0 亿元，到 2022 年已达 224.5 万亿元，是 1993 年的 607.1 倍，这标志着 30 年来中国资本市场的不断壮大与成熟。从沪深两市交易额与金融机构年末存贷余额的比值来看,总体呈上升趋势,由 1993 年的 0.059 上升到 2022 年的 0.470,这表明证券市场在融资体系中的地位逐步上升。

(二) 金融产业结构

根据刘超和孙晓鹏(2023)的测算方法,金融产业结构用全国金融机构数的对数表示。由于部分金融业无法获取连续的金融机构数量的数据,这里仅对可获取的金融机构数进行分析,其中银行业法人机构数的数据来自历年《中国金融年鉴》,银行业营业网点数根据银行业协会发布的历年《中国银行业服务报告》《中国银行业服务改进情况报告》等文件整理而得,保险公司法人机构数 2006—2015 年的数据从历年《中国保险年鉴》中国保险市场经营状况分析中提取,2016—2020 年的数据根据《中国保险年鉴》中公布的保险公司目录加总而得。证券公司营业部、证券公司、基金管理公司、期货公司和证券投资咨询机构数量的数据也来自历年《中国金融年鉴》,具体数据见表 3 - 4。

表 3 - 4　全国金融机构数统计表

年份	银行法人机构/家	银行营业网点/万家	保险法人机构/家	证券公司/家	证券营业部/家	基金管理公司/家	期货公司/家	证券投资咨询机构/家
2006	19 797	19.75	107	104	3 105	57	183	102
2007	8 877	18.86	120	116	3 060	58	177	101
2008	5 634	17.97	122	107	3 170	60	171	100
2009	3 857	16.32	139	106	3 956	60	167	98
2010	3 769	19.49	144	106	4 644	63	163	91
2011	3 800	20.09	151	109	5 008	69	163	88
2012	3 747	20.5	164	114	5 261	77	161	89
2013	3 949	21.03	174	115	5 821	89	156	86
2014	4 091	22.71	180	121	6 969	95	152	84
2015	4 262	22.4	194	125	7 705	101	150	84
2016	4 262	22.79	202	129	9 061	109	149	84

年份	银行法人机构/家	银行营业网点/万家	保险法人机构/家	证券公司/家	证券营业部/家	基金管理公司/家	期货公司/家	证券投资咨询机构/家
2017	4 549	22.87	211	131	10 528	113	149	84
2018	4 588	22.86	223	131	11 013	120	149	84
2019	4 595	22.8	224	133	11 390	84	149	84
2020	4 607	22.67	238	139	11 735	132	149	85

资料来源：根据历年《中国金融年鉴》《中国银行业服务报告》《中国银行业服务改进情况报告》《中国保险年鉴》等文件整理。

表3-4中，除银行营业网点数的单位为"万家"外，其他数据的单位都是"家"。从表3-4的金融主导行业银行、证券、保险三大产业的机构数变化来看，银行业法人机构数在2007年和2008年大幅下降，这缘于国家对银行业的持续整顿和资产重组，导致法人机构数下降，但银行业营业网点数略有下降后又持续上升，由2009年谷底的16.32万家增加到2020年的22.67万家；保险业法人机构数从2006年的107家增加到2020年的238家，实现了倍增；证券业法人机构数从2006年的104家增加到2020年的139家，虽然证券公司法人机构数增加的不多，但营业部从2006年的3 105家增加到2020年的11 735家，增长了2.78倍。从金融三大主导行业的机构数变化来看，证券业和保险业的发展速度要快于银行业，尤其是证券公司的扩张速度最快。与2006年相比，2020年基金管理公司的数量也增加了一倍多，期货公司和证券投资咨询机构的数量有所下降，这是市场竞争下优胜劣汰的结果。

（三）金融融资结构

根据前述测算方法，融资结构用社会融资规模与GDP的比值来表示，社会融资规模增量和GDP的数据可以从Wind数据库直接获取，根据获取的数据可以计算出历年社会融资规模与GDP的比值，然后绘制出图3-10。

从图3-10可以观察到，2009年和2010年社会融资规模有一个大幅跃升，这是因为受2007—2008年全球金融风暴的影响，2008年11月国务院提出，为应对2008

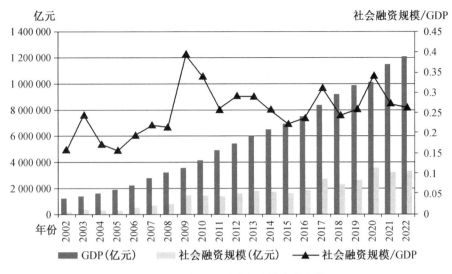

图 3 - 10　中国金融融资结构变化趋势

资料来源:根据 Wind 数据库数据整理计算。

年国际经济危机,计划两年内投资总规模约 4 万亿元人民币,加上地方财政的配套,总计超过 10 万亿元,这带来了 2008 年和 2009 年社会融资规模的非连续跃升。剔除这两个异常点会发现社会融资规模与 GDP 的比值呈波动上升趋势。

(四) 金融资产结构

金融资产结构用金融资产总额与 GDP 之比来测算,而金融资产指的是单位或个人拥有的以价值形态存在的资产,是一种索取实物资产的权利,通常指企业的库存现金、银行存款、其他货币资金、应收账款、应收票据、贷款、其他应收款、股权投资、债权投资和衍生金融工具形成的资产等。由于金融资产的门类比较多,而且有些无法获得连续性数据,这里选取三个主要的金融资产指标来衡量,分别是:金融机构年末存款余额、沪深股市年末市值和货币当局总资产。金融机构年末存款余额和沪深股市年末市值可以从 Wind 数据库获取,货币当局资产总额可以从中国人民银行官网公布的中国人民银行资产负债表中提取。由于中国人民银行公布的资产负债表只能追溯到 1999 年,所以这里可测算的金融资产总额,以及金融资产总额与 GDP 的比值序列是从 1999 年到 2022 年的。根据整理的数据,可绘制图 3-11 中国金融资产结构变化趋势图。

观察图 3-11 可以发现,中国金融资产总额呈快速上升趋势,1999 年时全国金融资产总额为 17.06 万亿元,到 2022 年增长到 378.98 万亿元,增长了 21.21 倍。从金融资产总额与 GDP 的比值来看,总体上也是呈上升趋势,1999 年时为 1.88,到 2022 年时增加到 3.13,这表明金融资产的增长速度要快于 GDP 增长速度。

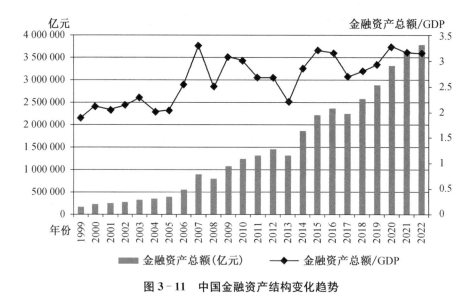

图 3-11　中国金融资产结构变化趋势

资料来源:Wind 数据库、中国人民银行官网。

(五)金融开放结构

根据前述金融开放结构 FOS 的测算方法,可以搜集到 GDP、FDI、OFDI,以及金融机构人民比存款年末余额、金融机构外汇存款年末余额等相关数据,由于牵涉到美元与人民币的换算,这里取人民币对美元汇率的年平均价进行换算,具体的测算结果见表 3-5。

表 3 - 5　中国金融市场开放结构测算

年份	GDP /亿元	FDI /亿美元	OFDI /亿美元	人民币存款年末余额/亿元	外汇存款年末余额/亿美元	FOS
2002	121 717.4	527.43	27.00	170 917.4	1 507	0.033
2003	137 422.0	535.05	28.50	208 055.6	1 487	0.028
2004	161 840.2	606.30	55.00	240 525.1	1 530	0.026
2005	187 318.9	603.25	122.60	287 169.5	1 616	0.024
2006	219 438.5	658.21	211.60	335 434.1	1611	0.022
2007	270 092.3	747.68	265.10	389 371.2	1 599	0.019
2008	319 244.6	923.95	559.10	466 203.3	1 791	0.019
2009	348 517.7	900.33	565.30	597 741.1	2 089	0.017
2010	412 119.3	1 057.35	688.10	718 237.9	2 287	0.016
2011	487 940.2	1 160.11	746.50	809 368.3	2 751	0.015
2012	538 580.0	1 117.16	878.00	917 554.8	4 065	0.016
2013	592 963.2	1 175.86	1 078.40	1 043 846.9	4 386	0.016
2014	643 563.1	1 195.62	1 231.20	1 138 644.6	5 735	0.017
2015	688 858.2	1 262.67	1 456.70	1 357 021.6	6 272	0.017
2016	746 395.1	1 260.01	1 961.50	1 505 863.8	7 119	0.020
2017	832 035.9	1 310.35	1 582.90	1 641 044.2	7 910	0.018
2018	919 281.1	1 349.66	1 430.30	1 775 225.7	7 275	0.015
2019	986 515.2	1 381.35	1 369.10	1 928 785.3	7 577	0.015
2020	1 013 567.0	1 443.70	1 537.10	2 125 720.9	8 893	0.016
2021	1 149 237.0	1 734.80	1 788.20	2 322 500.4	9 969	0.015
2022	1 210 207.0	1 891.30	1 580.00	2 584 998.2	8 539	0.013

资料来源:历年《中国统计年鉴》、Wind 数据库。

　　从表 3-5 最后一列的金融开发结构指数的变化趋势来看,FOS 整体呈下降趋势,从 2002 年的 0.033 下降到 2022 年的 0.013。这主要有两个原因:一是中国 GDP

的增长速度要快于 FDI 的增长速度,二是人民币存款余额增长速度快于外汇存款余额增长速度。虽然 OFDI 的增速快于 GDP 增速,但经过加权之后仍不足以抵销前两项的影响。FOS 指数呈下降趋势表明,虽然近年来中国金融市场不断加大对外开放的力度,但由于中国经济体量的增长速度较快,相对于中国经济体量而言,金融市场的开放度是在下降的。

三、中国金融结构的省域比较

从中国的省域数据来看,由于数据问题无法做五个维度的金融结构比较,这里仅对省级区域融资风险结构进行比较。根据中国人民银行公布的区域融资规模增量统计表,有人民币贷款、外币贷款、委托贷款、信托贷款、未贴现银行承兑汇票、企业债券融资、政府债券融资和非金融企业境内股票融资共计 8 个指标的统计数据。从风险包容性来看,非金融企业境内股票融资的风险包容性最高,其次是企业债券融资,政府债券属于公共融资,不直接参与企业技术创新活动,因此这里不予考虑,其他 5 项融资风险包容性都比较低。因此可以用非金融企业境内股票融资和企业债券融资在区域融资规模中的比重来表示区域融资结构的风险包容性,比重越高表示风险包容性越强。根据所获取的数据,可以绘制图 3-12 中国融资风险结构的省域比较。

观察图 3-12 可以发现,从整体上看,剔除一些异常点,30 个省级区域的融资风险结构在 2013—2022 年基本上呈直线状态,即近 10 年来区域融资风险包容性变化不大。从横向的省级比较来看,北京地区融资风险包容性最高,2013—2022 年企业债券融资和非金融企业境内股票融资占区域融资规模的比重平均值为 33.35%,遥遥领先其他各省域。下一个梯队是上海、天津、江苏,企业债券融资和非金融企业境内股票融资占区域融资规模的比重平均值为 20% 左右,融资风险包容性最低的是内蒙古、辽宁、黑龙江、甘肃、青海和宁夏,企业债券融资和非金融企业境内股票融资占区域融资规模的比重平均值不足 5%,青海甚至为负值,为 -8.45%。

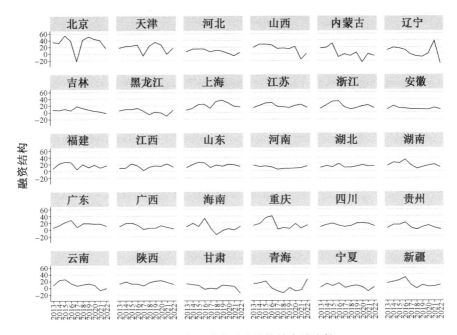

图 3 - 12　中国融资风险结构的省域比较

资料来源：根据中国人民银行公布的历年《地区社会融资规模增量统计表》整理计算。

第三节　金融市场竞争增强

一、金融市场竞争的内涵与测算方法

在市场经济条件下，金融市场竞争指金融产品与服务的提供者，这里主要是金融机构从利益出发而排斥其他金融机构的各种经济行为。从金融机构采取的竞争手段来看，有价格竞争和非价格竞争。价格竞争主要是以更高的价格吸纳资金，以更低的价格为客户提供融资服务，以及其他金融服务。非价格竞争有业务网络竞争、提升服务质量、创新金融产品与服务、采用新金融技术提升金融效率、进行跨界融合等等。从竞争的范围来看，有同业竞争和跨业竞争、同区域竞争和跨区域竞争。从市场竞争的强度来看，有完全竞争、垄断竞争、寡头垄断和垄断。从我国金融市场的实际情况来看,经过 40 余年的金融体制改革,完全垄断的情况已经消除,大部分业态处于垄断竞争状态,竞争强度比较高。

金融业细分行业比较多,除传统的银行业、证券业、保险业三大行业外,还有信托业、基金业、投行业、期货业,财务公司、典当行等。衡量金融业市场竞争可从跨业竞争和同业竞争两个维度进行测算,跨业竞争的增强能够降低行业垄断势力,跨业竞争强度的增强可表现为各个行业市场份额的均匀化,由于跨业的数据不易获取,同时业务口径业不一致,因此这里可用金融机构资产规模的相对比重,以及从业人员的相对比重来衡量。关于同业竞争强度的衡量,由于银行业是中国金融业的主导行业,且可以获取完整的数据,因此这里用银行业金融机构营业网点数的 HHI 指数来测算银行业同业竞争的变化情况。

二、中国金融市场竞争的变化趋势

关于中国金融业跨业竞争的变化趋势,从可获取的数据来看,根据 Wind 数据库、CNKI 年鉴数据库、历年《中国金融年鉴》,以及中国人民银行公布的年报,可以获取 2007—2022 年银行业金融机构、保险业金融机构、证券公司、期货公司的资产规模,从而可以计算出这四个金融细分行业金融机构资产规模的相对变化趋势,具体情况见表 3-6。

表 3-6　金融机构资产规模及比重

年份	银行业/万亿元	比重/%	保险业/万亿元	比重/%	证券业/万亿元	比重/%	期货/万亿元	比重/%
2007	52.60	91.84	2.89	5.05	1.73	3.02	0.05	0.09
2008	62.39	93.13	3.34	4.99	1.2	1.79	0.06	0.09
2009	78.77	92.80	4.06	4.79	2.03	2.39	0.02	0.02
2010	95.31	93.11	5.05	4.93	1.97	1.92	0.03	0.03
2011	113.29	93.60	5.98	4.94	1.57	1.30	0.19	0.16
2012	133.62	93.49	7.35	5.15	1.72	1.20	0.23	0.16

（续表）

年份	银行业/万亿元	比重/%	保险业/万亿元	比重/%	证券业/万亿元	比重/%	期货/万亿元	比重/%
2013	151.35	93.44	8.29	5.12	2.08	1.28	0.26	0.16
2014	172.34	92.19	10.16	5.43	4.09	2.19	0.35	0.19
2015	199.35	91.19	12.36	5.65	6.42	2.94	0.47	0.22
2016	232.25	91.45	15.38	6.05	5.79	2.28	0.54	0.21
2017	252.40	91.45	16.94	6.14	6.14	2.22	0.52	0.19
2018	268.24	91.44	18.33	6.25	6.26	2.13	0.51	0.18
2019	290.00	91.06	20.56	6.46	7.26	2.28	0.65	0.20
2020	319.70	90.60	23.30	6.60	8.9	2.52	0.98	0.28
2021	344.76	90.34	24.90	6.52	10.59	2.77	1.38	0.36
2022	379.64	90.49	27.15	6.47	11.06	2.64	1.70	0.41

资料来源：Wind 数据库、CNKI 年鉴数据库、历年《中国金融年鉴》。

表 3-6 中，各类金融机构资产规模的单位均为"万亿元"。观察表 3-6 可以发现，2007—2022 年，中国银行业、保险业、证券业及期货业金融机构的资产规模都在快速增长，这表明中国金融市场整体呈快速增长趋势。其中，银行业金融机构资产规模从 2007 年的 52.60 万亿元增长到 2022 年的 379.64 万亿元，增长了 6.22 倍，且其他行业的资产规模增长速度还要略快于银行业。因此，银行业金融机构的资产比重自 2007 年以来有所下降，即金融业跨业竞争有所增强。但由于银行业经营的特殊性，银行业金融机构资产相对规模会高估其在金融业中的市场份额，也就是会低估金融业跨业竞争的强度，若用行业从业人员的相对比重来度量行业的相对规模则会更加准确。由于银行业是中国金融业的主导行业，下面用银行业从业人员在金融业全行业从业人员中占比的变化来重新衡量金融业的跨业竞争，具体变化见图 3-13。

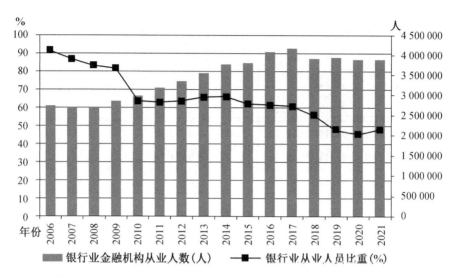

图 3 - 13　中国银行业金融机构从业人员占金融业从业人员比重演变

资料来源:Wind 数据库、历年《中国第三产业统计年鉴》。

观察图 3 - 13 可以发现,银行业金融机构从业人员从 2006 年的 273.24 万人增加到 2021 年的 388.19 万人,增长了 42.07%,但其从业人员在金融业全行业中的比重从 2006 年的 91.12% 下降到 2021 年的 47.43%,比重下降了 43.69 个百分点;从从业人员来看,2006 年时银行业占绝对主导地位,到 2021 年时从业人员占比已经不到一半,这表明金融业的跨业竞争强度得到大幅提高。

下面分析中国金融业主导行业银行业的产业内竞争情况。关于银行业产业内竞争测算方法,这里借鉴姜付秀等(2019)的测算方法,先根据银保会公布的银行经营机构许可证登记信息,整理出历年各家银行的分支机构数量;然后以分支机构数量为对象,计算出历年银行业 HHI 指数;根据这一指数,绘制出图 3 - 14 银行业市场竞争变化趋势。

HHI 指数是一个逆向指标,HHI 越小,表明市场集中度越低,即市场竞争越强度越高。因此,从图 3 - 14 可以得出结论:2001—2022 年,中国银行业市场竞争程度总体呈上升趋势。

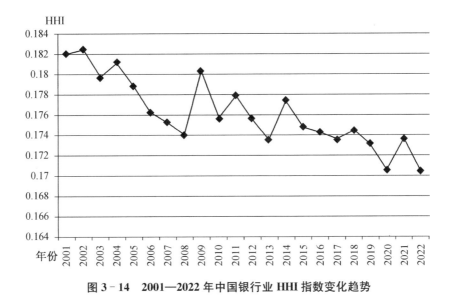

图 3 - 14　2001—2022 年中国银行业 HHI 指数变化趋势

资料来源:根据原中国银行保险监督管理委员会官网数据整理计算。

三、金融市场竞争的省域比较

关于金融市场竞争的省域比较,行业间无法获取比较完整的数据,而银行的许可证信息在省级层面比较完整,因此这里仅比较省级区域银行业产业内竞争的变化趋势,其测算方法与前面相同,计算出 2001—2022 年各省的银行业 HHI 指数后可绘制出图 3 - 15。

观察图 3 - 15 可以发现,中国 30 个省级区域银行业的市场竞争从整体上呈上升趋势,只有广东和安徽近年来银行业的市场集中度有所提高。从横向比较来看,北京、天津和上海的 HHI 指数最低,山西、安徽、山东、河南、湖南、重庆、四川、贵州等地的 HHI 指数较高,基本在 0.2 以上,表明这些地区银行业的集中度比较高,主要原因是四大国有商业银行的市场份额较高。

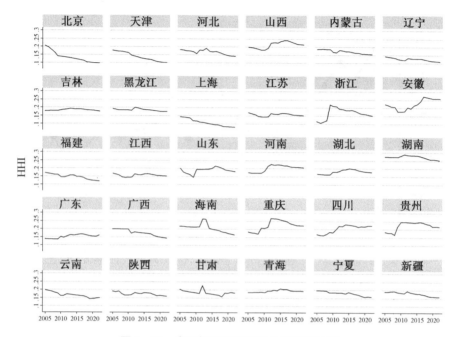

图3－15　中国银行业市场竞争的省域比较

资料来源:根据原中国银行保险监督管理委员会官网数据整理计算。

第四节　金融市场效率提升

一、金融市场效率的内涵与测算方法

　　金融市场效率是指金融资源的配置效率,即资金由储蓄者向具有生产性投资机会的人手中转移的效率(李再扬和冯根福,2003)。从具体的内容来看,金融市场效率包括市场的运行效率、配置效率和信息效率(Emerson et al.,1997)。运行效率指金融市场交易费用处于不影响信息效率的水平上,这要求金融市场有较高水平的市场竞争;配置效率指经过风险调整后所有证券的收益率应该相等,在具有配置效率的金融市场中,储蓄向投资的转换应用最有效的方式进行;信息效率主要是指金融产品价格有效反映了所有的信息。按照Fama(1970)的有效市场理论,金融市场可分为三种不同类型的市场效率：弱势有效市场、半强势有效市场和强势有效市场。

任何经济活动的效率最终都表现为投入产出关系，金融市场是一个高度复杂的网络系统，参与主体包括银行、证券公司、保险公司、期货公司、财务公司等金融中介，还有企业、机关、个人等各类储蓄与融资者，还包括中央银行，以及各类金融监管机构。从投入上看，首先是金融部门各类从业人员的人力投入，还包括各金融中介的固定资产、场所等物质投入，自有资金投入，以及国家的金融基础设施。从产出上看，金融部门最直接的产出是各类金融工具和金融服务，以及金融部门的增加值；由于金融部门的主体功能是完成储蓄投资的转换，因此融资规模应该是金融业的一个重要产出。因此金融部门是一个多投入、多产出的复杂系统，而且具有较高的风险性和不确定性，从效率测算方法来看，常用的是数据包络（DEA）分析方法。用 DEA 方法对金融市场效率进行测算时，投入产出指标的选择常见的有三种：一是生产法（Clark and Speaker，1994），将金融机构的劳动和资本作为投入要素，将融资数量作为产出变量；二是中介法（Kasman，2002），将金融机构吸收过来的资金以及自己投入的劳动和资本作为投入要素，产出为金融机构提供的融资和由此及其他金融服务活动产生的利润；三是对偶法（Berger and Humphrey，1991），将金融机构筹集来的资金既作为投入要素，又作为产出。综合考虑三种方法的优劣及数据的可得性，这里将金融业劳动、资本作为投入要素，产出为社会融资规模和金融业增加值。

二、中国金融市场效率的变化趋势

根据前述金融市场效率测算方法，将金融业从业人员和金融业资本存量作为金融业的投入变量，社会融资规模和金融业增加值作为产出变量，用 DEA 模型的 Malmquist 指数方法进行测算。金融业从业人员、金融业固定资产投资和金融业增加值数据来自历年《中国第三产业统计年鉴》，社会融资规模数据来自 Wind 数据库。这里可以获取 2003—2021 年的数据。金融业资本存量借鉴程惠芳和陆嘉俊（2014）的永续盘存法进行估计：

$$KR_t = RI_t + (1-\delta)KR_{t-1} \qquad (3-4)$$

其中，KR_t 表示第 t 期的资本存量，RI_t 为第 t 期的投资额，δ 为折旧率。由于可获得的数据最早为 2003 年的，可将 2002 年设为基期，同时用 CPI 指数对各期投资进行平减。则第一期的资本存量为：

$$KR_1 = RI_0 + (1-\delta)RI_{-1} + (1-\delta)^2 RI_{-2}^2 + \cdots$$

$$= \sum_{i=0}^{+\infty} (1-\delta)^i RI_{-i} = RI_0 \sum_{i=0}^{+\infty} \left[\frac{1-\delta}{1+g_r} \right]^i = \frac{RI_1}{g_r + \delta} \qquad (3-5)$$

其中，g_r 为投资的平均增长率，这里设为 5%，折旧率设为 15%。根据(3-4)式和(3-5)式可以估算出 2003—2021 年中国金融业的资本存量，然后根据金融业资本存量、金融业从业人员、社会融资规模和金融业增加值四个变量用 DEA 方法估算金融业市场效率。具体估算结果见表 3-7。

表 3-7　中国金融市场效率估算

年份	Effch	Techch	Pech	Sech	Tfpch
2004	1.000	0.889	1.000	1.000	0.889
2005	1.000	1.054	1.000	1.000	1.054
2006	1.000	1.316	1.000	1.000	1.316
2007	1.000	1.341	1.000	1.000	1.341
2008	1.000	1.029	1.000	1.000	1.029
2009	1.000	1.308	1.000	1.000	1.308
2010	1.000	0.930	1.000	1.000	0.930
2011	1.000	0.881	1.000	1.000	0.881
2012	1.000	0.997	1.000	1.000	0.997
2013	1.000	0.966	1.000	1.000	0.966
2014	1.000	0.902	1.000	1.000	0.902
2015	1.000	0.945	1.000	1.000	0.945
2016	1.000	1.003	1.000	1.000	1.003
2017	1.000	1.205	1.000	1.000	1.205

年份	Effch	Techch	Pech	Sech	Tfpch
2018	1.000	0.951	1.000	1.000	0.951
2019	1.000	1.003	1.000	1.000	1.003
2020	1.000	1.197	1.000	1.000	1.197
2021	1.000	1.011	1.000	1.000	1.011
平均值	1.000	1.042	1.000	1.000	1.042

资料来源：根据历年《中国第三产业统计年鉴》、Wind 数据库数据整理计算。

　　表 3-7 的估算结果中，Effch 表示技术效率的变化，Techch 表示技术进步的变化，Pech 表示纯技术效率的变化，Sech 表示规模效率的变化，Tfpch 表示全要素生产率的变化。这五个指标的关系是：Tfpch＝Effch×Techch；Effch＝Pech×Sech。这里使用数据的时间跨度是 2003—2021 年，所以将 2003 年作为参照的基期，效率的变化从 2004 年起算。另外，最后一行是五种效率变化的算数平均值。从表 3-7 金融市场五类效率变化的估算结果来看，中国金融市场 TFP 的变化主要是由技术进步的变化引起的，技术效率基本没有变化，2004—2021 年中国金融市场 TFP 平均每年增长 4.2%。

三、金融市场效率的省域比较

　　省域间金融市场效率估算也使用相同的方法，用省域的金融业从业人员和金融业固定资产存量作为投入变量，区域社会融入规模和金融业增加值作为产出变量，数据区间为 2005—2021 年，用 DEA 模型的 Malmquist 方法进行估算，将估算出的各省历年 TFP 并取均值，然后可以绘成图 3-16 进行省域间的比较。

　　观察图 3-16 可以发现，金融市场发达的北京、上海、天津三地金融业 TFP 最低，为负数。从估算的过程可以发现，这些地区的金融资源投入过多，已经呈现拥挤现象，导致金融业效率较低。而经济金融发展水平较低的西南和西北地区金融业 TFP 反而较高，这一方面表明这些地区金融资源较少，处于边际产出上升阶段；另一方面也表明这些地区近年来金融业发展较快,金融基础设施的改善,以及金融业从业人员素质水平的提升使这些地区金融效率有大幅提升。

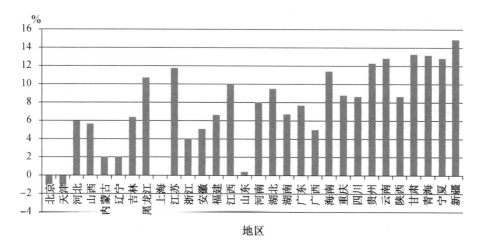

图 3-16　金融市场效率省域比较

第五节　普惠金融

一、普惠金融的内涵与测算方法

普惠金融的概念缘于英文的"Inclusive Financial System",这一词汇在 2005 年联合国宣传小额信贷年时被首次使用,其基本含义是能够为社会所有阶层和群众提供有效、全方位服务的金融体系。这一概念提出后迅速被联合国、世界银行、G20 等国际组织广泛推广。2008 年成立了普惠金融联盟(Alliance for Financial Inclusion,AFI),是成员国中央银行和金融监管机构间的信息交流和政策协作平台,旨在通过同行间的学习、信息交流与传递来推动普惠金融在国家层面、区域层面,以及国际层面的实施。截至目前,普惠金融联盟的成员国已有 76 个,另外还有 85 个机构组织成员。2009 年 12 月,G20 峰会承诺提高贫困人群的金融服务可得性,同时成立普惠金融专家组(Financial Inclusion Experts Group, FIEG),旨在推动构建普惠金融全球指标,建立普惠金融合作伙伴工作机制。2010 年,G20 批准建立全球普惠金融合作伙伴组织(Global Partnership of Financial Inclusion, GPFI),该组织成为"同行学习、信息共享、政策倡导和普惠金融合作"的一个重要平台。中国普惠金融的发展最早可以追溯到 20 世纪 80 年代的扶贫贷款,在联合国 2005 年提出普惠金融体系的概念后,2006 年 3 月,中国人民银行研究局焦谨璞副局长在北京召开的亚洲小额信贷论坛上,正式使用了这个概念;2013 年 11 月 12 日,中国共产党第十八届中央委员会第三次全体会议通过了《中共中央关于全面深化改革若干重大问题的决定》,正式提出"发展普惠金融,鼓励金融创新,丰富金融市场层次和产品"。2015 年,国务院出台了《推进普惠金融发展规划(2016—2020 年)》,明确指出:"普惠金融是指立足机会平等要求和商业可持续原则,以可负担的成本为有金融服务需求的社会各阶层和群体提供适当、有效的金融服务。"同时指出:"小微企业、农民、城镇低收入人群、贫困人群和残疾人、老年人等特殊群体是当前我国普惠金融重点服务对象。"这是国内关于普惠金融内涵与主要服务对象的权威界定。

关于普惠金融发展水平的测算,2013 年 G20 第八次领导人峰会通过了 GPFI 制定的《G20 普惠金融指标体系》(G20 Financial Inclusion Indicators)。该指标体系包括成人金融使用指标、企业金融使用指标、金融服务的可获得性、金融知识和金融能力指标、市场行为和消费者保护、金融使用障碍六个方面的指标。2016 年 G20 第十一次峰会通过了《G20 数字普惠金融高级原则》,同时对《G20 普惠金融指标体系》进行了升级,增加了数字普惠金融的内容。由现有的普惠金融指标来看,是一个复杂多维的指标体系,针对这种多维量纲指标体系,Sarma(2008)提出了一套普惠金融指数(IFI)测算方法,具体为:

$$d_i = \frac{A_i - m_i}{M_i - m_i} \qquad (3-6)$$

其中,d_i 表示第 i 个指标标准化后的数值,A_i 是该指标的实际值,M_i 和 m_i 分别表示该指标的最大值和最小值。由公式(3-6)的计算方法可知,$0 \leqslant d_i \leqslant 1$,且 d_i 越大,表示一个区域在这个维度上的普惠金融发展程度越好。若从 n 个维度来衡量区域普惠金融发展程度,那么 n 维笛卡尔空间上的点 $D_i = (d_1, d_2, d_3, \cdots d_n)$ 就可以表示该区域普惠金融的实际发展情况。在 n 维空间上,点 $O=(0,0,0,\cdots0)$ 表示普惠金融发展最差的位置,而点 $I=(1,1,1,\cdots1)$ 则表示普惠金融在各个维度上发展都是最好的,因此一个区域的普惠金融发展指数,可以用该区域的 D_i 与点 I 之间的逆欧几里得距离来表示,即:

$$IFI=1-\frac{\sqrt{(1-d_1)^2+(1-d_2)^2+(1-d_3)^2+\cdots+(1-d_n)^2}}{\sqrt{n}} \qquad (3-7)$$

二、中国普惠金融的发展

关于中国普惠金融发展水平的测算,根据数据的可得性,这里从金融服务的地理渗透性、服务可得性和实际实用度三个维度进行测算,具体指标的选取借鉴范兆斌和张柳青(2017)的方法。金融服务的地理渗透性取每平方公里金融机构数和每平方公里金融业从业人员数两个变量,分别用银行业金融机构营业网点数除以建成区面积和金融业从业人员数除以建成区面积表示;金融服务可得性取每万人拥有金融机构数和每万人拥有金融业从业人员数两个变量,分别用银行业金融机构营业网点数除以年末人口数和金融业从业人员数除以年末人口数来表示;金融服务实际实用度取存款占 GDP 比重和贷款占 GDP 比重两个变量,分别用银行业金融机构各项存款年末余额除以 GDP 和人民币各项贷款年末余额除以 GDP 来表示。银行业金融机构营业网点数根据各个地区金融业运行报告整理得来,其他数据来源于 Wind 数据库。根据前述测算方法,可以计算出中国普惠金融六个维度的发展水平,见表 3-8。

表 3-8　中国普惠金融六个维度的发展水平

年份	每平方公里金融机构数/家	每平方公里金融人员数/人	每万人拥有金融机构数/家	每万人拥有金融人员数/人	存款余额占 GDP 比重	贷款余额占 GDP 比重
2005	5.381	90.722	1.338	22.564	1.533	1.039
2006	5.869	89.085	1.503	22.812	1.529	1.027
2007	5.486	87.697	1.473	23.542	1.442	0.969

年份	每平方公里金融机构数/家	每平方公里金融人员数/人	每万人拥有金融机构数/家	每万人拥有金融人员数/人	存款余额占GDP比重	贷款余额占GDP比重
2008	5.165	89.931	1.412	24.578	1.460	0.950
2009	4.996	91.174	1.427	26.035	1.715	1.147
2010	4.861	117.350	1.452	35.057	1.743	1.163
2011	4.597	115.886	1.486	37.453	1.659	1.123
2012	4.436	115.826	1.487	38.829	1.704	1.170
2013	4.366	112.410	1.528	39.344	1.760	1.212
2014	4.301	113.777	1.555	41.142	1.769	1.269
2015	4.248	116.470	1.600	43.870	1.970	1.364
2016	4.152	122.434	1.620	47.776	2.018	1.428
2017	4.045	122.507	1.624	49.196	1.972	1.444
2018	3.865	119.629	1.608	49.758	1.931	1.483
2019	3.728	136.964	1.595	58.583	1.955	1.552
2020	3.687	141.463	1.585	60.829	2.097	1.704
2021	3.618	131.127	1.599	57.943	2.021	1.677

资料来源：历年《中国统计年鉴》、Wind 数据库整理计算。

观察表 3-8 可以发现，中国普惠金融六个维度的发展趋势除每平方公里金融机构数这一指标，其他五个指标整体上呈上升趋势。每平方公里金融机构数呈下降趋势，主要有两个原因：一是中国城市化进程较快，建成区面积快速增加；二是银行业自身在进行结构优化，加上近年来新一轮金融科技的冲击，使得银行业电子化程度大幅提升，网上银行、手机银行使用率大幅提升，从而使银行业的物理网点增速下降。根据表 3-7 的六个维度的普惠金融发展水平，使用公式(3-7)可以测算出 2005—2021 年中国普惠金融发展指数(IFI)，将测出的 17 年 IFI 指数绘制成折线图，可以观察期发展趋势，具体见图 3-17。

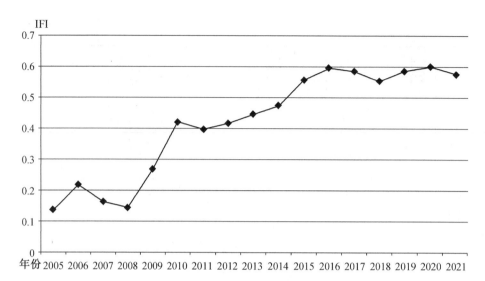

图 3 - 17 2005—2021 年中国普惠金融指数变化趋势

资料来源:根据表 3-8 测算数据计算 IFI 指数绘制。

从图 3-17 可以发现,2005—2021 年中国普惠金融发展水平整体上呈上升趋势,而且上升幅度较大,IFI 指数从 2005 年的 0.14 提高到 2021 年的 0.58。这表明金融服务可得性和金融服务实际使用度四个指标,加上金融服务地理渗透性指标之一的每平方公里金融服务人员数五个指标主导着中国普惠金融的发展方向,金融服务地理渗透性指标之一的每平方公里金融机构数的下降不足以抵销其他五个变量的主导上升趋势,从而使中国普惠金融整体上处于优化发展的进程之中。

三、普惠金融发展的省域比较

普惠金融省域发展水平的测算方法与前面相同,六个维度的取值分别为:每平方公里金融机构数,用各省域银行业金融机构营业网点数除以建成区面积表示;每平方公里金融业从业人员数,用各省域金融业从业人员数除以建成区面积表示;每万人拥有金融机构数,用各省域银行业金融机构营业网点数除以年末常住人口数表示;每万人拥有金融业从业人员数,用各省域金融业从业人员数除以年末常住人口数表示;存款占 GDP 比重,用各省域银行业金融机构各项存款年末余额除以 GDP 表示;贷款占

GDP 比重,用各省域人民币各项贷款年末余额占 GDP 比重表示。测出各省域的 IFI 后,可绘成图 3 - 18 进行比较分析。

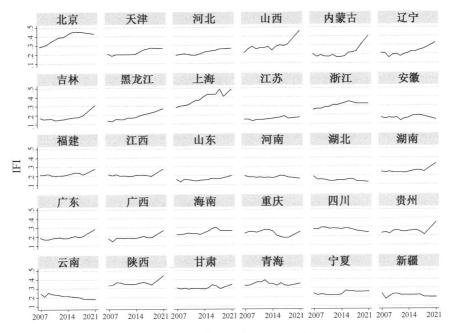

图 3 - 18　普惠金融发展的省域比较

资料来源:根据 Wind 数据库、历年《中国统计年鉴》整理计算。

　　观察图 3 - 18 可以发现,除安徽、河南、湖北、云南、新疆少数几个省级区域普惠金融发展水平近年来略有下降,整体上看全国普惠金融发展水平在不断提高;各省级区域普惠金融发展水平差异扩大,总体来看,经济发达的东部沿海地区如北京、上海、浙江处于领先地位,经济落后的西南、西北地区普惠金融发展水平较低;从发展速度上看,山西、内蒙古,以及东北三省普惠金融的推进速度明显快于全国平均水平。

第六节　本章小结

　　本章从金融深化、金融结构优化、金融市场竞争增强、金融市场效率提升和普惠金融发展五个维度对中国改革开放以来金融发展情况进行了全面的梳理,尤其是对省级区域间金融发展的非平衡性进行了横向间的比较,研究表明:

第一,中国金融市场彻底扭转了改革开放初期金融抑制下的金融浅短状态,整体上已经处于深度金融的发展水平,但区域间发展不平衡。改革开放以来,用金融机构年末存款占 GDP 比重衡量的金融市场厚度提升了将近 7 倍,从金融业增加值、金融业从业人员、金融机构数量,以及 M2 占 GDP 等方面测算的情况来看,金融市场厚度也有较大幅度增加;从用融资渠道离散程度衡量的金融市场宽度来看,中国金融市场融资渠道多样性整体上逐年上升;以非国有部门融资比重衡量的金融市场自由度逐年提升,表明中国金融市场的市场化改革不断加深。从金融深化的省域比较来看,金融深化程度与经济发展水平基本一致,呈现东高西低态势。

第二,中国金融市场结构已由改革开放初期单一的银行体系转型为多元金融主体综合发展的模式,但银行业仍在金融结构中占主体地位,其他金融业态,尤其是资本市场发展相对滞后,区域金融结构优化程度差距较大。本章从金融市场结构、金融产业结构、金融融资结构、金融资产结构、金融开放结构五个维度对金融结构优化程度进行测算,从测算的结果来看,五个维度的变化趋势基本一致,都表明改革开放以来中国金融结构优化程度获得极大的提高;但总体上来看,无论是在资产规模,还是在增加值、从业人员等方面,银行业在中国金融结构中仍占主导地位,其他金融业态发展相对滞后,尤其是风险包容性更强的资本市场发展滞后。从区域比较来看,虽然各省金融结构都获得了一定程度的优化与发展,但东中西梯度分布显著,区域发展非常不平衡。

第三,中国金融市场的同业竞争和跨业竞争都有所提升,但由于银行业在金融体系中仍占主导地位,以及受金融业进入壁垒较高等因素的影响,中国金融市场的跨业竞争仍需进一步提升。从数据来看,银行业资产规模比重从 2007 年的 91.84% 下降到 2022 年的 90.49%,略有下降,仍占绝对主导地位。但银行业从业人员比重则从 2006 年的 91.12% 大幅下降到 2022 年的 47.43%,非银行金融业从业人员占比已超越银行业。从同业竞争来看,银行业的 HHI 指数从 2001 年的 0.183 下降至 2022 年的 0.171,银行业同业竞争显著增强。从各省银行业 HHI 指数的变化来看,北京、上海等金融业发达地区由于受外资银行、城商行等各类非国有商业银行迅速发展的影响,银行业同业竞争提升较大,而广大中西部地区国有商业银行仍占主导地位,银行业同业竞争提升幅度较小。

第四,以 DEA 方法衡量的中国金融市场效率逐年提升,但发达地区金融业发展出现拥挤现象,金融效率反而较低。综合生产法、中介法和对偶法三种测算金融效率投入产出指标的优点,本章使用金融业劳动、资本作为投入要素,社会融资规模和金融业增加值作为产出要素。经测算,2004—2021 年中国金融市场 TFP 平均每年增长 4.2%。从金融市场效率变化的横向比较来看,金融市场发达的北京、上海、天津三地金融业 TFP 最低,而经济金融发展水平较低的西南和西北地区金融业 TFP 反而较高,这一方面表明发达地区金融资源投入过多,已经呈现拥挤现象,而欠发达地区金融资源较少,处于边际产出上升阶段;另一方面也表明近年来欠发达地区金融业发展较快,金融基础设施的改善,以及金融业从业人员素质水平的提升使这些地区金融效率有大幅提升。

第五,起源于 20 世纪 80 年代扶贫贷款的中国普惠金融,近年来得益于中央和各级政府的大力推进,发展迅速,但由于经济基础和金融资源的差距,各地区普惠金融的发展差异较大。根据 Sarma 的普惠金融指数(IFI)测算方法,中国的普惠金融整体上处于稳步推进状态,中国普惠金融指数从 2005 年的 0.138 上升到 2021 年的 0.578,增长了 3.19 倍。从各地区普惠金融发展的比较来看,东部沿海地区如北京、上海、浙江处于领先地位,经济落后的西南、西北地区普惠金融发展水平较低。

改革开放以来,中国的金融业从金融深化、金融结构优化、金融市场竞争增强、金融市场效率提升和普惠金融发展五个维度来看,整体上都获得了长足的发展。但仍存在着部分金融业态发展不充分、金融结构不合理、融资效率较低,以及区域金融发展不平衡等问题。为进一步推进中国金融业发展,更好地为中国式现代化建设提供金融支撑,应重点加强以下几个方面的建设:

第一,从金融市场厚度、金融市场宽度和金融市场自由度三个方面继续推进金融深化战略。继续健全和完善市场化利率形成机制,控制通货膨胀,提高金融资产实际收益率,从而提升金融市场的储蓄动员能力,增加金融市场厚度;适度降低金融业进入壁垒,推动金融市场多元化建设,促进跨业融合与竞争,鼓励金融产品创新、业态创新,尤其进一步完善多层次资本市场建设,拓展金融市场宽度;深化"放管服"改革,完善金融企业,尤其是国有金融企业现代企业制度建设,减少行政部门的直接投融资干预,提高金融市场自由度。

第二,以金融供给侧结构性改革为抓手,促进中国金融结构优化升级。积极推进证券、保险、信托、租赁等非银行金融产业发展,促进金融产业结构协调;推动金融业同业和跨业经竞争,尤其是推动银行业同业竞争,使金融市场保持适度有序竞争;积极拓展实体经济融资渠道,使股权融资与债权融资、长期融资与短期融资、内部融资与外部融资等融资结构合理化;拥抱新一轮金融科技创新,积极稳健地推动金融产品创新,拓展投资渠道,优化居民金融资产结构;加强顶层设计,稳妥有序推进改革和开放,处理好金融对内对外开放、人民币汇率形成机制改革和资本项目可兑换这"三驾马车"之间的关系,实现相互协调,渐进、稳步向前推进,优化金融开放结构。

第三,多措并举推动金融市场竞争。提升金融主导产业银行业的同业竞争水平,进一步鼓励股份制银行、各地区城商行的发展,打破区域性经营壁垒,使其能够与大型商业银行形成全国性竞争;加快推动股权市场和债券市场发展,使其能够对银行业形成跨业竞争压力;充分利用金融科技发展成果,有序推进互联网金融等新型金融业态发展,拓宽企业融资渠道,促进金融业跨业竞争;稳步推进金融业对外开放,引入国际金融机构进行竞争。

第四,进一步提升金融系统对实体经济和技术创新服务的主体功能效率。加大金融基础设施的建设力度,积极运用以互联网、云计算、大数据等为基础的最新金融科技成果,对传统金融系统进行改造;加快构建和完善金融基础数据库,同时打通数据库间的壁垒,做到互联互通,数据共享;加大金融专业人力资本投资,提升金融从业人员整体业务素养;进一步深化国有金融机构经营机制和激励机制改革,提升经营效率。

第五,多维度推进普惠金融建设,尤其是大力发展数字普惠金融。完善普惠金融相关的法律法规,使普惠金融在完备的制度框架内发展;优化普惠金融发展环境,尤其是信用体系的构建与共享;有序推进数字普惠金融的发展,深入推进互联网、大数据、人工智能、区块链等科技手段的应用,优化普惠金融服务模式。

第四章　中国金融深化与企业技术创新

第一节　金融深化与企业技术创新

Schumpeter(1934)在最初研究企业技术创新时就十分强调金融的重要作用,他指出:"银行家已不仅仅是生产商品购买力的中间商,由于所有储蓄都流向他,对自由购买力的总需求也就向其集中,银行家就可以取代资本家或者变成其代理人,他就能以社会的名义授权企业家实现生产要素的新组合。"然而在众多发展中国家却普遍存在着金融抑制现象,使金融市场发展处于浅短状态。金融资产存量品种范围较窄、期限种类少;金融资产流量较多依赖财政收入和国际资本;金融体系规模小、金融机构少、专业化程度低;金融价格中的利率和汇率扭曲;国内储蓄率较低。处于浅短状态的金融市场无法发挥对经济的促进作用,更无法对企业技术创新产生推动作用。Mckinnon(1973)和Shaw(1973)提出的解决办法是以金融自由化改革为手段推进金融深化,发挥金融对经济增长的储蓄效应、投资效应、就业效应和收入效应。虽然Mckinnon(1973)和Shaw(1973)以发展中国家为研究对象,以金融自由化改革来应对金融抑制,但不能把金融深化与金融自由化等同起来,二者之间是目的和手段的关系(王建国,1998)。从Shaw(1973)对金融深化的测度方法来看,金融深化应分为三个维度:一是金融市场厚度的增加,表现为金融市场总体规模的扩张,金融工具、金融中介,以及其他金融市场参与主体数量的增加;二是金融市场宽度的拓展,指金融工具、金融中介,乃至金融业态多样性的增加,最终表现为金融市场融资渠道的拓宽;三是金融市场自由度的提高,主要是指政府对金融市场管制和直接干预的减少,包括金融参与门槛的降低、资本流动限制的减少、金融资产价格管制放松等,充分发挥金融市场在资金配置中的作用。因此金融深化对企业技术创新影响机制的研究也应从这三个维度入手。

　　从中国的金融发展实践来看,改革开放初期也存在较为严重的金融抑制现象,金融市场处于浅短状态。金融机构体系主要是由中国人民银行体系构成,几乎没有商业银行及其他金融机构。由政府制定的利率与市场利率存在较严重的偏离,汇率也在政府的严格管制下,金融市场自由度极低。金融管制,再加上居民收入水平偏低,导致居民储蓄率较低,1979 年城乡居民储蓄存款仅有 281.2 亿元,仅占当年 GDP 的 6.92%,社会储蓄主要来自政府和国有企业(易纲,1996),金融市场厚度极薄。由于金融机构、金融工具单一,融资渠道主要靠政府的信贷配给,金融产品多样化无从谈起,金融市场宽度极窄。伴随着实体经济改革,中国金融市场的改革和开放也有序推进,金融抑制逐步消除,金融深化稳步提高。首先建立起以五大国有商业银行为主体的商业银行体系,并完成其市场化改革。利率、汇率管制和信贷配给现象已完全消除,市场化的利率形成和传导机制已基本完成,推进人民币国际化,形成以市场为基础、参考一篮子货币、有管理浮动的汇率制度。推进金融市场对内、对外双向开放,金融市场自由度得到极大提升。随着金融抑制的逐步消除,同时改革开放的巨大成就使居民收入大幅提升,居民储蓄水平和储蓄率实现双增长,金融市场厚度大幅提升,2020 年底中国储蓄存款总额达 218 万亿元,居世界第一,是当年 GDP 的 2.14 倍。伴随着金融市场自由度和厚度的提升,中国的金融机构体系也逐步完善,形成了以银行为主体,证券、保险、基金公司、财务公司、风险投资公司为补充的完备的金融机构体系。企业融资渠道有银行贷款、企业债券、风险投资,以及由主板、创业板、科创板、新三板等构成的多层次资本市场体系。近年来,随着金融科技的兴起与数字普惠金融的推进,中国金融市场的多样性又一次获得跨越性提升,进一步拓宽了企业,尤其是中小企业的融资渠道。

　　伴随着中国实体经济发展的巨大成就,以及国际经济、政治、文化地位的大幅提升,学界要求中国建设金融强国的呼声越来越高(杨涤,2004;白钦先和刘刚,2006;陆磊,2015)。党的十九大报告也明确提出要深化金融体制改革,增强金融服务实体经济的能力,这是金融强国建设的实际行动。金融强国的主要特征是主权货币国际化程度高,金融市场发育程度高,金融体系与实体经济互动良好(陆磊,2015)。其中最核心的还是金融市场发育程度要高,能够参与甚至决定全球金融资源的配置。金融市场的发育在动态上表现为金融市场厚度的增加、金融市场宽度的拓展和金融市场自由度的提升,即金融深化。实现金融强国育化科技强国的战略构想,实质上是要开展金融深化对企业技术创新影响机制的研究。中国历来十分重视对企业技术创新的金融支持:一是对重大科研攻关项目的直接组织和投资、对科研院所的研发经费支出逐年增长,推进产学研协作,使创新知识向企业溢出;二是对企业技术创新进行补贴,包括企业研发费用加计扣除等间接补贴,以及贷款贴息、创新奖励等其他一些直接补贴;三是引导商业银行对企业技术创新项目进行优先贷款,如科技贷款等。这些支持政策对企业技术创新无疑会产生积极的推动作用,但这仅仅是政府的行政力量。那么,中国金融深化本身是否会对企业技术创新产生推动作用,即市场的力量是否显著? 金融深化对企业技术创新产生影响的作用机制又是怎样的? 在中国背景下其市场传导渠道是否畅通? 围绕这些问题,本章拟从金融深化的三个维度出发构建理论模型,系统阐释金融深化对企业技术创新产生作用的市场机制,在此基础上使用中国的经验数据进一步检验其作用机制和市场传导渠道的畅通性,以期为进一步推进中国金融深化,更好地引导金融市场服务实体经济,尤其是企业技术创新提供理论借鉴。

第二节　金融深化与企业技术创新相关文献回顾

金融深化理论源于 Mckinnon(1973)和 Shaw(1973)对发展中国家金融抑制的研究,他们认为金融深化和金融浅化对经济发展分别起着促进或抑制作用。Shaw(1973)进一步将金融深化对经济发展的促进机制细化为储蓄效应、投资效应、就业效应和收入效应。在 Mckinnon(1973)和 Shaw(1973)的基础上,后续跟随研究主要集中于金融深化对经济增长的影响及其作用机制(Fry, 1978; Friedman, 2005; Townsend and Ueda, 2006,等),金融深化对企业技术创新影响的直接研究较少。金融对企业技术创新促进作用的研究最早可以追溯到 Schumpeter(1934),他指出银行家在企业技术创新进程中起着重要作用,甚至可以代替资本家做出决策进行技术创新。在 Schumpeter(1934)的跟随研究中,更多是用了金融发展的概念,即研究金融发展对企业技术创新的促进作用(King and Levine, 1993; Blackburn and Hung, 1998; Aghion et al., 2005)。金融深化和金融发展是两个比较接近的概念,金融深化关注的是金融市场状态,即金融资产存量、流量的增加,金融体系规模扩大、结构优化,金融资产价格扭曲的消除(Shaw, 1973)。而金融发展则更加强调金融体系的功能,即金融工具、金融市场和金融中介能够更多地降低执行和交易成本,更好地提供信息搜集、投资监督、风险分散等金融市场功能(Levine, 2004)。因此,金融深化和金融发展这两个概念在本质上是一致的,都是要完善金融市场体系、提高金融市场效率,从而更好地服务于实体经济。从现有的文献来看,金融深化对企业技术创新影响机制主要有三方面的研究:储蓄动员机制,信息获取、甄别和传递机制,风险分散机制。下面将分别进行回顾。

Mckinnon(1973)和 Shaw(1973)都十分强调金融深化的储蓄动员效应,他们指出,旨在提高金融资产实际收益率、减缓收益率波动的金融深化各项政策的实施,以及非金融领域配套措施的实施,能够极大地开拓储蓄者的时间和空间,从而提高储蓄率。与此同时,金融深化能够提高储蓄投资转换效率,包括 R&D 投资(Habibullah and Eng, 2006),从而促进技术创新。企业的生产过程具有长期性,将面临较多的不确定性及一些较大的实际冲击(Holmstrom and Tirole, 1998),企业创新活动则将面临更大的风险性和累积性,且其收益也具有极大的不确定性,因此企业创新活动面临的融资约束更严重(Harhoff, 1998)。尤其是当企业取得外部融资后遭受新的冲击,为保持创新活动的连续性就需要追加融资,这就需要创新企业能够获得充足的外部融资。金融深化储蓄动员效应能够为企业提供可用的外部融资。Aghion et al. (2005)研究指出,企业面临进行短期、长期投资,或者更高风险的 R&D 投资,同时各项投资间存在着转换成本,若外部融资不充足,不能覆盖其转换成本,企业将不会选择 R&D 投资。相反,金融深化条件下企业将会进行更多的 R&D 投资。

创新企业和投资者之间存在着严重的信息不对称,这会阻碍投资者向创新者投资,从而导致创新企业面临融资约束。随着金融深化的推进,金融中介数量不断增加,种类逐步丰富。这些金融中介将会提高对创新企业、经理,以及经济环境在内所有相关信息的收集效率(Greenwood and Jovanovic, 1990),降低信息搜集和处理成本,提高资金的配置效率(Boyd and Prescott, 1986)。另外,金融中介通过信息的搜集处理能够甄别企业家的创新能力,将资金配置给创新能力最强的企业家,缓解融资前期的信息不对称问题(King and Levine, 1993)。创新者获得融资后,金融中介的信息搜集功能主要体现在对企业的监督上,可以缓解创新者的道德风险(Morales, 2003),提高创新效率,形成融资与创新之间的正向反馈。金融深化对企业技术创新的信息获取、甄别和传递机制在股票市场上的表现更为集中,随着股票市场规模的扩大、流动性的增强,包括金融中介在内的所有参与主体,有极强的动力去搜集关于企业的所有信息,以获取信息优势进行套利,这样就会将创新企业的私人信息最大限度地披露给投资者,提升创新企业的融资效率(Merton, 1987)。

金融深化促进企业技术创新的风险分散机制源于三个方面风险的分散,分别是:截面风险的多样化机制、跨期风险的分担机制和流动性风险的化解机制。金融深化的一个重要标志就是金融中介和融资工具种类的增加,这样金融市场就为投资者多样化提供了便利。King and Levine(1993)深入研究了截面风险多样化分散机制对企业技术创新的促进作用,投资者通过多样化的创新项目投资,可以降低投资风险并提高长期收益,因而便利提供多样化投资的金融系统能够有力地促进技术创新和经济增长。企业技术创新的持续性,以及重大创新项目的长期性要求金融系统能够分散跨期风险来提升投资者的积极性,跨期风险分散要求金融中介能够长期存在,从而实现投资风险的代际分担(Allen and Gale, 1999)。流动性反映了金融资产变现的成本和速度,随着金融深化的推进,金融市场的厚度、宽度和自由度都会大幅提升,因此金融资产的流动性势必增强。Aghion et al. (2004)构建理论模型来解释流动性强的金融市场能够提升企业 R&D 投资积极性,从而促进技术创新和经济长期增长。

国内关于金融深化与企业技术创新关系的研究较多是实证分析,而且更多的是围绕经济增长展开,如:孟猛(2003)研究了金融深化与经济增长之间的互为因果关系;张军和金煜(2005)研究认为中国金融中介深化对生产率有显著促进作用;赵奇伟和张诚(2007)基于中国省级面板数据分析表明金融深化能够促进 FDI 技术溢出效应,进而促进经济增长;刘文奇等(2018)的研究表明中国金融深化可以通过缓解企业融资约束的途径促进 R&D 投资,进而促进技术创新。关于金融深化的理论也有少量探讨,如:王建国(1998)分析了金融自由化与金融深化手段和目的的关系,消除了将金融深化等同于金融自由化的误解;贾新春(2000)对金融深化理论与中国金融深化过程进行了系统的梳理和阐释。另外,近年来关于金融强国建设的研究有所增加:杨涤(2004)较早地提出要探索中国金融强国之路,白钦先和刘刚(2006)正式提出建设金融强国是中国的战略选择,陆磊(2015)则系统地探讨了如何在改革开放中建设中国金融强国。

综观国内外关于金融深化对企业技术创新影响机制的相关研究,有储蓄率提升效应、融资约束缓解机制、信息不对称缓解机制、创新风险分散机制等,但这些研究目前还比较分散。另外,从金融深化的维度来看,可分为金融市场厚度增加、金融市场宽度扩展和金融市场自由度提高等多个维度,但也缺乏理论模型将这三方面对企业技术创新的影响机制纳入统一的理论框架。鉴于此,本章将 D-S 方法纳入 R&D 竞争框架,从三个维度的金融深化出发,构建金融深化对企业技术创新影响机制模型,系统阐释金融市场厚度增加、金融市场宽度扩展和金融市场自由度提高这三个维度金融深化对企业技术创新的影响机制,进一步丰富金融深化理论。在理论分析的基础上,使用中国省域面板数据,检验中国金融深化对企业技术创新是否有显著的促进作用,其传导渠道是否都畅通,从而为引导中国金融市场更好服务企业技术创新提供理论支持。

第三节　金融深化对企业技术创新促进机制理论模型

假设经济体系中存在 n 个创新生产一体化的企业,这 n 个企业展开创新竞争。为保障创新、生产、销售等各个环节的连续性,期初企业 i 需要投入 X_i 单位的有效资金,其中有 $\lambda(\lambda<1)$ 份额用于技术创新。假设企业自有资金不足,这 X_i 单位的资金需要向金融市场融资,由企业连续运行的实际情况可知,实践中每个企业在一段时期内对资金都有多种需求,从期限上看可能有隔夜的、短期的、中期的、长期的,甚至是

无限期的;从币种上看,可能有本币的、外币的;从抵押来看,可能有全抵押的、半抵押的、无抵押的等等。为简化分析,假设经济系统中的金融业有 m 个细分市场,企业可以根据自己的资金需要和融资能力在这些市场中进行融资,为表示企业对资金多样性的需求,可假设:

$$X_i = (\sum_{j=1}^{m} x_{ij}^{(\sigma-1)/\sigma})^{\sigma/(\sigma-1)} \quad\quad (4-1)$$

其中, x_{ij} 表示企业 i 在第 j 个细分金融市场上的融资数量; $\sigma > 1$,表示各类资金需求之间的替代弹性,在一定程度上 σ 可以代表金融市场的自由度,即企业无法获得其中一种融资时,用另一种融资替代该类融资的自由程度。若用 p_j 表示第 j 类资金的价格,那么,根据 CES 函数的特性,企业面对的资金价格指数为:

$$P = (\sum_{j=1}^{m} p_j^{1-\sigma})^{1/(1-\sigma)} \quad\quad (4-2)$$

当企业在金融市场上筹集到资金 X_i 后,就会将 λX_i 的资金投入研发,开展创新竞争。这里借鉴 Loury(1979)的 R&D 竞争框架,这 n 个企业围绕一个创新项目展开竞争,该项目单位时间内收益流为 V,且为永久性的,只有率先取得创新成功的企业才可以获得这一收益流,失败者将没有收益。当企业 i 在期初投入 λX_i 的研发资金后,其创新获得成功的时间 τ_i 是一个与 R&D 投资相关的随机变量,其分布函数为:

$$F(t_1) = pr\{\tau_i(\lambda X_i) \leqslant t_1\} = 1 - e^{-\lambda X_i t_1} \quad\quad (4-3)$$

令 $\hat{\tau}_i = \min_{1 \leqslant j \neq i \leqslant n} \{\tau(\lambda X_j)\}$,则 $\hat{\tau}_i$ 为其他企业取得创新成功时间的随机变量,假设各个企业的创新活动独立同分布,那么 $\hat{\tau}_i$ 的分布函数为:

$$F(t_2) = pr\{\hat{\tau}_i \leqslant t_2\} = 1 - e^{-\lambda \sum_{j \neq i} X_j t_2} \quad\quad (4-4)$$

根据(4-3)式和(4-4)式两个分布函数,以及企业间创新活动的独立性,可求得 τ_i 和 $\hat{\tau}_i$ 的联合密度函数为:

$$f(t_1, t_2) = \lambda \sum_{j \neq i} X_j e^{-\lambda \sum_{j \neq i} X_j t_2} \cdot \lambda X_i e^{-\lambda X_i t_1} \quad\quad (4-5)$$

那么,企业 i 在时刻 t 前率先取得创新成功的概率为:

$$pr\{\tau_i \leqslant \min(\hat{\tau}_i, t)\} = pr(\hat{\tau}_i > t, \tau_i \leqslant t) + pr(\tau_i < \hat{\tau}_i \leqslant t)$$

$$= e^{-\lambda \sum_{j \neq i} X_j t}(1 - e^{-\lambda X_i t}) + \iint_{t_1 < t_2 \leqslant t} \lambda \sum_{j \neq i} X_j e^{-\lambda \sum_{j \neq i} X_j t_2} \cdot \lambda X_i e^{-\lambda X_i t_1} \mathrm{d}t_1 \mathrm{d}t_2$$

$$= \frac{X_i}{\sum\limits_{i=1}^{n} X_i}(1 - e^{-\sum\limits_{i=1}^{n} \lambda X_i t}) \tag{4-6}$$

根据假设,若企业 i 在 t 时刻率先取得创新成功,那么该企业将获得单位时间内为 V 的永久性收益流,那么该收益流的现值为:

$$R_i = \int_t^{+\infty} V e^{-rt} \mathrm{d}t = \frac{V e^{-rt}}{r} \tag{4-7}$$

R_i 就是企业 i 创新项目的价值,r 为贴现率。由(4-7)式可知,企业 i 创新价值是一个与时间 t 相关的随机变量,而(4-6)式是企业 i 在 t 时刻率先完成创新的分布函数,由此可以求得企业 i 创新价值的期望为:

$$E(R_i) = \int_0^{+\infty} \frac{V e^{-rt}}{r} \mathrm{d}\left[\frac{X_i}{\sum\limits_{i=1}^{n} X_i}(1 - e^{-\sum\limits_{i=1}^{n} \lambda X_i t})\right] = \frac{V \lambda X_i}{r(r + \sum\limits_{i=1}^{n} \lambda X_i)} \tag{4-8}$$

那么企业 i 创新活动的期望利润为:

$$\prod_i = \frac{V \lambda X_i}{r(r + \sum\limits_{i=1}^{n} \lambda X_i)} - P \lambda X_i \tag{4-9}$$

其一阶条件为:

$$\frac{V(r + \sum\limits_{j \neq i} \lambda X_j)}{r(r + \sum\limits_{i=1}^{n} X_i)^2} - P = 0 \tag{4-10}$$

由企业创新活动的独立性和对称性可知,均衡时各个企业创新投入是相同的,这一均衡值记为 λX^*,由(4-10)式可求得这一均衡值为:

$$\lambda X^* = \frac{V(n-1) - 2nPr^2 + \sqrt{[2nPr^2 - V(n-1)]^2 - 4n^2 Pr^2(Pr^2 - V)}}{2n^2 Pr}$$

$$\tag{4-11}$$

那么,均衡时企业 i 创新取得成功所需时间 τ_i 的期望值为:

$$E(\tau_i) = \int_0^{+\infty} t\lambda X_i^* e^{-\lambda X_i^* t} \, \mathrm{d}t = \frac{1}{\lambda X_i^*} \tag{4-12}$$

根据前面 n 个企业创新成功时间独立同分布的假设可知,所有企业创新成功时间最小值的分布为:

$$F(t) = pr(\min(\tau_1, \tau_2, \cdots, \tau_n) \leqslant t) = 1 - e^{\sum_{i=1}^{n} \lambda X_i t} \tag{4-13}$$

因此,均衡时整个市场创新取得成功所需时间 τ 的期望值为:

$$E(\tau) = \int_0^{+\infty} tn\lambda X_i^* e^{-n\lambda X_i^* t} \, \mathrm{d}t = \frac{1}{n\lambda X_i^*} \tag{4-14}$$

从(4-11)式和(4-14)式的均衡结果来看,创新者之间的竞争程度(n)、贴现率(r)、创新项目潜在价值(V)等变量对技术创新速度都会产生影响,但这不是模型关注的重点,因此这里不再详细分析。下面主要分析三个维度的金融深化对企业技术创新速度的影响机制。由于金融市场厚度的增加表现为金融市场总体规模扩张、金融市场融资工具数量和金融市场参与主体数量的增加,因此在模型中可以用金融机构数量的增加来表征;金融市场宽度的拓展本质是金融市场多样性的增加,可以用细分金融市场数量 m 的增加来表征;金融市场自由度提高的最直接后果就是各个细分金融市场壁垒的降低,即各种融资工具之间转换成本的降低,在模型中表现为融资者对资金多样性偏好的降低,即各类资金之间替代弹性 σ 的提高。下面就从这三个维度分析金融深化对技术创新的影响机制。

首先分析金融市场厚度增加对企业技术创新的影响机制。金融市场厚度增加在模型中用金融机构数量的增加来表示,金融机构是直接向创新者提供资金的供给方,模型中金融市场分为 m 个细分市场,每个细分市场都有 n 个资金需求者,根据前面(4-1)式企业对资金的需求函数,以及 CES 函数的特征,可以求得企业 i 对第 j 种融资的需求为:

$$x_{ij} = \frac{p_j^{-\sigma}}{\left[\sum_{j=1}^{m} p_j^{1-\sigma} \right]^{\sigma/(\sigma-1)}} X_i \tag{4-15}$$

根据 n 各创新者的对称性,以及(4-11)式均衡时企业的融资水平 X^*,可以求得

第 j 个细分金融市场上金融机构面临的总需求函数为：

$$Q = \frac{np_j^{-\sigma}}{\left[\sum\limits_{j=1}^{m} p_j^{1-\sigma}\right]^{\sigma/(\sigma-1)}} X^* \tag{4-16}$$

这里可以假设在第 j 个细分金融市场上有 L 个同质的金融机构提供融资服务，面对(4-16)式的需求函数，这 L 个金融机构间展开古诺竞争，当金融市场厚度增加，即 L 增加时对企业技术创新的影响机制，千慧雄和安同良(2021)已有详尽的分析。他们指出金融市场竞争的增强，会通过融资成本降低机制、融资约束缓解机制和人力资本回流机制来促进企业创新，即 L 的增加会降低均衡时的融资价格 p_j，从而降低创新者的融资成本，提高均衡时的资金供给水平 Q，从而缓解融资约束。从理论模型来看，给定其他条件，p_j 的降低会导致(4-2)式 P 的降低，进一步传导到均衡时 X^* 的提高，从(4-14 式)看，最终会促进市场创新速度的加快。综上可得命题 1：

命题 1：金融市场厚度增加能够增加金融市场资金供给，促进金融机构间竞争，从而缓解创新者融资约束、降低创新者融资成本，以及促使创新人才回流至创新部门，最终产生促进企业技术创新的效应。

接下来分析金融市场宽度拓展对企业技术创新的影响机制。金融市场宽度扩展在模型中表现为 m 的增加，根据 CES 函数特征，以及创新者和细分金融市场的对称性，可假设均衡时企业的总融资成本为 C，第 j 种融资的价格为 $p_j = p$，企业 i 第 j 类融资的数量为 $x_{ij} = x$，那么有：

$$C = \sum_{j=1}^{m} p_j x_{ij} = mpx \tag{4-17}$$

联立(4-1)可得均衡时创新企业的融资水平为：

$$X^* = \left[\sum_{j=1}^{m} x_{ij}^{(\sigma-1)/\sigma}\right]^{\sigma/(\sigma-1)} = \frac{C}{p} m^{1/(\sigma-1)} \tag{4-18}$$

由于 $\sigma>1$，可得 $\frac{\partial X^*}{\partial m}=1/(\sigma-1)\frac{C}{p}m^{(2-\sigma)/(\sigma-1)}>0$；又因为 X^* 与市场创新完成的期望时间 $E(\tau)$ 负相关，从而有 $\frac{\partial E(\tau)}{\partial m}<0$，即金融市场宽度的扩展能够拓宽创新者的

融资渠道,扩大金融服务的覆盖范围,满足创新者资金多样化的需求,提高创新者均衡时的融资水平,从而促进企业技术创新。综上可得命题2:

命题2:金融市场宽度拓展能够增加创新者融资渠道,增强金融业跨业竞争,降低金融机构市场势力,从而提升创新者融资的可获得性,缓解创新者的融资约束,同时降低融资成本,最终产生对企业技术创新的促进效应。

最后分析金融市场自由度提高对企业技术创新的影响机制。理论模型中,金融市场自由度用融资工具之间的替代弹性 σ 来表示,σ 越大表明各类工具间的差异越小,即创新者把一种融资工具替换成另一种融资工具的成本就越低。在实践中创新者并不是参与到所有的细分金融市场,而是只选择其中的一种或几种,但是由于创新者本身资质的差异,其能够获得的融资工具与所需的融资工具之间往往有一定的差距,这就需要创新者寻找与自己需求相近的融资工具进行替代,因而当金融市场自由度提高时,各融资工具间的替代性就会变大,从而会降低创新者的融资成本,即Aghion et al. (2005)所讲的转换成本,产生促进企业技术创新的效应。另外,金融市场自由度提高还包括金融市场参与门槛降低,金融产品定价自由、金融资本流动自由、资金配置方向政府干预的减少等,这些都会进一步降低资金交易成本,同时提高资金的配置效率,从而促进企业技术创新。综上可得命题3:

命题3:金融市场自由度提高能够通过降低金融市场参与门槛、降低金融产品交易成本、提高资金配置效率的机制促进企业技术创新。

第四节　中国金融深化促进企业技术创新实证检验

一、变量的选取与数据来源

根据理论模型的分析,金融深化可分解为金融市场厚度的增加、金融市场宽度的拓展和金融市场自由度的提高三个维度。金融市场厚度增加表现为金融市场参与者总量增加、市场交易规模扩大,尤其是资金供给总量的增加。关于这一指标,较多的研究者使用城乡居民储蓄存款年底余额占 GDP 比重来度量,但一方面城乡居民储蓄存款年底余额没有省级的统计数据；另一方面这一余额不包括企业、部队、机关、团体等单位的存款，覆盖面不足。因此，这里使用金融机构年末存款余额占 GDP 的比重来测度，可以较好地解决上述两个问题，用 *Fin-Thicken* 来表示这一变量。金融市场宽度的拓展主要表现为融资渠道的增加和金融产品种类的丰富，根据数据的可得性，从 2013 年起，中国人民银行公布了地区社会融资规模增量统计表，包含了 31 个省级区域的七项融资增量，分别是：人民币贷款、外币贷款(折合人民币)、委托贷款、信托贷款、未贴现银行承兑汇票、企业债券、非金融企业境内股票融资。2018 年后又增加了一项政府债券。为保持数据的连续性，同时本书主要是研究企业融资，因此这里剔除政府债券这一指标。为测度融资渠道的多样性，这里首先根据区域社会融资增量表计算出七类融资增量在融资总量中的占比，然后算出其标准差，用标准差来测度金融市场宽度，用 *Fin-Broaden* 来表示，标准差越小，表明融资的多样性越强，金融市场宽度就越宽。金融市场自由度是一个综合性较强的概念，包括金融市场参与者进出自由、资本流动自由、金融产品交易价格自由等，最终表现为各种融资工具之间替代弹性的增大。在测度上，这里借鉴樊纲等(2011)对金融业市场化的测算方法，用金融机构分配给非国有部门贷款占 GDP 比重来衡量，用 *Fin-Freedom* 来表示。技术创新行为用规模以上企业 R&D 投入来表示，是企业 R&D 经费内部支出和 R&D 经费外部支出的总和，用 *Inno* 来表示。其他控制变量还有：区域人均 GDP，用以控制区域需求因素对技术创新的拉动作用，用 *GDP-Per* 来表示；企业平均 R&D 全时当量，用以控制企业研发能力对技术创新的影响，用 *R&D-Per* 来表示；出口占 GDP 的比重，用以控制企业出口过程中产生的学习效应、竞争效应等，用 *Export* 来表示；最后，为控制所有制性质对技术创新的影响，增加规模以上企业国有及国有控股企业占比(用 *Ratio-State* 表示)、私营企业占比(用 *Ratio-Private* 表示)、外资及港澳台资企业占比(用 *Ratio-Foreign* 表示)，占比用各自的主营业务收入来测算。

关于数据来源，技术创新数据来源于《中国科技统计年鉴》；金融业数据来源于《中国金融年鉴》、Wind 数据库，以及中国人民银行官网；所有制结构数据来源于《中国工业统计年鉴》，以及国研网数据库。主体数据区间取 2001—2019 年，由于部分数据区间较短，在回归时根据实际情况进行截取。由于西藏地区有较多数据缺失，剔除这一地区,因此数据结构主体上是 2001—2019 年 30 个省级区域的面板数据。

二、回归分析

下面从金融市场厚度增加、金融市场宽度拓展和金融市场自由度提高三个维度检验中国金融深化对企业技术创新影响。企业创新活动具有连续性和惯性,因而作为被解释变量的技术创新 *Inno*,其滞后项也会出现在解释变量的序列里面,同时通过 DW 检验、Wooldridge 检验和 Arellano-Bond 检验,发现模型确实存在较强的序列相关问题,且主要解释变量存在一定的内生性,因此使用 GMM 方法进行回归分析。表 4-1 给出的就是金融市场厚度增加对企业技术创新影响的检验结果。

表 4-1　金融市场厚度增加对技术创新影响机制检验

解释变量	(1)	(2)	(3)
L1. Inno	0.320*** (0.033)	0.332*** (0.031)	0.334*** (0.031)
L2. Inno	−0.243*** (0.013)	−0.251*** (0.014)	−0.242*** (0.015)
Fin-Thicken	0.626*** (0.041)	0.631*** (0.038)	0.621*** (0.041)
GDP-Per	0.547** (0.053)	0.550** (0.052)	0.549** (0.041)
R&D-Per	1.093* (0.185)	1.182** (0.206)	1.049* (0.173)
Export	0.273** (0.010)	0.264* (0.007)	0.273** (0.011)
Ratio-State	0.156* (0.088)		
Ratio-Private		−0.062* (0.071)	
Ratio-Foreign			0.202 (0.201)

解释变量	(1)	(2)	(3)
$AR(2)$	0.136	0.141	0.135
$Sargan$	0.739	0.725	0.741
N	480	480	480

注：*、** 和 *** 分别表示参数估计在 10%、5%和 1%水平上显著；小括号内为参数估计的标准误差；$AR(2)$检验和 $Sargan$ 检验报告的是对应的 P 值，下同，不再赘述。

从表 4-1 的检验结果来看，金融市场厚度变量（$Fin\text{-}Thicken$）显著为正，即中国金融市场厚度增加能够显著促进区域企业技术创新。从实际的市场运行来看，2000年底全国金融机构年末存款余额为 12.38 万亿元，与当年 GDP 的比值为 1.23；到2022 年底全国金融机构年末存款余额为 258.50 万亿元，与当年 GDP 的比值为2.15，以金融机构年末存款余额占 GDP 比重衡量的金融市场厚度增长了 74.8%。当前中国金融市场体系仍以银行为主导，融资模式以间接融资为主，存款是融资的主要资金来源，存款规模的增加，尤其是存款占 GDP 比重的增加，可以增加金融市场的可贷资金，降低资本的稀缺程度，缓解融资企业对资金的争夺。另一方面，资金供给的增加，尤其是金融机构的增加，也会在金融机构间产生竞争效应，降低创新企业的融资成本，缓解融资约束，甚至产生创新人才从金融体系向实体部门的回流效应（千慧雄和安同良，2021）。因而金融市场厚度增加对企业技术创新有显著的促进作用。

从其他控制变量来看，人均 GDP 的增加对企业技术创新有显著促进作用，这表明区域需求因素对企业技术创新有积极的拉动作用，也表明经济发达区域更加重视技术创新。企业平均 R&D 全时当量越高的区域创新投入也越多，这是由于 R&D人员本身就是创新投入的一个要素，与 R&D 总投入有内在的相关性；从另一个角度看，R&D 全时当量高的企业其研发能力也较强，研发效率也相对较高，R&D 投入的效率边界也较宽。出口能够促进企业技术创新，这是因为出口过程中会产生学习机制（Wagner，2002）、竞争机制（Syverson，2011）及互补机制（Aw et al.，2011）等，能够促进企业技术创新。国有及国有控股企业比重的提高有助于促进区域技术创新，民营企业比重的提高对企业创新有负作用,而外资及港澳台资企业对区域技术创新的作用不显著。这表明国有及国有控股企业仍是中国企业技术创新的主力军;私营企业由于受研发能力较弱、吸引创新人才困难、融资约束较强等因素制约,进行R&D活动的积极性较低,其世界首创、国内首创加总后的占比在三种所有制中是最低的(安同良等,2020;安同良和千慧雄,2021);外资及港澳台资企业的主要目的是开拓产品市场,R&D投资的积极性不高。

接下来检验中国金融市场宽度拓展对企业技术创新的影响。金融市场宽度(*Fin-Broaden*)变量是用区域各项融资规模比重的标准差来测度的,又由于可获得的区域社会融资规模增量数据是从2013年开始的,所以这里使用样本是2013—2019年30个省级区域的面板数据,回归方法依然是GMM方法,估计结果见表4-2。

表4-2　金融市场宽度拓展对技术创新影响机制检验

解释变量	(1)	(2)	(3)
L1. Inno	0.345 *** (0.058)	0.356 *** (0.062)	0.341 *** (0.126)
Fin-Broaden	−0.025 ** (0.012)	−0.031 *** (0.012)	−0.012 * (0.006)
GDP-Per	0.705 *** (0.077)	0.701 *** (0.079)	0.651 *** (0.042)
R&D-Per	0.287 * (0.168)	0.246 (0.169)	0.291 ** (0.112)
Export	0.244 ** (0.017)	0.241 *** (0.018)	0.259 ** (0.011)
Ratio-State	0.041 * (0.021)		
Ratio-Private		−0.053 (0.036)	
Ratio-Foreign			−0.604 (0.381)
AR(2)	0.091	0.152	0.075
Sargan	0.175	0.191	0.248
N	150	150	150

　　从金融市场宽度的测度方法来看,它是一个负向指标,即标准差越小各类融资的离散程度越低,融资的多样性就越强,金融市场宽度就越宽。表4-2的回归结果表明,*Fin-Broaden* 回归系数显著为负,即金融市场宽度拓展对企业技术创新有显著的推动作用。融资渠道的多样化可以适应企业对资金不同期限、不同币种、不同规模等更广泛的异质性的需求,增强各类资信度企业融资的可获得性,缓解其融资约束,从而促进技术创新。从实践看,长期以来中国积极推动企业融资渠道多元化建设,在持续便利化银行融资,主要是便利中小企业银行融资的同时,加强企业债券融资、股权融资、供应链金融、互联网金融等融资渠道的建设。近年来,中国尤其重视多层次资本市场体系建设,目前已形成了区域性股权市场、新三板,以及由主板、中小板、创业板、科创板构成的沪深交易所等较为完备的市场体系。为进一步服务中小企业科技创新,2021年9月,中央决定设立北交所,为创新型中小企业提供融资便利。

　　下面检验金融市场自由度提高对企业技术创新的影响机制。金融市场自由度的测度指标借鉴樊纲等(2011)对中国金融业市场化的测算方法,但信贷资金分配给非国有企业的份额没有直接数据,这里借鉴李青原等(2013)、白俊红和刘宇英(2021)的测算方法,用"残差结构一阶自相关"固定效应方法估算出非国有企业贷款比重。估计方程为:

$$Credit_{it} = c + \beta Soe_{it} + u_i + \varepsilon_{it} \qquad\qquad (4-19)$$

$$\varepsilon_{it} = \rho\varepsilon_{it-1} + \delta_{it} \qquad\qquad (4-20)$$

　　其中,$Credit_{it}$ 表示银行信贷占 GDP 比重,这里用人民币各项贷款年末余额占 GDP 比重表示;Soe_{it} 为各地区规模以上国有及国有控股企业主营业务收入占比。通过对(4-19)和(4-20)式的估计,可以测算出区域年末贷款余额中国有企业和非国有企业的占比,然后用非国有企业与国有企业贷款份额的比值作为区域金融市场自由度的测算指标($Fin-Freedom$)。表4-3是使用这一指标检验中国金融市场自由度提高对企业技术创新影响的结果。

表 4-3　金融市场自由度提高对技术创新影响机制检验

解释变量	(1)	(2)	(3)
L1. Inno	0.273*** (0.024)	0.275*** (0.012)	0.281*** (0.021)
L2. Inno	0.004* (0.012)	0.006 (0.015)	0.002* (0.017)
Fin-Freedom	1.332*** (0.269)	1.593*** (0.361)	1.361*** (0.486)
GDP-Per	0.815*** (0.062)	0.822** (0.065)	0.798** (0.061)
R&D-Per	0.324*** (0.009)	0.326** (0.010)	0.326*** (0.010)
Export	0.017* (0.013)	0.015 (0.134)	0.062* (0.012)
Ratio-State	0.153** (0.048)		
Ratio-Private		−0.154** (0.044)	
Ratio-Foreign			0.184 (0.102)
AR(2)	0.124	0.163	0.176
Sargan	0.297	0.303	0.286
N	360	360	360

　　表 4-3 的检验结果表明,区域金融市场自由度的提高对企业技术创新有显著促进作用。一方面,金融市场自由度的提高可以降低融资者进入门槛,提升融资者,尤其是中小企业融资者资金的可获得性,缓解其融资约束。另一方面,金融市场自由度的提高意味着金融市场扭曲程度的降低,这样可以进一步提升金融资源配置效率,将资金配置给更有效率的企业,尤其是创新性更强的企业,通过这一机制也可以促进企业技术创新。

三、稳健性检验

以上三个检验表明,中国金融市场厚度增加、金融市场宽度拓展、金融市场自由度提高这三个维度的金融深化对企业技术创新有显著促进作用,为验证这一结论的稳健性,下面从技术创新结果的角度进行稳健性检验,即将因变量由 R&D 投入替换为区域专利授权数,从上述三个维度重新估计,回归方法与前面相同,检验结果见表 4 - 4。

表 4 - 4　稳健性检验

解释变量	(1)	(2)	(3)
$L1. Inno$	0.381*** (0.036)	0.536*** (0.025)	0.574*** (0.023)
$L2. Inno$	0.159*** (0.019)		0.127*** (0.021)
$Fin\text{-}Thicken$	0.555*** (0.049)		
$Fin\text{-}Broaden$		−0.377*** (0.019)	
$Fin\text{-}Freedom$			6.415*** (0.514)
$GDP\text{-}Per$	0.022** (0.040)	0.815*** (0.053)	0.276*** (0.055)
$R\&D\text{-}Per$	0.553 (0.174)	0.318* (0.221)	0.113* (0.008)
$Export$	0.087* (0.013)	0.143*** (0.049)	0.143** (0.123)
$Ratio\text{-}State$	0.445** (0.182)		
$Ratio\text{-}Private$		−0.021* (0.049)	

解释变量	(1)	(2)	(3)
Ratio-Foreign			0.675 (0.195)
AR(2)	0.137	0.740	0.407
Sargan	0.448	0.207	0.110
N	480	150	360

从表 4-4 稳健性检验来看,解释变量 *Fin-Thicken* 和 *Fin-Freedom* 的回归系数显著为正,*Fin-Broaden* 的回归系数显著为负,这与前面的检验结果是一致的。另外,其他控制变量的回归结果与前面也基本相同,因此这里的检验结果是稳健的,中国区域金融深化能够有效促进企业技术创新。

四、传导机制检验

通过中国金融深化对企业技术创新影响机制的检验来看,金融市场厚度增加、金融市场宽度拓展和金融市场自由度提高对企业技术创新均有显著的促进作用,这一促进作用的产生还有赖于其传导机制的畅通。从理论分析上看,主要有三个传导机制。一是融资约束缓解机制,金融市场厚度增加可以直接增加资金供给,融资的可获得性随之提高;金融市场宽度拓展可以增加融资渠道,一些无法通过原有渠道获得资金的企业,其融资约束可以得到缓解;金融市场自由度的提高可以降低融资金融门槛,此外行政干预的减少有利于中小企业,尤其是私营企业融资约束的缓解。二是融资成本降低机制,金融市场厚度增加使资金供给增加,在需求一定的情况下能够推动融资价格下降;金融市场宽度拓展使融资渠道增加,能够增强金融业的跨业态竞争,降低金融机构的市场势力,从而促进融资价格的下降;金融市场自由度的提高本身就可以减少资金流动障碍,降低交易成本。三是融资效率提高机制,金融市场厚度增加、金融市场宽度拓展和金融市场自由度提高这三个维度的金融深化本身都包含着金融市场竞争增强之意,市场竞争的增强会提升金融机构内部运行效率,降低运营成本,更重要的是能够提升金融资本的配置效率,通过提升创新者获得融资的可能性来促进企业技术创新。下面就使用中国省级区域的面板数据对这三个传导机制进行检验。

（一）融资约束缓解机制

融资约束缓解机制借鉴 Hoshi et al. (1991)的投资-现金敏感性方法来检验,即若金融市场厚度增加、金融市场宽度拓展和金融市场自由度提高这三个维度的金融深化能够缓解融企业的资约束,那么它们将会降低企业投资对现金的敏感性。投资变量用规模以上企业固定资产增量来测度,用 Invest 表示,现金没有直接的指标,可用规模以上工业企业流动资产总额减去应收账款和存货作为现金的近似物,用 CF 来表示。另外,其他控制变量有:利率,中国人民银行公布的贷款基准利率有五个,分别是六个月内(含六个月)、六个月至一年(含一年)、一年至三年(含三年)、三年至五年(含五年)、五年以上,这里取五个贷款基准利率的平均值,且一年以内有多次调整的再平均,记作 Interest rate;企业规模增长速度,用规模以上工业企业主营业务收入增长率来表示,记作 Growth rate;所有制结构变量与前面相同。由于企业投资具有明显的惯性,其滞后项也作为解释变量,因此采用 GMM 方法进行回归分析,结果见表 4-5。

表 4-5　融资约束缓解机制

解释变量	(1)	(2)	(3)
L1. Invest	0.322*** (0.002)	0.235*** (0.011)	0.373*** (0.002)
CF	0.032* (0.017)	0.094** (0.046)	0.396*** (0.035)
Fin-Thicken	0.078** (0.032)		
Fin-Thicken * CF	−0.007*** (0.002)		
Fin-Broaden		−0.117** (0.053)	
Fin-Broaden * CF		0.038* (0.020)	

（续表）

解释变量	(1)	(2)	(3)
Fin-Freedom			3.441*** (0.314)
*Fin-Freedom * CF*			−0.427*** (0.040)
Interest rate	0.051*** (0.003)	0.139*** (0.011)	0.054*** (0.002)
L1. Growth rate	0.007 (0.006)	0.124*** (0.027)	0.012** (0.006)
Ratio-State			0.112*** (0.041)
Ratio-Private		−0.105* (0.152)	
Ratio-Foreign	−0.014 (0.007)		
AR(2)	0.312	0.174	0.309
Sargan	0.752	0.120	0.340
N	510	150	390

从表 4-5 的回归结果可以发现，三个回归方程中现金 CF 的回归系数都显著为正，这表明企业投资对现金是敏感的，即企业投资存在融资约束是一个普遍现象。金融市场厚度与现金交叉项 *Fin-Thicken * CF* 和金融自由度与现金交叉项 *Fin-Freedom * CF* 的回归系数显著为负，即金融市场厚度增加和金融市场自由度提高能够降低企业投资的现金敏感性，缓解企业投资约束。而金融市场宽度与现金交叉项的回归系数 *Fin-Broaden * CF* 显著为正，这是由于金融市场宽度指标是一个负向指标，即 *Fin-Broaden* 越大表明金融市场宽度越窄，因此当回归系数为正时恰恰表明金融市场宽度拓展能够缓解企业融资约束。从其他控制变量的回归结果来看，*Interest rate* 的回归系数显著为正，这表明中国企业投资具有明显的顺周期特征，这是中国经济出现投资潮涌和产能过剩的主要原因（林毅夫等，2010）。从所有制结构来看，国有

及国有控股企业是区域投资的主力,且受融资约束较小,而私营企业则受融资约束较为严重,外资及港澳台资企业基本不受融资约束的影响。

(二)融资成本降低机制

融资成本取规模以上企业财务费用,记作 $Cost$;另外还需要控制住债务规模,用规模以上企业负债总额来表示,记作 $Debt$;利率、所有制结构等控制变量与前面回归分析相同。这里依然采取 GMM 方法进行回归,检验结果见表 4 - 6。

表 4 - 6　融资成本降低机制

解释变量	(1)	(2)	(3)
$L1.Cost$	0.593*** (0.015)	0.936*** (0.028)	0.561*** (0.028)
$L2.Cost$	0.217*** (0.018)		0.197** (0.023)
$Fin\text{-}Thicken$	−0.119*** (0.023)		
$Fin\text{-}Broaden$		−0.133* (0.077)	
$Fin\text{-}Freedom$			−2.735*** (0.841)
$Debt$	0.312** (0.031)	0.027* (0.011)	0.286*** (0.054)
$Interest\ rate$	0.153*** (0.004)	0.146*** (0.009)	0.129*** (0.008)
$Ratio\text{-}State$	−0.498*** (0.042)		
$Ratio\text{-}Private$		0.058* (0.036)	
$Ratio\text{-}Foreign$			−2.014*** (0.267)
$AR(2)$	0.776	0.817	0.072
$Sargan$	0.495	0.304	0.135
N	480	150	360

从表 4 - 6 的回归分析可以发现,*Fin-Thicken* 和 Fin-Freedom 的回归系数显著为负,这表明金融市场厚度增加和金融市场自由度提高有效地降低了企业融资成本。但 *Fin-Broaden* 的回归系数也显著为负,根据前面的指标构建可知,*Fin-Broaden* 是一个负向指标,这表明金融市场宽度的拓展不但没有降低,反而提高了企业的融资成本,与理论分析似乎相悖。这主要是因为中国受融资约束较为严重的大部分是中小企业,尤其是民营企业,而金融市场体系又是以银行体系为主导,银行贷款这一融资渠道通常利息较低,新增的融资渠道,虽然可以提升融资的可获得性,即缓解融资约束,但融资成本要高于传统的融资渠道。因此,融资渠道的拓宽反而提高了企业融资成本。从下面所有制结构三个控制变量对融资成本的影响来看,国有及国有控股企业比重的提高能够降低区域融资成本,私营企业比重的提高则会提升区域融资成本,这恰好与 *Fin-Broaden* 回归系数显著为正相互印证。

(三) 融资效率提高机制

关于金融市场融资效率,通常用 DEA 模型的 Malmquist 指数方法进行测算,投入产出指标的选择常见的有三种:一是生产法(Clark and Speaker, 1994),将金融机构的劳动和资本作为投入要素,将融资数量作为产出变量;二是中介法(Kasman, 2002),将金融机构吸收过来的资金以及自己投入的劳动和资本作为投入要素,产出为金融机构提供的融资和由此以及其他金融服务活动产生的利润;三是对偶法(Berger and Humphrey, 1991),将金融机构筹集来的资金既作为投入要素,又作为产出。综合考虑三种方法的优劣以及数据的可得性,这里将金融业劳动、资本作为投入要素,产出为区域社会融资规模和金融业增加值。劳动用金融业从业人员来表示;金融业资本存量借鉴程惠芳和陆嘉俊(2014)的处理方法,将 2005 年设为基期,用永续盘存发进行估计;区域社会融资规模和金融业增加值有直接的统计数据。根据上述方法使用 DEAP2.1 软件可以估计出 2006—2019 年中国 30 个省级区域金融业 TFP 指数,但该指数是一个相对值,即相对于上一年的变化率。为了便于回归分析,这里将 2005 年定为基期,且设该年金融业 TFP 为 0.05,然后根据 DEA 测出来的 TFP 指数将 30 省级区域金融业历年的 TFP 计算出来,记作 *Fin-TFP*。

根据理论分析,融资效率提高机制的作用机制是三个维度的金融深化能够提升金融业配置效率,这里用金融业的 TFP 来表示,然后金融业 TFP 的提高再传导到实体企业技术创新。与前面两个机制不同,金融深化对金融业 TFP 的影响还处在金融业内部,需要通过金融业 TFP 这一中介变量进一步向实体部门传导,因此这里借鉴 Baron and Kenny(1986)提出因果步骤法来检验这一中介效应机制。除金融深化三个主要解释变量外,这里还需要控制住区域经济发展水平,用人均 GDP 表示;区域信息化水平,用人均电信业务总量来表示,记作 *Information*;以及开放水平,用出口占 GDP 比重来表示,回归结果见表 4-7。

表 4-7 　融资效率提高机制

解释变量	(1)	(2)	(3)	解释变量	(4)
L1. Fin-TFP	0.515*** (0.016)	0.144** (0.166)	0.324*** (0.023)	*L1. Inno*	0.532*** (0.027)
Fin-Thicken	0.041*** (0.023)			*Fin-TFP*	0.281** (0.119)
Fin-Broaden		−0.129** (0.014)		*GDP-Per*	0.461*** (0.039)
Fin-Freedom			0.675*** (0.073)	*R&D-Per*	0.040*** (0.003)
GDP-per	0.004* (0.008)	0.053*** (0.027)	0.053*** (0.004)	*Export*	0.059 (0.112)
Information	0.003*** (0.001)	0.008*** (0.002)	0.002* (0.001)	*Ratio-State*	0.220** (0.030)
Export	0.143** (0.029)	0.007*** (0.002)	0.033* (0.019)		
AR(2)	0.741	0.528	0.636	*AR(2)*	0.534
Sargan	0.785	0.194	0.93	*Sargan*	0.983
N	390	150	390	*N*	390

表 4-7 共有 4 个回归方程,前三个方程的因变量为 *Fin-TFP*,第四个方程的因变量为 *Inno*,这里使用的是规模以上企业 R&D 支出。表 4-7 的回归结果表明,中

国金融市场厚度增加、金融市场宽度拓展、金融市场自由度提高能够显著促进金融业TFP的提升,同时金融业TFP的提升又能够促进企业R&D投资增加,即中国金融深化的融资效率提高机制在三个维度上都是畅通的。

第五节　本章小结

经过改革开放40多年的发展,中国不仅实体经济获得了长足进步,而且金融业已经由金融抑制下的市场浅短状态提升为金融深化状态,金融市场厚度持续增加、金融市场宽度大幅拓展、金融市场自由度在不断提高,中国金融强国建设的战略也提上日程。在推进金融深化的进程中,中国政府始终秉承着科学技术是第一生产力的理念,通过财政直接投资、科技金融、创新奖励等多种手段对企业技术创新提供有力的金融支持,强劲地推动了中国企业技术追赶的步伐。当前中国已经建立起日趋完善的社会主义市场经济体系,以市场为基础运行整个国民经济,因而金融对企业技术创新的支持也要在市场的框架下运行。为研究中国金融深化促进企业技术创新的市场机制,即如何运用市场的方式以金融强国育化科技强国,本研究将D-S分析方法纳入R&D竞争框架,构建金融深化对企业技术创新影响机制理论模型,从金融市场厚度增加、金融市场宽度拓展和金融市场自由度提高三个维度分析金融深化对企业技术创新的影响机制。在理论分析的基础上,使用中国省级区域的经验数据对这些影响机制及传导渠道的畅通性进行实证检验,研究表明:

第一,金融深化能够通过金融市场厚度增加、金融市场宽度拓展和金融市场自由度提高三个机制促进企业技术创新。金融市场厚度增加能够提高金融市场资金供给、增强同业竞争;金融市场宽度拓展能够提升金融市场多样性,促进金融市场跨业竞争,拓展企业融资渠道;金融市场自由度提高能够消除金融产品价格扭曲、提升资金配置效率。三个维度的金融深化都能够促进企业技术创新。

第二,金融深化对企业技术创新的影响通过融资约束缓解机制、融资成本降低机制和融资效率提高机制三个渠道向其传导。金融市场厚度增加、金融市场宽度拓展和金融市场自由度提高三个维度的金融深化能够促进金融业同业和跨业有序竞争,提高社会储蓄水平,增加资金供给,降低企业融资价格,提高金融市场资金配置效率。这些融资环境的改善最终能够通过缓解企业融资约束、降低融资成本和提高资金配置效率的渠道促进企业技术创新。

第三,中国金融深化对企业技术创新有显著的市场促进影响,且其传导渠道基本畅通。中国省级面板数据的实证检验表明,金融市场厚度增加、金融市场宽度拓展和金融市场自由度提高三个维度的金融深化能够显著促进企业技术创新,且通过现金敏感性检验、财务成本检验和中介效应检验发现,融资约束缓解机制、融资成本降低机制和融资效率提高机制三个传导渠道都是畅通的。

第四,中国企业技术创新行为,以及技术创新行为与金融市场间关系存在显著的所有制差异。国有及国有控股企业是中国企业技术创新的主力军,私营企业受研发能力、资金等因素制约创新积极性较低,外资及港澳台资企业的主要目的是开拓市场,R&D投资也较少。从与金融市场的关系来看,私营企业融资成本较高,受融资约束也最为严重,融资渠道的拓宽虽然能够增加其融资渠道,但并不能显著降低其财务成本。国有及国有控股企业、外资及港澳台资企业的融资成本较低,受融资约束也较小。

第五,从影响企业技术创新的其他因素来看,出口能够促进企业 R&D 投资;区域需求因素对企业技术创新有显著的拉动作用;信息化水平的提高有助于提高金融效率,进而增强金融市场对企业技术创新的支撑作用。

基于这些研究和发现,为进一步推进中国金融深化、优化金融结构、提高金融效率,更好地引导金融市场服务实体经济,为实现中国企业从技术追赶向技术领先的跨越提供坚实的金融支持,提出如下建议:

第一,以市场化改革为抓手,继续推进金融深化战略,建设金融强国。继续健全和完善市场化利率形成机制,控制通货膨胀,提高金融资产实际收益率;适度降低金融机构进入壁垒,推动金融机构服务向底层拓展,增加金融市场厚度。推动金融市场多元化建设,促进跨业融合与竞争,鼓励金融产品创新、业态创新,拓展金融市场宽度。深化"放管服"改革,完善金融企业,尤其是国有金融企业现代企业制度建设,提高金融市场自由度。稳步推进人民币国际化,参与全球金融治理;建设具有世界竞争力的国际金融中心,吸引全球金融资源向中国汇聚;培育世界顶级金融机构,引领中国金融强国建设。

第二,疏通传导渠道,提升金融深化促进企业技术创新的作用效能。多措并举疏通信贷传导渠道,使金融市场厚度增加能够惠及创新企业,提升信贷资金的可获得性,缓解其融资约束;完善信用体系、担保体系建设,适度降低资本市场进入门槛,推动供应链金融建设,降低企业融资成本;降低头部金融机构市场势力,促进同业竞争和跨业竞争,提升金融机构服务效率。

第三,推进普惠金融建设,为中小企业技术创新,乃至大众创新创业提供充足的金融支持。构建和完善普惠金融法律框架,为普惠金融体系建设指明方向;鼓励区域性小型金融机构的创立和发展,使其深耕尾部金融需求;加强对中小微企业及大众的金融消费者教育,增强金融消费者自我保护和维护自我信用的意识;运用新兴金融科技技术,深挖大数据,提高社会征信的广度、深度和精度,为普惠金融建设提供坚实的信息基础。

第四,深入推进"放管服"改革,优化营商环境,调动各种所有制主体的创新积极性。继续深化国有企业改革,构建与鼓励企业技术创新相容的激励体系,推动有条件的国有企业向世界领先技术攀登;引导外资及港澳台资企业研发中心向中国境内转移,发挥其技术引领和技术扩散效应;鼓励地方政府为民营企业,尤其是中小民营企业在融资、技术、人才等方面提供合理的帮扶,提升其技术创新能力和创新积极性。

第五章　中国金融结构优化与企业技术创新

第一节　金融结构与创新结构

金融是国家重要的核心竞争力,金融结构更应以服务实体经济、推动创新发展为己任。但关于何种金融结构更有利于创新和经济增长,长期以来一直存在着以美英为代表的市场体系与以德日为代表的银行体系孰优孰劣之争。近年来,虽然又出现了金融深化及更健全的金融功能与更优良的金融法制环境起决定作用的"结构无关论",以及根据具体条件存在一个最优金融结构的"最优结构论"来调和金融结构之争,但始终未达成较为一致的意见。与此同时,大量证据显示,随着一国经济发展水平的提高,其金融体系中银行的重要性将逐步下降,而其他金融市场的重要性将逐步上升(Kemme,2005;林毅夫等,2009;Demirgüç-kunt et al.,2012)。这表明,不仅金融结构由具体的经济社会条件所决定,而且随着经济的发展金融结构也应随之进行适应性调整。在各种经济社会条件中,最重要的应该是实体经济中创新部门的需求状况,而创新本身从来都不是一个单纯的行为,Schumpeter(1934)所讲的创新包括新产品、新的生产方法、新的供应源、开辟新市场以及新的企业组织形式等五种行为。国家统计局在2017年的《中国科技统计年鉴》中将企业创新活动分为产品创新、工艺创新、组织创新和营销创新,因此从理论到实践创新都是一个多行为的复合体,包含着多类具体行为,需要多种投入,也会产生多种结果,因而也就存在着创新结构以及结构变迁的问题。创新结构,从前端看是企业采取各类创新活动所形成的投入结构,从后端看则是各类创新成果的直接或间接产出。不同的创新结构包含着不同的风险结构,以及对资金使用的期限结构,因此对金融结构的需求就有较大差异,而且创新结构也是动态演进的过程,如韩国从模仿到创新的过程中创新结构就发生了实质性的变化(金麟洙,1998),由以低风险技术获取(技术引进和消化吸收)为主的创新结构转变为以高风险 R&D 和产品开发为主的创新结构,这种转变势必要求金融结构进行巨大的适应性调整,在中国即表现为金融供给侧结构性改革。

　　从中国企业技术创新活动的投入结构来看,主要包括四类投入,根据各类技术创新活动包含的实际风险情况,从高到低的排序为:R&D、新产品开发、技术获取、技术改造。从中国企业创新结构的演变过程来看,改革开放后相当长一段时期内,中国一直以低风险的技术改造和技术获取为主(安同良,2003),1991 年时,技术改造支出在四项支出中占 51.98%,加上技术获取,这一比例上升至 79.07%,高风险的 R&D 和新产品开发支出占比很低。随后的 30 多年,中国的创新结构发生了巨大的变化,先是 1999 年 R&D 和新产品开发支出比重同时超过了技术获取,接着在 2009 年新产品开发支出比重、2010 年 R&D 支出比重分别超过了技术改造,到 2017 年时中国 R&D 和新产品开发支出比重分别达到了 42.33% 和 44.95%,二者之和更是高达 87.82%,到 2022 年时 R&D 和新产品开发支出比重分别达到了 40.45% 和 49.78%,二者之和进一步提高到 90% 以上,中国企业的创新结构已转变为高风险的 R&D 和产品创新为主。反观中国的金融结构,长期以来一直以银行为主导,虽然近年来一直在推进多层次资本市场建设,但金融结构始终未发生实质性变化。2017 年全国社会融资规模增量为 19.44 万亿元,其中人民币贷款为 13.84 万亿元,占 71.19%,如果再加上外币贷款、委托贷款、信托贷款、未贴现银行承兑汇票等各类贷款,这一比例将上升到 89.56%,而企业债券和非金融企业境内股票融资仅占 2.27% 和 4.5%。那么,这种金融结构能否适应中国实体经济发展的要求,尤其是能否适应企业创新的需求? 如果不适应,那么又应该如何调整? 围绕这一主线,本章首先构建适应性金融结构模型,分析金融结构由纯银行体系向银行为主、市场为主、纯市场体系连续演进的动力和条件。在理论分析的基础上,检验中国金融结构与创新结构的适应性,进而为重塑中国金融结构、深化金融供给侧结构性改革、助力中国制造走向中国创造提供政策建议。

第二节　金融结构与技术创新相关文献回顾

自从 Goldsmith(1969)提出金融结构——经济体中金融市场和金融中介的构成情况——是否会影响经济增长这一问题以来,关于何种金融结构更有利于创新和经济增长的讨论一直在进行,然而始终未达成相对一致的看法。纵观国内外研究,大致有四类观点:银行主导论、市场主导论、最优结构论和结构无关论。

"银行主导论"认为以银行为主的金融结构更有利于创新和经济增长,这是因为:(1) 银行能够通过将信息私有化,以及与企业建立长期的战略合作关系(Gerschenkron,1962;Boot et al.,1993)等办法,解决 Stiglitz(1985)所讲的金融市场"搭便车"问题,因此银行在获取公司、经理和各类市场条件信息上有更强的投资激励,从而能够更有效地识别创新项目,提高资金配置效率。(2) 具有市场势力的银行能够给企业施加更大的压力,从而迫使企业偿还债务,这可以降低企业的违约率,从而提高金融市场的投资意愿和投资效率(Rajan and Zingales,1999)。(3) 在对公司治理和资金使用的监督上,银行业更具效率。银行可以将分散的投资者资金集聚起来,统一贷出,从而在"代理监督"上发挥规模经济的优势,降低监督成本,同时也可以解决监督的"搭便车"问题(Diamond,1984),监督成本下降可以缓解信贷配给问题,从而推动资本积累和经济增长(Bencivenga and Smith,1993)。(4) 由于银行存续的时间比较长,这有助于实现代际风险的平滑过渡,因此银行系统在跨期风险的分担上也有一定的优势(Allen and Gale,1997)。

坚持以市场为主导的金融结构更有效的"市场主导论"者认为:(1) 随着金融市场的扩大和流动性的增强,投资者更容易从信息优势中获利,因此有更强的激励去获取公司信息(Grossman and Stiglitz,1980;Holmstrom and Tirole,1993),这将有助于资本配置效率的提高(Merton,1987)。(2) 在信息的处理上,银行系统更擅长处理标准化的信息,对于非标准化的信息,尤其是牵涉到新产品和新工艺时有更多的新信息及不确定性,银行系统的信息处理能力就显得不足了(Allen and Gale,2000),因此市场主导的金融系统在支持风险大的新产业时有优势。(3) 在对创新的支持上,企业采取银行融资会产生较大的破产清算风险(林毅夫等,2009),而金融市场上通过股权融资不会产生破产清算的风险,因此对于推动风险较大的创新,金融市场更为有效。(4)在风险管理上,发达的金融市场可以通过多样化的渠道克服截面风险(King and Levine,1993),同时证券的高度流动性可以克服个体面临冲击时的流动性风险(Levine,1991),这也是金融市场在为规模大、流动性低的项目融资时所具有的优势。

与"银行主导论"和"市场主导论"各强调一端不同,"最优结构论"者认为,存在一个最优的金融结构与各国的经济、社会和文化条件相匹配。林毅夫等(2009)从企业规模、企业风险特征、要素禀赋、产业结构等多个方面较早地探讨了最优金融结构问题。Kpodar and Singh(2011)从市场制度环境入手,研究表明当制度环境比较脆弱时银行体系更为有效,随着制度环境的优化,金融市场的优势会逐步发挥。Demirgüç-kunt et al. (2012)的研究表明,随着经济发展由低级阶段向高级阶段迈进,银行体系的重要性和有效性逐步下降,而市场体系的重要性和有效性则会逐步提升。龚强等(2014)的研究表明,当产业技术成熟稳定、风险较低时,银行体系更为有效,相反,产业技术不稳定、风险较高时,市场体系更为有效。张成思和刘贯春(2016)从金融监管的视角,论证了最优金融结构的存在性和动态特征。

"结构无关论"者认为,经济增长和创新、金融结构无关,而取决于金融体系:(1)降低交易成本、缓解信息不对称等功能的大小(Beck and Levine,2002);(2)能否解决经济不同发展阶段中的金融抑制,缓解金融市场上的逆向选择和道德风险等问题,从而降低企业融资成本和市场的不确定性(Goldsmith,1969);(3)是否有一套完整的法律体系,保障金融体系的稳定性,从而使金融体系能够稳定有效地推动经济增长和技术进步(La Porta et al. ,1998)。"结构无关论"实际上是在回避"市场"与"银行"之争,在本质上是一个"金融发展论",即功能更健全、融资效率更高的金融体系有利于经济增长和创新,实际上这是不言而喻的。

从国内外关于金融结构的争论可以发现,各种观点既有理论分析,又有大量的经验证据支撑(Levine,2004),这就表明这些争论所形成的冲突在很大程度上是表面上的,各种观点在局部上可能正确,但是在全域上的有效性会较低。那么一定存在一个全域有效的分析框架,实际上,"结构无关论"和"最优结构论"已经在争论的调和上做了初步的探索,在此基础上,本书从创新结构入手,以创新结构变化所引致的对金融需求结构的变化来探讨适应性金融结构的演进过程,尝试将各种观点包含的主要因素纳入统一的分析框架,从而解决金融结构之争。

第三节　适应性金融结构理论模型

本模型在构建上有两个思想来源:一是金融结构的两分法,这来源于"银行主导论"与"市场主导轮"之争,可以将金融结构简化为银行与市场在金融总量中的比重,在具体建模上可进一步简化为债权融资与股权融资的比重;二是最优金融结构的思想(林毅夫等,2009;龚强等2014;张成思和刘贯春,2016),即实体经济所需的金融结构不是简单的"银行主导"或"市场主导",而有一个最适应的组合。与其他模型相比,本模型可能有三点创新:一是将"银行主导论""市场主导论"和"结构无关论"所包含的因素纳入一个统一的分析框架,并能够给出它们之间相互转换的条件;二是引入创新结构这一核心变量,以创新结构变化引致的对金融需求结构的变化为标准来度量金融结构的适应性;三是以连续分布的帕累托函数来描述创新风险,这为准确描述金融结构的连续演进提供了基础。

一、模型结构描述

假设经济体中只有一个企业,此企业有一个创新项目,企业自有资金单位化为1,假设这也是企业的全部资产。要启动这个项目需要 2 单位资金,也就是说创新企业还需要 1 单位的外源融资,2 单位资金投入后该创新项目正式启动。由于创新有一定的风险性,可能成功,也可能失败,创新失败后项目还可能有一定数量的残值,为简化分析,我们假设项目成功后的最大潜在价值为 v,项目完全失败时残值为 0,即项目的最小价值为 0。那么企业创新的价值将在 $[0,v]$ 之间服从一个随机分布,假设其分布函数为:

$$F(y) = \int_0^y \frac{\alpha t^{\alpha-1}}{v^\alpha} \mathrm{d}t \quad \alpha \geqslant 1, 0 \leqslant y \leqslant v \tag{5-1}$$

其中,y 代表创新的潜在价值,$y \in [0,v]$。v 是创新项目潜在的最大价值,原则上 $v > 2$,否则企业将不会启动这个创新项目。α 可以反映创新的风险,当 $\alpha = 1$ 时是均匀分布,企业价值在各处的密度相同,随着 α 增加其密度并不断向上端集中,即创新的风险不断降低。另外,创新风险的大小与企业研发能力也有较强的相关性(Baumol,2002),企业研发能力越高则创新失败的概率就越低,即创新的风险就会越小,反之则创新的风险就越大,企业创新的风险分布结构实际上就是企业的创新结构。

创新企业 1 单位的外源融资可以采取两种方法来筹集。一种方法是以利率 r 向银行进行债权融资,这需要以企业的全部资产作为抵押,当企业价值低于银行债权值时,企业的全部资产都将归银行所有,这时对企业而言其创新的价值就会降为 0。市场利率 r 本身也隐含着两个含义:一是 r 可以代表银行业的市场效率,银行业的效率越高,要求的利率就会越低;二是 r 也反映着银行业的市场势力,银行业的市场势力越大要求的利率就会越高,这是对实体经济的一种掠夺。另一种方法是采取股权融资,股权融资时企业不会被清算,但对方要求剩余索取权,这里假设每单位股权融资要求的剩余索取权的比例为 λ。同样道理 λ 也反映着股权融资行业的融资效率和市场势力。金融市场上股权融资与债权融资的资金供给比例就是本研究要讨论的金融结构。

面临这样的金融市场,假设企业向银行进行 s 单位的债权融资,$1-s$ 单位的股权融资,$s \in [0,1]$。由于融资量已单位化,所以 s 也代表着企业进行银行融资所占的比例。在这种融资结构下,创新企业的预期收益为:

$$E(R) = \int_0^v y \frac{\alpha y^{\alpha-1}}{v^\alpha} \mathrm{d}y \tag{5-2}$$

付给银行的预期成本为:

$$E(C_1) = \int_0^{(1+r)s} y \frac{\alpha y^{\alpha-1}}{v^\alpha} \mathrm{d}y + \int_{(1+r)s}^v (1+r)s \frac{\alpha y^{\alpha-1}}{v^\alpha} \mathrm{d}y \tag{5-3}$$

付给股权融资方的预期成本为:

$$E(C_2) = \int_{(1+r)s}^v (y-(1+r)s)\lambda(1-s) \frac{\alpha y^{\alpha-1}}{v^\alpha} \mathrm{d}y \tag{5-4}$$

另外,企业还有一个自有成本 $C_3=1$,在此条件下,企业的预期利润为:

$$E(\prod) = E(R - C_1 - C_2 - C_3) \tag{5-5}$$

将(5-2)(5-3)(5-4)及 $C_3=1$ 代入(5-5)式,整理后可得:

$$E(\prod) = (1-\lambda+\lambda s)\left[\frac{\alpha v}{\alpha+1} + \frac{[(1+r)s]^{\alpha+1}}{(\alpha+1)v^\alpha} - (1+r)s\right] - 1 \tag{5-6}$$

此时企业需要确定一个融资结构 s 来优化其利润,一阶条件为:

$$\frac{\lambda(1+r)^{\alpha+1}+\alpha+1}{\alpha+1}s^{\alpha+1} + \frac{(1-\lambda)(1+r)^{\alpha+1}}{v^\alpha}s^\alpha - 2\lambda(1+r)s + \frac{\lambda\alpha v}{\alpha+1} - (1-\lambda)(1+r) = 0$$

$$\tag{5-7}$$

满足(5-7)式的 s 即是创新企业所要采取的最优银行融资量,此时创新企业所需要的融资结构即为 $s:(1-s)$,若金融市场提供的资金结构与此相匹配,就表明金融结构与创新结构相适应,若有偏离则创新企业所要求的部分融资就无法满足。当然,在实践中略有偏离在所难免,但若偏离太多则需要对金融结构进行调整,从而适应创新结构的要求。因此,探讨金融结构的适应与否,以及应该如何调整,关键是研究创新企业所需的金融结构是如何演进的,它的转型又受哪些因素影响。由于(5-7)式的函数关系比较复杂,难以直接得出创新企业所需金融结构与其影响因素的关系,下面将采取数值模拟的方式进行分析。

二、数值模拟分析

从(5-7)式可以看出,影响 s 的变量一共是四个,即 λ、r、v 和 α,分别代表股权融资效率、债权融资效率、创新项目潜在价值和创新风险。数值模拟的基本方法是每次给三个影响因素赋固定值,然后分析金融结构与剩余那个变量的关系,四个变量所赋的基准值为:$\lambda=0.5,r=0.05,v=3,\alpha=1$。由于所有变量都数值化了,为叙述方便,这里所说的金融结构是指债权融资在总融资中占的比重,金融结构增加或者上升就是指这一比重的增加或者上升,下同,不再赘述。

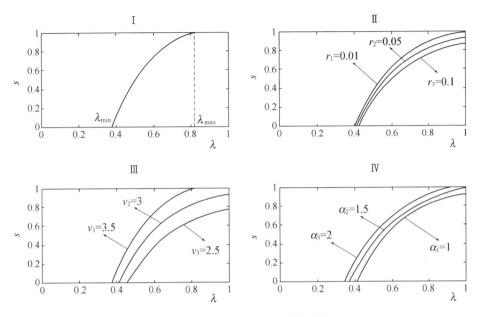

图 5-1　金融结构与股权融资效率关系

　　图 5-1 描述的即股权融资效率与企业所需金融结构的关系。图 5-1 共有四个子图,子图Ⅰ描述的是股权融资效率与金融结构的总体关系,子图Ⅱ、Ⅲ和Ⅳ描述的是其他变量发生变化时对二者总体关系的影响。从子图Ⅰ可以看出,金融结构与 λ 是正相关关系,但 λ 是指单位股权融资所要求的回报,与融资效率是负相关的,所以金融结构与股权融资效率总体上是负相关关系。且给定其他条件,存在一个 λ_{min} 和一个 λ_{max},当 $\lambda < \lambda_{min}$ 时,金融结构 $s=0$,即创新企业仅采取股权融资;相反,当 $\lambda > \lambda_{max}$ 时,金融结构 $s=1$,创新企业仅采取债权融资;当 $\lambda \in (\lambda_{min}, \lambda_{max})$ 时,创新企业所需的融资结构逐渐由股权融资为主向债权融资为主转换。观察子图Ⅱ、Ⅲ和Ⅳ可以发现,债权融资效率(r)、创新项目潜在价值(v)、创新风险(α)的变化对金融结构与股权融资效率之间的总体负相关关系没有影响,但会改变 λ_{min} 和 λ_{max} 的位置。具体来说 λ_{min} 与 r 负相关,与 v 和 α 正相关,λ_{max} 与 r 正相关,与 v 和 α 负相关。综上可得命题 1:

　　命题 1:给定其他条件,企业所需的金融结构与股权融资效率总体上呈负相关关系;且存在 λ_{min} 和 λ_{max},当 $\lambda < \lambda_{min}$ 时,企业仅采取股权融资,当 $\lambda > \lambda_{max}$ 时,企业仅采

取债权融资,当 $\lambda\in(\lambda_{\min},\lambda_{\max})$,企业的融资结构逐渐由股权融资为主向债权融资为主转换;$\lambda_{\min}$ 与 r 负相关,与 v 和 α 正相关,$\lambda_{\max}$ 与 r 正相关,与 v 和 α 负相关。

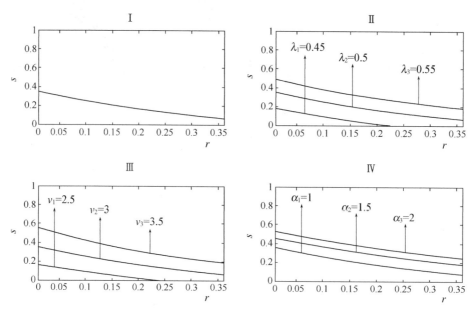

图 5 - 2　金融结构与债权融资效率关系

图 5 - 2描述的是金融结构与债权融资效率的关系,与图 5 - 1相似,子图Ⅰ描述的是二者之间的总体关系,子图Ⅱ、Ⅲ和Ⅳ则是其他变量变化对二者关系的影响。本质上讲,图 5 - 2是图 5 - 1的一个对偶问题,因为债券融资效率与股权融资效率的高低是一个相对问题,所以在子图Ⅰ中可以观察到,金融结构与债权融资效率(利率 r 与债权融资效率负相关)呈正相关关系,与图 5 - 1的结果刚好相反。同时也存在一个 $r_{\max}$,当 $r>r_{\max}$ 时企业将会全部采用股权融资,这一点也与图 5 - 1相似,但与图 5 - 1不同的是,无论 r 多么低(当然 r 是要大于 0的),企业都不愿全部采取债权融资,这表明给定其他条件,企业总是希望把创新的风险让外部分担一些,而不愿意承担全部创新风险。观察子图Ⅱ、Ⅲ和Ⅳ可以发现,与图 5 - 1相似,股权融资效率(λ)、创新项目潜在价值(v)、创新风险(α)的变化对金融结构与债权融资效率之间的总体负相关关系没有影响,仅仅影响 $r_{\max}$ 的位置。具体来讲,$r_{\max}$ 与股权融资效率、创新风

险负相关,与创新项目潜在价值正相关。综上可得命题2:

命题2:给定其他条件,企业所需的金融结构与债权融资效率正相关;存在一个 r_{max} ,当 $r > r_{max}$ 时企业仅采用股权融资,无论 r 多么低($r > 0$),企业都不愿全部采取债权融资; r_{max} 与股权融资效率、创新风险负相关,与创新项目潜在价值正相关。

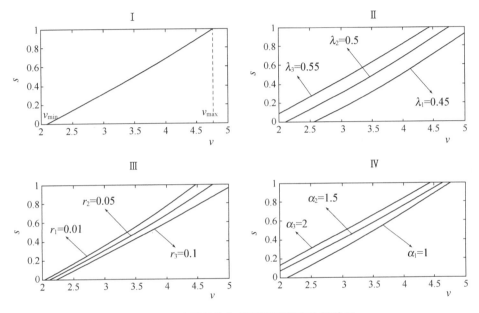

图5-3　金融结构与创新项目潜在价值关系

图5-3描述的是金融结构与创新项目潜在价值的关系,从子图 I 中可以观察到,企业所需的金融结构与创新项目潜在价值呈正相关关系,且存在 v_{min} 和 v_{max} ,当 $v < v_{min}$ 时,企业全部采用股权融资;当 $v > v_{max}$ 时,企业全部采用债权融资;当 $v \in (v_{min}, v_{max})$ 时,企业所意愿采用的融资结构有一个从股权融资为主向债权融资为主转变的过程。这表明创新潜在价值越大,企业越愿意承担更多的风险,而不愿意"肥水流外人田"。从子图 II、III 和 IV 可以观察到,股权融资效率(λ)、债权融资效率(r)、创新风险(α)的变化对金融结构与创新项目潜在价值之间的总体正相关关系没有影响,仅影响 v_{min} 和 v_{max} 的位置。具体来讲, v_{min} 与 λ 和 α 负相关,与 r 正相关; v_{max} 与这三个变量的相关关系和 v_{min} 相同。综上可得命题3:

命题3：给定其他条件，企业所需的金融结构与创新项目潜在价值总体上呈正相关关系；且存在 v_{min} 和 v_{max}，当 $v < v_{min}$ 时，企业仅采取股权融资，当 $v > v_{max}$ 时，企业仅采取债权融资，当 $v \in (v_{min}, v_{max})$，企业的融资结构逐渐由股权融资为主向债权融资为主转换；$v_{min}(v_{max})$ 与 λ 和 α 负相关，与 r 正相关。

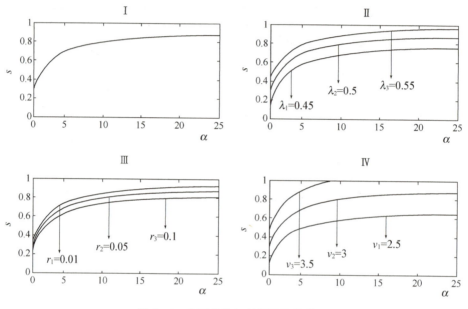

图5-4　金融结构与创新风险的关系

图5-4描述的是金融结构与创新风险的关系，由前面的模型分析知道，α 越大创新风险越小，因此从子图Ⅰ可以观察到金融结构与创新风险整体上呈负相关关系，且当创新风险小到一定程度，即 $\alpha > \alpha_{max}$ 时，企业将不需要股权融资，而全部采用债权融资。这是因为企业采用股权融资的本意是让外部力量为自己分担部分创新风险，当创新风险极低时也就没有必要进行风险的分摊了。由子图Ⅱ、Ⅲ和Ⅳ可以观察到 λ、r 和 v 也不改变金融结构与创新风险的总体关系，仅仅影响 α_{max} 的位置，α_{max} 与 λ、v 负相关，与 r 正相关。综上可得命题4：

命题4：给定其他条件，企业所需的金融结构与创新风险整体上呈负相关关系；存在 α_{max}，当 $\alpha > \alpha_{max}$ 时，企业将全部采用债权融资；α_{max} 与 λ、v 负相关，与 r 正相关。

三、模型的进一步讨论与拓展

(一) 关于模型其他因素的进一步讨论

前面的模型结构描述与数值分析基本上厘清了企业所需的金融结构与企业创新结构,以及其他影响因素的关系,这里能表征创新结构的核心变量是创新项目的风险,即创新的风险结构。创新项目的期限结构也是创新结构的一个重要指标,通常情况下期限结构与风险结构有较强的相关性,期限越长风险就会越大,但风险与期限毕竟不同,关于期限结构的研究还需要进一步拓展。另外,创新项目各参与方的预期结构、主观贴现率,以及知识产权保护、金融市场环境等因素都会对金融与创新结构的关系产生一定的影响,这里就不再一一列举。需要注意的是,前述模型结构仅仅分析了极值条件,但在实践中这不一定是可行的,要保障可行,还要加三个激励相容的条件:

$$E(\textstyle\prod) = (1-\lambda+\lambda s)\left[\frac{\alpha v}{\alpha+1} + \frac{[(1+r)s]^{\alpha+1}}{(\alpha+1)v^{\alpha}} - (1+r)s\right] - 1 \geqslant 0 \quad (5-8)$$

$$E(\textstyle\prod_1) = \int_0^{(1+r)s} y\frac{\alpha y^{\alpha-1}}{v^{\alpha}}dy + \int_{(1+r)s}^v (1+r)s\frac{\alpha y^{\alpha-1}}{v^{\alpha}}dy - s \geqslant 0 \qquad (5-9)$$

$$E(\textstyle\prod_2) = \int_{(1+r)s}^v (y-(1+r)s)\lambda(1-s)\frac{\alpha y^{\alpha-1}}{v^{\alpha}}dy - (1-s) \geqslant 0 \quad (5-10)$$

(5-8)(5-9)(5-10)分别是创新企业、债权融资提供者、股权融资提供者参与创新项目的激励相容条件,这三个条件的增加不会改变前述分析金融结构与创新结构关系的基本框架,仅仅会缩小融资的可行空间。具体来讲,创新风险的增加、创新项目潜在价值的下降会同时降低三方参与的可能性;利率的上升、股权融资提供者剩余索取要求权的上升会降低创新企业参与的可能性;利率的下降会降低债权融资提供者参与的可能性;剩余索取权的下降会降低股权融资提供者参与的可能性。

(二) 关于股权融资难度差异的拓展模型

前面模型中关于企业采取股权融资和债权融资的差异存在一个潜在假设,那就是两种融资模式仅仅是一个成本差异问题,只要企业愿意,可以在给定成本下采取任意的融资结构。这对于上市公司来讲,基本符合情况,但对于广大的非上市公司,这一假设与实践就有较大的差距。从中国的现实来看,只要企业有充足的抵押品,从银行获取资金的问题不是太大,但若要采取股权融资,尤其是通过 IPO 获取融资,不但要有大量的前期投入、漫长的等待时间,而且最终也未必能够获得融资,也就是说,与债权融资相比,股权融资本身也存在较大的难度和不确定性。那么债权融资与股权融资这种难度差异势必会对企业融资结构产生巨大的影响,这就需要对模型结构做进一步的拓展,模型的其他假设不变,这里仅需要对股权融资的条件进行调整。假设企业要进行股权融资时,不管成功与否首先要支付一定的固定成本,这一成本为 $\delta(1-s)$,即固定成本与融资规模正相关,δ 为系数。当企业支付 $\delta(1-s)$ 的固定成本后,能够以一定的概率获得融资,假设这一概率函数为 $P(x)$,其中 x 为股权融资规模,且 $P(0)=1,P'<0,P''>0$,即股权融资成功的概率与融资规模负相关。为简化分析,同时假设当企业有进行股权融资的意愿,但不能成功获得股权融资时,创新项目将无法开展,在这种假设条件下,创新企业的预期收益就变为:

$$E(R') = P(1-s)\int_0^v y\frac{\alpha y^{\alpha-1}}{v^\alpha}\mathrm{d}y + [1-P(1-s)]\times 1 \qquad (5\text{-}11)$$

此时,企业付给银行的预期成本为:

$$E(C'_1) = P(1-s)\left[\int_0^{(1+r)s} y\frac{\alpha y^{\alpha-1}}{v^\alpha}\mathrm{d}y + \int_{(1+r)s}^v (1+r)s\frac{\alpha y^{\alpha-1}}{v^\alpha}\mathrm{d}y\right] \qquad (5\text{-}12)$$

付给股权融资者的预期成本为:

$$E(C'_2) = \delta(1-s) + P(1-s)\int_{(1+r)s}^v (y-(1+r)s)\lambda(1-s)\frac{\alpha y^{\alpha-1}}{v^\alpha}\mathrm{d}y \quad (5\text{-}13)$$

自有成本为:

$$E(C'_3)=1 \qquad (5\text{-}14)$$

此时企业的预期利润为:

$$E(\prod{}') = E(R') - E(C'_1) - E(C'_2) - E(C'_3) \qquad (5\text{-}15)$$

将(5-11)(5-12)(5-13)和(5-14)式代入(5-15)式并整理可得:

$$E(\prod{}') = P(1-s)[E(R)-E(C_1)-E(C_2)-E(C_3)]-\delta(1-s)$$

$$(5-16)$$

其一阶导数为：

$$\frac{\mathrm{d}E(\prod{}')}{\mathrm{d}s} = -P'(1-s)E(\prod)+P(1-s)\frac{\mathrm{d}E(\prod)}{\mathrm{d}s}+\delta \qquad (5-17)$$

由于 $P'(1-s)<0$，那么将满足(5-7)式的 s^* 代入(5-17)式，可得

$$\frac{\mathrm{d}E(\prod{}'(s^*))}{\mathrm{d}s} = -P'(1-s^*)E(\prod(s^*))+\delta>0 \qquad (5-18)$$

由(5-18)式可知，若满足当前一阶条件的融资结构为 s^{**}，则必有 $s^{**}>s^*$，也就是说，由于股权融资存在较大的难度和不确定性，会促使创新企业更加倾向于债权融资。这在客观上会产生两个后果：一是加剧创新企业对银行的依赖性；二是更多的创新项目无法开展。这是因为即使企业按照 s^{**} 的融资结构进行融资安排，仍有 $1-P(1-s^{**})$ 的部分无法获得融资，进而这些创新项目就无法开展。另外，在这种条件下，激励相容条件(5-8)(5-9)和(5-10)也会变得更加紧致，即进一步缩小创新开展的可行空间。

第四节　中国金融结构优化促进企业技术创新实证检验

一、中国创新结构与金融结构的演进特征

（一）全国总体特征

本部分主要是检验中国金融结构与创新结构的适应性，在检验之前先对金融结构与创新结构的基本演进特征进行分析。首先分析企业的技术创新结构，从投入的角度来看企业技术创新主要有四类创新行为，具体地分为 R&D 经费支出（包括 R&D 经费内部支出和外部支出）、新产品开发经费支出、技术获取经费支出（包括引进国外技术经费支出、引进技术消化吸收经费支出和购买国内技术经费支出）、技术

改造经费支出,创新结构就是指这四项支出的比例关系。从《中国科技统计年鉴》的
统计口径来看,中国企业技术创新支出,1991—2010年是大中型工业企业统计口径,
2011—2022年是规模以上企业,但二者的统计范围比较接近。根据四类创新的支出
数据,可以计算出各类支出占企业创新总支出比重的演进趋势,即中国企业创新结构
的演变趋势,具体见图5-5。

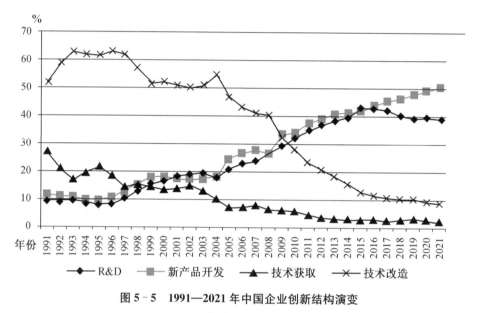

图5-5 1991—2021年中国企业创新结构演变

资料来源:根据历年《中国科技统计年鉴》整理。

　　观察图5-5可以发现,长期以来中国的创新结构是以低风险的技术获取和技术
改造为主,在1991年时技术改造占创新总支出的51.98%,加上技术获取支出,二者
共占79.07%,风险较大的R&D及新产品开发支出仅占20%多一点。但是随着时
间的推移,R&D支出和新产品开发支出迅速上升,首先是在1999年R&D支出和新
产品开发支出同时超过了技术获取支出的占比,分别达到15.24%和18.58%;接着
在2009年新产品开发支出超越了技术改造支出的占比,达到32.75%;在2010年
R&D支出也超越技术改造支出占比,达到32.70%。随后还在持续上升,到2017年
时R&D支出和新产品开发支出占比分别达到42.32%和44.95%,二者合计占

87.27%,占绝对主导地位。这是中国创新结构优化的一个重要表现,中国企业(规模以上企业)风险承担能力和承担意愿都已显著增强,在进行市场竞争时,已不再是传统的价格竞争和成本竞争——这种竞争在创新上更多的是引进成套设备并进行技术改造,而转向质量竞争和品牌竞争,这时就要需要更多的 R&D 活动,以及原创性的产品创新。从当前创新结构存在的问题来看,一是 R&D 支出主要用于试验发展,对基础研究和应用研究的支持过少,2021 年中国规模以上企业 R&D 内部支出总额为 17 514.24 亿元,其中用于试验发展的支出为 16 907.24 亿元,占 96.53%,基础研究和应用研究的支出占比不到 4%,这会使得研发活动缺乏长远性及后劲。二是中国对引进技术的消化吸收始终处于比较低的水平,与技术引进支出的比例关系多年来始终低于 0.5∶1,远低于日本、韩国 10∶1 的结构。

下面分析中国的金融结构,这里主要从企业的融资结构来分析。在理论分析时将金融结构简化为股权融资和债权融资,在实践中,根据中国人民银行的分类和统计,中国社会融资主要有十类:人民币贷款、外币贷款、委托贷款、信托贷款、银行承兑汇票、企业债券、非金融企业股票融资、保险公司赔偿、保险公司投资性房地产和其他。根据融资的性质,可以把前五类合并为贷款,企业债券虽然也属于债权融资,但从融资成本及资金的稳定性上来看与贷款有较大的区别,另外它也属于直接融资范畴,因此这里将其与普通贷款区分开来。另一项重要的融资方式是非金融企业境内股权融资,这三类融资以外的融资方式在社会总融资中的比例非常小,而且与企业创新活动没有直接关系,因此这里就不再分析。这样,根据中国人民银行公布的地区社会融资规模增量表,以及 Wind 数据库关于区域融资规模的数据,可以计算出 2002 年以来贷款、企业债券及非金融企业境内股票融资三类融资比重,进而绘制成图 5-6,从而便于分析其变化趋势。

观察图 5-6 可以发现,长期以来中国金融结构一直以贷款(主要是银行贷款)为主,近年来其比重虽有所下降,但仍居主导地位,2021 年时各类贷款在社会总融资中占 84.79%。股权融资在金融结构中的比重一直比较低,2021 年时仅为 4.3%。结合创新结构来看,长期以来中国以银行债权融资为主的金融结构,尤其是低利率的银行融资,对于支持中国以技术改造和技术获取为主的低风险创新结构发挥了巨大作

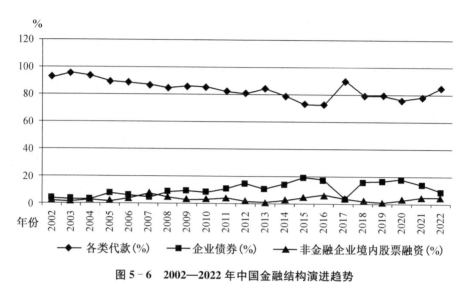

图 5－6　2002—2022 年中国金融结构演进趋势

资料来源：Wind 数据库、历年《地区社会融资规模增量统计表》。

用,推动了改革开放 40 多年来中国生产技术的持续进步。但目前中国技术水平已处于与世界一流水平并跑甚至领跑的技术追赶的后半程,创新结构已经以高风险的 R&D 和产品开发为主导,这时金融结构中能够承担较大风险的股权融资、创投融资的比例就应该有大幅提升,但从目前的状况来看,金融结构的发展明显处于滞后状态。

(二) 区域差异分析

由于经济社会发展的非平衡性,中国金融结构与创新结构在区域间的表现也有较大的差异。依据国家统计局的划分,现将我国的经济区域划分为东部、中部、西部和东北四大地区,其中东部地区包括北京、天津、河北、上海、江苏、浙江、福建、山东、广东、海南 10 个省(市);中部地区包括山西、安徽、江西、河南、湖北、湖南 6 个省;西部地区包括内蒙古、广西、重庆、四川、贵州、云南、西藏、陕西、甘肃、青海、宁夏、新疆 12 个省(市、自治区);东北地区包括辽宁、吉林、黑龙江 3 个省。中国规模以上企业创新结构和融资结构在四大区域间的差异见表 5－1。

表 5-1　创新结构与金融结构区域比较　　　　　　　　单位:%

	年份	R&D	新产品开发	技术获取	技术改造	年份	贷款	债券	股权
东部(10)	2001	16.02	28.60	12.73	42.64	2001	93.29	0.85	5.86
	2021	40.00	50.65	6.77	2.56	2021	76.12	17.65	6.22
中部(6)	2001	14.47	12.42	11.81	61.30	2001	89.62	2.59	7.78
	2021	42.18	46.88	0.81	10.13	2021	81.88	13.36	4.76
西部(12)	2001	12.45	13.57	10.46	63.52	2001	89.39	1.91	8.69
	2021	41.75	43.55	1.74	12.96	2021	87.71	8.99	3.30
东北(3)	2001	16.67	10.60	7.56	65.17	2001	96.63	0	3.36
	2021	38.28	42.54	6.55	12.64	2022	1.09	−24.78	14.79

　　数据来源:创新结构数据来源于 2002 年和 2022 年《中国科技统计年鉴》,金融结构数据根据 Wind 数据库和中国人民银行公布的 2021 年地区社会融资规模增量统计表整理。

　　注:东北地区报告采用的是 2022 年的数据,2021 年辽宁省社会融资规模增量为−1 024 亿元,导致东北地区加总后融资规模总量为负,这样计算结果就比较异常,且不具有代表意义。

　　从表 5-1 的对比中可以发现,从创新结构来看,四大区域已经由 2001 年的低风险技术改造为主,转变为当前的以 R&D 投入和产品创新为主。但从具体的指标来看,三大区域仍有较大区别:东部地区的 R&D 投入和产品创新投入比重较高,2021年时已分别达到 40.00% 和 50.65%;东北地区最低,只有 38.28% 和 42.54%,技术改造仍占较大比重,达 12.64%。从融资结构来看,银行贷款融资普遍处于主导地位,但已有所下降,其中东部地区下降最多,已由 2001 年的 93.29% 下降到 2021 年的 76.12%,东部地区的股权融资比重明显高于中部和西部区域,这表明东部地区的资本市场发展领先,中西部地区对银行融资的依赖度则较高。但从整体上看,中国的股权融资和企业债券融资的比重仍然较低,从而可能会阻碍企业进行风险较大的创新投资。

二、金融结构与创新结构适应性的省级面板数据分析

（一）变量选取与数据说明

实证检验的核心是分析金融结构与创新结构的适应性,若金融结构与创新结构基本适应,则各种创新行为都能得到应有的金融支持,从而创新活动能够有效开展,创新结构也能得到不断的优化,因此这里主要是检验各类融资对各类创新活动是否有推动作用,这种作用是否显著。创新结构与金融结构的各项指标的选定与图 5 - 5 相同,分别是:R&D 支出比重(y_1)、新产品开发支出比重(y_2)、技术获取支出比重(y_3)、技术改造支出比重(y_4)、贷款融资比重(x_1)、债券融资比重(x_2)、股权融资比重(x_3)。创新投入的数据来源于历年《中国科技统计年鉴》,地区金融结构 2001—2014 年数据来源于 Wind 数据库,2015—2021 年的数据根据中国人民银行公布的地区社会融资规模增量统计表整理。另外,考虑到其他一些因素对创新结构的影响,这里需要增加以下几个控制变量:企业研发水平(x_4,以 R&D 全时当量表示)、企业风险偏好(以规模以上国有企业主营业务收入、规模以上外资及港澳台资企业主营业务收入和规模以上私营企业主营业务收入的占比来控制企业的偏好,分别用 x_5、x_6 和 x_7 来表示)、出口(x_8,以出口占区域 GDP 的比重来衡量)。这些数据来源于国研网数据库。由于西藏有较多年份的数据缺失,所以剔除西藏这一样本点。另外,还有一些区域的个别年份数据缺失,这里采取插值法补齐,最后得到的是中国 30 个省级区域 2001—2021 年的平衡面板数据。

（二）回归分析

面板回归分析,首先要对变量进行平稳性检验,这里采用 LLC 检验、Breitung 检验、Im-Pesaran 检验、Fisher-ADF 检验和 Fisher-PP 检验五种方法进行交叉检验,发现企业研发水平这一变量不平稳,但取对数后就平稳了。经 Hausman 检验,截面之间的变异存在固定效应,因此这里对研发水平取对数,其他变量用水平数据,采用面板固定效用模型进行回归。另外,通过检验还发现模型存在内生性等问题,因此这里采用面板 GMM 方法进行回归,选取解释变量的滞后项作为工具变量,具体的回归结

果见表5-2、表5-3和表5-4。

表5-2　贷款(主要是银行贷款)与创新结构关系检验

解释变量	被解释变量					
	$y_1(1)$	$y_2(2)$	$y_3(3)$	$y_4(4)$	$y_3(5)$	$y_4(6)$
x_1	0.065 (0.57)	−0.324** (−1.53)	−0.462 (−1.43)	0.627** (1.99)	−0.101 (−1.56)	0.862** (2.70)
x_4	0.124*** (13.09)	0.058*** (4.01)	−0.062*** (−6.75)	−0.105*** (−5.85)	−0.072*** (−8.19)	−0.140*** (−7.47)
x_5	−0.232*** (−4.05)	−0.432*** (−5.81)	0.032 (0.68)	0.438*** (6.42)		
x_6					0.081 (0.87)	
x_7						0.015 (0.89)
x_8	−0.042 (−0.58)	−0.136* (−2.04)	−0.071 (−1.54)	0.239** (2.14)	−0.122* (−1.88)	0.047 (0.46)
LM	25.473 (0.000)	28.696 (0.000)	25.146 (0.000)	26.903 (0.000)	25.208 (0.000)	24.591 (0.000)
C-D W F	13.094	15.894	14.094	14.532	16.132	15.495
Sargan	0.823 (0.643)	1.673 (0.523)	1.132 (0.604)	0.042 (0.876)	1.147 (0.604)	0.504 (0.783)
R^2	0.664	0.453	0.347	0.568	0.275	0.479

注:回归系数下方圆括号内的数字是 z 统计值,*、**、*** 分别表示10%、5%、1%的显著水平,另外,LM 统计量和 Sargan 统计量下方圆括号内报告的是 P 值,下同,不再赘述。

表5-3　债券融资与创新结构关系检验

解释变量	被解释变量					
	$y_1(7)$	$y_2(8)$	$y_3(9)$	$y_4(10)$	$y_1(11)$	$y_2(12)$
x_2	−0.073 (−0.43)	0.357*** (2.76)	0.175 (1.53)	−0.504** (−2.14)	0.051 (0.35)	0.564*** (3.35)

解释变量	被解释变量					
	$y_1(7)$	$y_2(8)$	$y_3(9)$	$y_4(10)$	$y_1(11)$	$y_2(12)$
x_4	0.124*** (11.03)	0.053*** (5.65)	−0.064*** (−8.04)	−0.125*** (−6.87)	0.152*** (14.47)	0.077*** (8.06)
x_5	−0.266*** (−5.78)	−0.345*** (−7.79)	0.036 (0.72)	0.567*** (7.79)		
x_6					−0.124 (−1.56)	
x_7						−0.024 (−1.57)
x_8	−0.052 (−0.72)	−0.093 (−1.69)	−0.058 (−1.35)	0.196* (1.68)	0.083 (1.46)	0.062 (0.78)
LM	46.783 (0.000)	44.655 (0.000)	45.468 (0.000)	44.602 (0.000)	44.579 (0.000)	45.446 (0.000)
$C\text{-}DWF$	15.267	16.756	16.033	15.025	17.034	16.895
$Sargan$	0.885 (0.679)	2.553 (0.368)	0.978 (0.655)	0.030 (0.894)	1.674 (0.567)	0.682 (0.684)
R^2	0.667	0.561	0.295	0.587	0.655	0.476

表 5－4　股权融资与创新结构关系检验

解释变量	被解释变量					
	$y_1(13)$	$y_2(14)$	$y_3(15)$	$y_4(16)$	$y_2(17)$	$y_3(18)$
x_3	−0.267** (−2.66)	0.178 (1.55)	−0.024 (−0.35)	0.123 (0.64)	0.346** (2.66)	−0.055 (−0.46)
x_4	0.114*** (14.02)	0.072*** (8.05)	−0.046*** (−9.05)	−0.117*** (−9.49)	0.124*** (21.04)	−0.055*** (−11.55)
x_5	−0.256*** (−6.31)	−0.364*** (−8.06)	0.009 (0.17)	0.602*** (8.05)		
x_6					0.116 (1.08)	

（续表）

解释变量	被解释变量					
	y_1 (13)	y_2 (14)	y_3 (15)	y_4 (16)	y_2 (17)	y_3 (18)
x_7						0.003 (0.45)
x_8	−0.024 (−0.25)	−0.116** (−2.06)	−0.057 (−1.63)	0.245** (2.16)	−0.055 (−0.36)	−0.074 (−1.65)
LM	172.456 (0.000)	172.665 (0.000)	170.554 (0.000)	170.543 (0.000)	171.093 (0.000)	171.054 (0.000)
$C\text{-}D\ W\ F$	138.564	138.143	137.556	137.556	138.134	136.678
$Sargan$	0.643 (0.456)	1.674 (0.165)	0.279 (0.689)	0.805 (0.754)	0.722 (0.405)	0.255 (0.654)
R^2	0.645	0.557	0.317	0.678	0.587	0.354

　　上面3张表的18个回归方程全面反映了各类融资对企业各类创新活动的影响情况,即金融结构对创新结构的影响,表格的第一行是因变量,左列是解释变量。另外,表格最后四行还报告了工具变量不可识别检验的 Anderson canon. corr. LM 统计量、弱工具变量检验的 Cragg-Donald Wald F 统计量、过度识别检验的 Sargan 统计量和拟合优度 R^2,从检验结果可以发现工具变量不存在不可识别、弱工具变量和过度识别问题。

　　下面首先分析金融结构对技术创新的影响。从贷款的作用来看(回归1—4),贷款对技术改造有显著的推动作用,对新产品开发有显著的抑制作用,对R&D投入和技术获取的影响不显著。这表明银行是高度风险规避的,银行贷款对创新的支持仅限于最低风险的技术改造,由于新产品开发过程存在较大的不确定性,银行对这类企业的贷款可能会采取更为谨慎的态度,因此贷款在区域融资比重中的提高会阻碍高风险的创新活动。但从另一方面看,改革开放40多年来,中国很长一段时期是处于技术模仿状态,中国企业的创新行为以低风险的技术改造和技术引进为主,因此银行在这段时期的企业技术进步中发挥了重要作用,尤其是利率市场化改革前,银行以极低的利率为企业提供融资,这就进一步放大了这种作用。从企业债券融资的作用来看(回归7—10),债券融资比重的提高可以显著提高企业新产品开发支出比重,同时对低风险的技术改造支出有抑制作用,这表明债券融资有更强的风险包容性,企业发债不是主要用于低水平的扩大再生产,因此对技术改造的作用为负。从股权融资的作用来看(回归13—16),除了对R&D投资有显著的抑制作用外,对其他三类投资的作用都不显著,其中,股权融资对产品创新的回归系数为0.178,显著水平为12.3%。从理论上讲,股权融资的风险包容性应该更强,对风险较高的R&D投资和新产品开发投资应有显著的推动作用,但我国的情况却与此相悖。从实际情况来看,这是由于我国的股权融资市场发展滞后,规模较小。根据中国人民银行的统计,2022年全年社会融资规模增量累计为32.01万亿元,而非金融企业境内股票融资1.18亿元,仅占3.69%。近年来,中国资本市场改革在有条不紊地推进,2019年6月13日,科创板正式开板,重点支持科技创新企业,截至2023年7月,科创板上市超540家,首发融资额超8400亿元。2021年11月15日北京证券交易所开市,主要服务于创新型中小企业,截至2023年7月20日,北交所共有上市公司210家,总市值超2700亿元。其中,民营企业185家,占比88.10%。上市公司累计通过公开发行融资486.13亿元,平均每家融资约2亿元。其中,民营企业融资379.15亿元,占比71.82%。2023年2月1日,中国证监会就全面实行股票发行注册制涉及的《首次公开发行股票注册管理办法》等主要制度规则草案公开征求意见。这标志着,经过4年的试点,股票发行注册制将正式在全市场推开,向着"打造一个规范、透明、开放、有活力、有韧性的资本市场"的总目标加速迈进。这将进一步降低中国企业股权融资的门槛,提高中国金融市场的风险包容性,进一步与目前中国以R&D投资和新产品开发为主的创新结构相适应。

从其他控制变量来看,企业研发能力的提高可以显著提高R&D支出和新产品开发支出的比重,这是因为研发能力的提高本身能够降低企业创新风险,这会直接提高企业高风险创新活动的预期收益,因此支出比重会提高。出口对部分创新活动尤其是技术改造有微弱的正向作用(参见回归4、回归10和回归16),这是缘于出口的学习机制、竞争机制及互补机制(Wagner,2007;Aw et al.,2011)。从企业的风险偏好来看,国有企业对低风险的技术改造比较积极,但对高风险的R&D和创新活动有一定的抵制,私营企业对各类技术创新活动的影响都不太显著,外资企业则对技术获取有正向作用。这表明中国的国有企业(主要是国有大中型企业)是创新活动的主体,私营企业由于实力比较薄弱,无力开展较高风险的创新活动,外资企业主要是将母国的技术设备直接引入中国使用,而 R&D 和产品开发活动较少在中国进行。

(三) 稳健性检验

金融结构与创新结构回归分析中得出的基本结论是:中国的创新结构已由以技术改造和技术获取为主的低风险结构转变为以 R&D 和产品创新为主的高风险结构,而金融结构的风险承担能力和风险包容性虽有所增强,但仍是以银行融资为主的低风险结构,相对于创新结构的升级而言金融结构发展显得滞后,对高风险创新项目的支持力度不够。为检验这一结论的稳健性,这里从创新结果的角度对创新结构重新度量。从创新结果来看,能获取到的数据主要是专利,中国的专利授权有三个指标,分别是:国内发明专利授权数、国内实用新型专利授权数和国内外观设计专利授权数。从风险来看,发明专利最大,外观设计专利最小,因此这里可以用三类专利的结构来度量创新结构,重新检验其与金融结构的关系。检验方法与上面相同,其中 x_1 的回归系数分别用回归方程 1、2 和 3 的形式,相应地,x_2 分别用方程 7、8 和 9 的形式,x_3 分别用方程 13、14 和 15 的形式。为简便起见,这里只报告出金融结构的回归系数,具体情况见表 5-5。

表 5-5　金融结构与创新结构关系稳健性检验

被解释变量	x_1	P	x_2	P	x_3	P
y_5	−0.032	0.543	0.024	0.101	−0.473	0.000
y_6	−0.246	0.123	0.215	0.092	0.356	0.000
y_7	0.247	0.137	−0.147	0.125	0.247	0.056

表 5-5 中,y_5、y_6 和 y_7 分别表示发明专利、实用新型专利和外观设计专利在区域专利授权总量中所占的比重,其他变量与前面相同。从稳健性检验的回归结果中可以观察到:由于专利中包含的创新活动本身就比较多,因此贷款基本上没有作用,只对风险最低的外观设计有微弱的正向作用;非金融机构债券融资的风险包容性较

强,对发明专利和实用新型专利都有微弱的正向作用;风险包容性最高的股权融资对实用新型专利和外观设计专利都有显著的正向作用,但对风险最高的发明专利有负向作用。这一检验结果与使用创新投入结构检验的结果基本相同,因此得出的结论是稳健的。

第五节　本章小结

何种金融结构更有利于创新和经济增长是经济理论研究者和实践工作者长期争论的重点话题,但始终没有得出较为一致的结论。本章引入创新结构这一核心变量,并以连续分布的帕累托函数来描述创新结构,同时考虑创新潜在价值、股权融资市场效率、债权融资市场效率等变量,构建适应性金融结构模型。在理论上能够把当前关于创新与金融结构关系相互冲突的各种观点纳入一个统一的分析框架,并且给出了与创新结构相适应的金融结构由完全的债权融资向债权融资主导、股权融资主导、完全的股权融资连续转换的条件,从而把"银行主导论""市场主导论""最优结构论""结构无关论"的长期争论统一起来。在理论分析的基础上,本研究进一步对中国金融结构与创新结构的适应性做了实证检验,研究发现:

第一,企业创新所需的金融结构由具体的经济社会条件所决定,当条件发生变化时,所需的金融结构有一个从纯债权融资向纯股权融资连续演进的动态过程。具体来讲,若将金融结构数值化,即以债权融资比重来度量金融结构的大小,那么金融结构与创新风险、股权融资效率负相关,与创新潜在价值、债权融资效率正相关。也就是说,当创新风险较小、股权融资效率较低、创新潜在价值较大、债权融资效率较高时,企业愿意使用更多的债权融资,即"银行主导论"的情形,在极端情况下,企业则完全使用债权融资;当这四个指标反向变化时,企业采取股权融资的比重逐渐上升,最终形成股权融资主导,即"市场主导论"的情形,极端情况下则完全采取股权融资。通常情况下,企业都是采取一个混合融资的模式,即使用一定量的股权融资,把一部分创新风险社会化,同时也会使用一定量的债权融资,这样可以更多地占有创新价值。另外,银行融资效率、股权市场融资效率的提高都可以使激励相容约束条件更加松弛,进一步拓展融资空间,从而促进创新,这就是"结构无关论"或金融发展论所讲的情形。而创新所需金融结构演进的每一个点上都是企业的最优选择,因而在全域的每一点都是"最优结构"。

第二,中国金融结构的发展滞后于创新结构,这使得中国企业创新主要是高风险创新活动,无法获得充足的金融支持。从创新投入来看,中国的创新结构已由以低风险的技术获取和技术改造为主升级为以高风险的 R&D 和新产品开发为主,而金融结构中虽然近年来股权融资的比重有所上升,但仍以银行债权融资为主,债权融资能够支撑的是低风险创新结构,中国改革开放后 40 多年来的快速技术进步也得益于这一金融结构。但当前中国技术发展水平已与世界一流水平并跑甚至领跑,原始创新、自主创新的比重将会迅速提高,创新结构的风险性势必会持续上升,以银行融资为主的金融结构显然不适应这一变化,这就要求中国的金融结构也要进行升级,要有更强的风险包容性和更高的风险承担能力。

第三,中国的金融结构与创新结构存在较大的区域差异。从创新结构来看,虽然 R&D 活动和产品创新在全国普遍占主导地位,但区域差距还比较大,东部地区的 R&D 和产品创新投入在创新结构中已超过八成,而西部地区技术获取和技术改造依然占较大的比重。从金融结构来看,中西部地区对银行贷款的依赖程度也远远高于东部地区,但联系到西部地区较低风险的创新结构,这一金融结构也具一定的适应性。

另外,通过实证研究还发现,国有企业是中国创新的主体,但其偏好短期效应显著的技术改造,这不利于创新结构的优化升级;外资及港澳台资企业目前还是主要在利用资源和市场,偏向于技术获取,开展 R&D 和产品创新的动力不足(安同良等,2006)。中国本土的私营企业,从整体上看由于自身的创新能力较低,对各类创新行为的投资倾向都比较小。企业的出口行为能使其融入国际市场,参与更广泛的竞争,接触到更先进的技术,因此出口能够促进企业创新,乃至提升区域创新能力。伴随企业研发能力的增强,企业会更愿意从事高风险的 R&D 和产品创新活动。

基于这些研究与发现,为进一步引导中国金融资源支持实体经济创新,优化创新结构,持续提升中国各区域创新能力,推动中国制造向中国创造迈进,本研究提供以下建议：

第一，积极推进中国金融结构转型升级，深化金融供给侧结构性改革，提高金融结构对创新的风险包容性和风险承担能力。重点是通过加强制度建设，深入推进资本市场改革，促进资本市场长期健康发展。以科创板及试点注册制改革为支点，降低创新型企业股权融资的难度。推动 VC、PE 及天使投资等风险包容性高的创新创业投资市场建设，从根本上改变中国金融结构风险承受力较低的局面。另外也要加大银行体系中科技金融的建设力度，提升银行系统对创新风险的承受能力。

第二，多措并举疏通实体经济融资渠道，提高融资效率，拓展融资空间。一方面，金融系统要积极应用以互联网、云计算、大数据等为基础的最新金融科技成果，有序推动 P2P、众筹、网络银行等新型金融业态发展，突破融资技术瓶颈；另一方面，要进行体制机制创新，尤其是改革和完善金融机构监管考核和内部激励机制，提升金融机构本身的风险包容性和支持实体经济的积极性，形成金融体系支持实体经济发展，尤其是支持实体经济创新的长效机制。

第三，金融结构的调整与创新等相关产业政策的实施也要因地制宜，与区域经济发展阶段相适应。中国区域经济社会发展不平衡的现状使各类政策的实施不可"一刀切"，具体来讲，东部发达地区在金融结构的调整上可以更加注重多层次资本市场的建设，创新上可以充分发挥科教资源的优势，引导企业更加注重原创新技术开发；中西部地区则需要继续稳定银行系统的主体功能，同时有序建设其他金融市场，技术开发上更加重视实用性、配套性技术的研究。

第四，进一步深化国有企业改革，继续发挥国企在中国创新过程中的主导地位，同时更要使其成为创新结构升级的引领者。以新一轮的混合所有制改革为契机，优化国有企业股权结构，构建与激发企业创新能力相容的考核管理体制，引导国有企业积极开展创新，尤其是那些具有战略性、基础性，同时又具有较大风险的技术攻关项目。

第五，通过切实有效地维护在华外资企业合法权益等手段，鼓励和引导外资及港澳台资企业研发中心向中国境内转移，同时培养本土私营企业科技创新能力。改变传统的 FDI 粗放式引进模式，注重引进产业带动效应大、能够弥补区域产业链薄弱环节的外资企业,转变以提升短期区域 GDP 为目标的外资引进观念,积极引导外资研发中心向国内转移,为区域技术进步提供持久的动能。营造公平有序的市场环境,在用地、税收、融资等各方面给本土私营企业平等的政策待遇,壮大私营企业实力,培育其创新能力。

第六章　中国金融市场竞争增强对企业
技术创新的促进机制

第一节　金融市场竞争与企业技术创新

高效运转的金融系统对促进区域经济增长和技术进步具有关键性作用(King and Levine,1993a)。从金融业的细分行业来看,有银行业、保险业、证券业、信托业、融资租赁业、投资管理业、担保业、典当业等众多行业。因此金融业的市场竞争既包含产业内竞争,也包括跨业竞争,尤其是近年来新一轮金融科技的发展,使得金融业跨业融合趋势加强,从而使金融业市场竞争复杂化,这样就增加了分析的难度。但从中国的金融结构来看,近年来虽然金融各行业,尤其是证券市场和债券市场获得了长足的发展,但根据中国人民银行发布的地区社会融资规模增量表来看,2022年全年社会融资规模增量累计为 32.01 万亿元,其中对实体经济发放的人民币贷款增加 20.91 万亿元,占全社会融资规模增量的 65.32%,银行贷款性融资仍占主导地位。虽然这种金融结构与中国正在朝向原始性创新、突破性创新转型的创新结构不相适应,但银行对于中国企业技术创新的举足轻重地位是不容置疑的(千慧雄和安同良,2020)。因此,从银行业产业内的市场竞争的角度来分析金融业市场竞争对企业技术创新的影响机制具有较强的代表性。

银行对企业技术创新的积极作用早在 Schumpeter(1934)时就获得充分的肯定,但银行作为独立的经济主体,不会被动地去适应企业技术创新的需求,它们也有自身的利益诉求,甚至会利用自身的市场势力对企业进行经济压榨,成为"掠夺之手"(张杰和吴迪,2013),从而会阻碍企业技术创新。这也是"市场势力说"的核心观点,认为垄断性强的银行业市场结构会推高均衡利率,降低信贷供给(Beck et al.,2004),而且银行业越垄断越不愿意支持高风险的创新项目(Cetorelli,2001);相反,竞争性强的银行业市场结构能够通过降低银企间的信息不对称(Tian and Han,2019)、缓解银行对企业的所有制歧视(余超和杨云红,2016)、降低融资成本(姜付秀等,2019)等途径缓解创新企业的融资约束,促进技术创新。尽管也有一些学者认为,竞争性强的银行业市场结构不利于银企间关系型借贷的形成(Rajan and Zingales,2001),同时由于"搭便车"问题的存在(Diamond,1984),银行深挖企业"软信息"(Soft information)的意愿会下降,这会恶化中小企业的贷款环境,但主流的研究依然认为竞争性强的银行业市场结构更能够促进企业技术创新。

从中国的实际情况来看,近年来实体企业,尤其是中小微企业融资难、融资贵问题一直是各界关注的焦点,实体经济发展受融资约束困扰严重。根据国家统计局的初步核算,2019年中国规模以上工业企业实现利润总额61 995.5亿元,比上年下降3.3%,1—12月份营业收入平均利润率为5.86%;而同期据中国银保会的统计,中国银行业实现净利润超过2万亿元,大型商业银行净利润超过1万亿元,全行业平均资本利润率为10.96%,远远高于工业企业利润率,这实际上是银行业利用自身的市场势力对实体经济部门的一种"掠夺"。从行业从业人员平均工资来看,2021年金融业从业人员年平均工资为150 843元,其中,货币金融服务业年平均工资为203 571元,资本市场服务业年平均工资为441 005元,科学研究和技术服务业年平均工资为151 776元,制造业为92 459元。从数据上看,虽然金融业全行业从业人员的工资与科研人员基本相当,但货币金融服务业和资本市场服务业收入要远远高于科研人员,且金融业全行业平均工资比制造业从业人员高63.15%。这种巨大的行业收入差距会使人力资本涌向金融部门,引致实体部门,尤其是创新部门的人力资本短缺,阻碍企业技术创新。

那么,推动中国银行业的市场竞争能否有助于银行更好地服务实体经济和技术创新? 中间的传导机制是什么? 传导渠道是否畅通? 虽然主流研究认为竞争性强的银行业市场结构更有利于企业技术创新,但对于背后传导机制的研究却是零散的和不系统的,尤其是中国背景下银行业市场竞争是通过什么样的传导机制影响企业技术创新的,缺乏系统的理论和经验分析。鉴于此,本章拟在水平创新(Romer,1990)的理论框架下,嵌入银行业古诺竞争的市场结构,构建银行业市场竞争对企业技术创新的影响机制模型,系统地阐释银行业市场竞争对企业技术创新的影响机制,同时使用中国省级区域的经验数据进行实证检验,以期对这一机制获得一个全面深刻的认识,为推动中国金融业,尤其是银行业更好地服务实体经济,促进企业技术创新提供理论借鉴。本章的边际贡献主要有两点:一是构建银行业市场竞争对企业技术创新影响机制理论模型,这一理论模型能系统地将融资成本降低机制、融资约束缓解机制和人力资本回流机制纳入统一的理论框架下;二是进行系统的经验检验,根据理论模型,对中国银行业市场竞争是否促进了企业技术创新,以及三条传导机制是否畅通进行全面系统的检验。

第二节　金融市场竞争与企业技术创新相关文献回顾

Schumpeter 早在 20 世纪初时就十分强调银行对企业创新的关键性作用,他甚至认为银行家在许多场合"可以取代资本家或者变成其代理人",之后关于银行业市场竞争对企业技术创新的影响机制又有许多跟随研究。从国内外的研究来看,主要从三个机制进行分析,分别是:融资成本降低机制、融资约束缓解机制和融资效率提高机制。下面将逐一进行回顾。

融资成本降低机制是指银行业市场竞争能够降低创新者的融资成本。一方面,可以促使创新者增加资金投入;另一方面,可以拓宽创新空间,使原来经济上不可行的创新项目具有可实施性,从而促进技术创新。从现有文献看,这一机制有两个研究视角。一是从银行市场势力的角度来阐释。Jayaratne and Strahan(1996)、Ongena and Smith(2001)等的研究表明,银行业市场竞争的减弱会降低信用供给,减缓企业创新速度,这是因为银行垄断势力的增强会推高市场利率,降低信用供给,从而降低金融市场运行效率(Stein,2002;Beck et al.,2004)。相反,银行业市场竞争的增强则会提高企业外部资金的可得性,同时降低融资成本(Lian,2018;Mi and Han,2020)。二是从银行对创新企业信息搜集和甄别成本的角度出发。由于企业创新天然地具有风险性和信息非透明性(Hall and Lerner,2010),伴随着本地市场竞争增强和银行分支机构密度的增大,银行与创新企业的空间距离被缩短,这种空间上的邻近性会提高银行搜集创新企业"软信息"的效率,以及降低对创新企业的筛选和监督成本(Benfratello et al.,2008)。虽然现代通信技术的广泛应用降低了银企空间邻近性的重要性(Petersen and Rajan,2002),但仍有大量证据显示本地银行分支机构密度的增大对企业创新,尤其是中小企业创新有显著的正向作用(Tian and Han,2019)。

融资约束缓解机制是指银行业市场竞争的增强能够通过增加金融市场信贷供给总量、降低银行与创新企业间的信息不对称两条途径来缓解创新企业的融资约束,从而推动技术创新。银行业市场竞争增强能够降低银行的市场势力,引致更低的资金供给价格和更多的供给数量,这就是所谓的"市场势力说"(Love and Pería,2012)。资金供给总量的增加能够降低资金的稀缺性,缓解创新者的融资约束(Beck et al.,2004;Mudd,2013),尤其是缓解中小企业的融资约束(McKee and Kagan,2018)。从非对称信息的角度来看,银行与创新企业空间上的临近性会便利对创新企业的筛选(Hauswald and Marquez,2006),以及对贷款项目的监督(Almazan,2002),这样创新企业就可以得到更好的信贷条件(Agarwal and Hauswald,2010),从而缓解创新企业的融资约束,促进企业创新。

融资效率提高机制是指当银行业市场竞争增强时,银行会进一步提高自身运营效率,降低运营成本,同时提高资金的配置效率,即将资金配置给更优良的创新项目,从而间接地促进企业技术创新。Greenwood and Jovanovic(1990)指出竞争会促进银行提高评估、选择、管理投资项目的效率,降低信息搜集成本,提高资金配置效率,从而促进企业创新。King and Levine(1993a,1993b)在内生增长理论的研究中指出,金融机构挑选出最有机会引进新产品和新工艺的企业进行金融支持是金融竞争和发展、促进GDP增长的主要机制。Ferraris and Minetti(2007)从非对称清算能力的角度分析新银行机构的进入引致的市场竞争增强对企业技术创新的影响机制,其研究成果表明,相对于在位者而言,新进入的银行清算能力较弱,因而不愿意清算非成熟的项目,这使其对高风险高回报的创新项目更具有吸引力,均衡时高风险高回报的创新者向新进入的银行借款,而低风险低成本的项目向在位的银行借款;Benfratello et al.

(2008)使用意大利企业层面的数据,Amore et al. (2013)使用美国的数据证实了这一作用机制的存在性。

尽管有大量的理论和经验分析证明银行业市场竞争能够促进企业创新,但仍有一些研究对此持否定态度。Degryse and Ongena(2005)对比利时的研究表明企业贷款利率会随着本地银行市场竞争的增强而上升;Bonaccorsi di Patti and Gobbi(2001)发现在意大利,随着银行业市场竞争的增强中小企业获得的信贷资源反而更少;Bonaccorsi di Patti and Dell'Ariccia(2004)的研究表明在非对称信息比较严重的部门,随着银行间竞争的加剧新企业的融资会变得更困难。当然,还有研究从更细致的企业特征来分析银行业市场竞争对企业创新的影响,如:Rajan and Zingales(1998)的研究表明对外部融资依赖程度更高的企业从银行业市场竞争中获益更多;相对于老企业,银行业市场竞争对新企业创新推动作用更大(Cetorelli and Strahan, 2006);相对于公有制企业,银行业市场竞争对私营企业的积极影响更显著(Chava et al., 2013)等等。从国内的研究来看,主要是一些多维度的实证研究,如:银行竞争能够降低企业融资成本,缓解融资约束,促进企业创新(方芳和蔡卫星,2016;张璇等,2019;姜付秀等,2019);银行业竞争增强能够通过缓解所有制歧视、优化信贷资源配置促进企业创新(余超和杨云红,2016;戴静等,2020);还有研究认为金融市场竞争对企业创新的影响是非线性的,存在着"双刃剑"效应(张杰等,2017;刘莉亚等,2017)。纵观国内外的研究,关于金融市场竞争对技术创新的影响已从较多的角度进行理论研究,并且也有大量的经验支持,但目前缺乏一个完整的理论框架,将多种影响机制融合统一;从实证分析来看,较多的是从一个角度、一种机制来研究,缺少多维机制的综合分析。鉴于此,本章在水平创新(Romer,1990)的框架下,构建金融市场竞争对实体产业技术创新的影响机制,将融资成本降低机制、融资约束缓解机制和人力资本回流机制纳入统一的理论框架,并使用中国银行业竞争的数据进行经验分析,系统地分析中国银行业竞争对企业技术创新的影响机制。

第三节 金融市场竞争增强对企业技术创新
促进机制理论模型

假设一个经济系统共分为四个部门:最终产品部门、中间品部门、创新部门和金融部门。最终产品部门使用中间品和普通劳动者来生产最终产品;中间品部门使用创新部门创新出来的设计方案来生产中间品,并且按照垄断价格出售给最终产品部门;创新部门使用人力资本和 R&D 投资(从金融市场筹集而来)进行新中间品的研发;金融部门使用人力资本向创新部门提供 R&D 融资服务并收取回报。经济系统中一共有 L_Y 个普通劳动者、L 个高级劳动者,且假设 L_Y 要远远大于 L,当高级劳动者作为普通劳动者投入最终产品部门时,可以忽略其对最终产品产出的边际影响。普通劳动者只能在最终产品部门工作,每个高级劳动者拥有 1 单位人力资本,他们可以选择作为普通劳动者在最终产品部门工作,也可以选择成为创新者,或者在金融部门工作,当高级劳动者在最终产品部门工作时,领取和普通劳动者一样的工资。模型的具体构建过程如下:

首先,最终产品部门的生产函数为:

$$Y = AL_Y^a \int_1^K x_i^{1-a} \mathrm{d}i \qquad (6-1)$$

其中,Y 表示最终产品;A 是技术参数;L_Y 表示普通劳动;K 表示中间品的种类;x_i 表示第 i 类中间品的投入量;α 表示劳动的产出弹性。假设最终产品 Y 的价格为 1,相当于一般等价物,那么根据要素价格等于边际产品价值的原则,普通劳动者的工资和第 i 类中间品的价格分别为:

$$w_Y = \alpha AL_Y^{\alpha-1} \int_1^K x_i^{1-\alpha} \mathrm{d}i \qquad (6-2)$$

$$P_i = (1-\alpha)AL_Y^\alpha x_i^{-\alpha} \qquad (6-3)$$

其中,w_Y 表示最终产品部门的工资,P_i 表示第 i 类中间品的价格。借鉴 Romer (1990)模型,假设中间品部门仅仅使用创新部门的设计方案,可以将 c 单位最终品转

换成中间品,即中间品部门的边际成本为 c,那么第 i 类中间品生产商面临的优化问题就是:

$$\max_{x_i}(P_i-c)x_i \tag{6-4}$$

将(6-3)式代入(6-4)式,优化后可得:

$$x_i=L_Y[(1-\alpha)^2A/c]^{\frac{1}{\alpha}} \tag{6-5}$$

将(6-5)式代入(6-4)式可得第 i 类中间品生产商一期的利润为:

$$\Pi_i=\alpha L_Y[(1-\alpha)^{2-\alpha}A/c^{1-\alpha}]^{\frac{1}{\alpha}} \tag{6-6}$$

将每一期的利润按贴现率 r 贴现,可得第 i 类中间品生产商的全部利润为:

$$\Pi_i=\left(1+\frac{1}{r}\right)\alpha L_Y[(1-\alpha)^{2-\alpha}A/c^{1-\alpha}]^{\frac{1}{\alpha}} \tag{6-7}$$

根据(6-1)式生产函数的对称性可知,均衡时各类中间品的投入量是相等的,因此将(6-5)式代入(6-2)式可得最终品部门的工资水平为:

$$w_Y=\alpha AK[(1-\alpha)^2A/c]^{\frac{1-\alpha}{\alpha}} \tag{6-8}$$

中间品部门在产品市场上是垄断者,但在要素市场是价格接受者,即创新者会以垄断价格将中间品设计方案出售给中间品生产商,那么(6-7)式就是设计方案的价格,即中间品的全部利润被转移到创新部门。中间品部门使用人力资本和 R&D 投资进行创新活动,经济系统中一共有 L 个高级劳动者,每个人的能力禀赋为 s,s 服从 $(0,1)$ 上的均匀分布,即若一个高级劳动者选择从事创新活动,当他从金融市场获得 1 单位的融资后,他有 s 的概率创造出一个新的中间品设计方案,但也有 $1-s$ 的概率不创造任何价值。这里隐藏一个潜在的假设是创新者之间不存在知识溢出,各自独立进行创新活动。另外,假设创新者向银行支付 1 单位融资的价格为 R,那么一个高级劳动者成为创新者的参与相容条件为:

$$s\left(1+\frac{1}{r}\right)\alpha L_Y[(1-\alpha)^{2-\alpha}A/c^{1-\alpha}]^{\frac{1}{\alpha}}-R\geqslant w_F\geqslant w_Y \tag{6-9}$$

其中,w_F 表示金融部门的工资水平,这里假设高级劳动者是稀缺的,即创新部门创新能力最低的创新者的临界工资 $w_C \geq w_Y$，以及金融部门工资 $w_F \geq w_Y$ 自然满足。

令 $v = \left(1 + \dfrac{1}{r}\right)\alpha L_Y \left[(1-\alpha)^{2-\alpha}A/c^{1-\alpha}\right]^{\frac{1}{\alpha}}$，将(6-9)式整理后可得：

$$s \geq \frac{w_F + R}{v} \qquad\qquad (6-10)$$

这里假设 $\dfrac{w_F + R}{v} < 1$，否则将不存在创新者和创新部门。由于每个创新者只需要 1 单位资本，给定高级劳动人口总量 L、能力 s 的均匀分布，以及(6-10)式的条件，可求得创新者对资本的需求函数为：

$$Q = \left(1 - \frac{w_F}{v}\right)L - \frac{L}{v}R \qquad\qquad (6-11)$$

其中，Q 为创新者的资金需求总量。假设金融市场上有 n 个银行机构向创新者提供融资服务，且这些金融机构间开展古诺竞争，其边际成本为1，即这里不考虑金融部门获取资金时的成本及固定成本，金融部门从创新部门转移的利润全部用来支付给本部门的劳动者。那么面对(6-11)式的需求函数，均衡时资本供给量为：

$$Q = \frac{n}{n+1}\left(1 - \frac{w_F + 1}{v}\right)L \qquad\qquad (6-12)$$

相应的资本的价格为：

$$R = 1 + \frac{v - w_F - 1}{n+1} \qquad\qquad (6-13)$$

每 1 单位资本的边际成本为1，因而要求 $R>1$，即 $v>w+1$。由于每个创新者仅需要 1 单位的资本，因此均衡时的资本供给量就是创新者的数量，由此可得创新者的数量为：

$$L_C = \frac{n}{n+1}\left(1 - \frac{w_F + 1}{v}\right)L \qquad\qquad (6-14)$$

根据金融市场均衡时资本的价格和数量，以及前述边际成本为1的假设，可得金融部门的利润总量为：

$$\Pi_F = \frac{n(v-w_F-1)^2}{v(n+1)^2}L \tag{6-15}$$

根据(6-15)式金融部门的利润总量,以及金融部门的工资水平 w_F,可得均衡时金融部门的从业人员数量为:

$$L_F = \frac{n(v-w_F-1)^2}{w_F v(n+1)^2}L \tag{6-16}$$

根据(6-10)式,以及均衡时资本的价格(6-13)式,可以求得均衡时从事创新活动的高级劳动者能力边界值为:

$$\tilde{s} = \frac{v+n(w_F+1)}{v(n+1)} \tag{6-17}$$

根据前面假设,高级劳动者比较稀缺,那就意味着均衡时高级劳动者全部在创新部门和金融部门工作,即:

$$L_C + L_F = L \tag{6-18}$$

那么,由(6-14)式和(6-16)式可得,均衡时创新部门创新能力最低的创新者的临界工资 $w_C = w_F$,且 w_F 满足:

$$\frac{n}{n+1}\left(1-\frac{w_F+1}{v}\right)+\frac{n(v-w_F-1)^2}{w_F v(n+1)^2}=1 \tag{6-19}$$

满足(6-19)式的 w_F^* 即为均衡时金融部门的工资水平,这一工资水平等于创新部门创新能力最低创新者的临界工资。在实践中,若某些区域的 w_F^* 接近或者低于 w_Y,就表明这些区域的人力资本比较宽裕,或者创新者的创新能力比较低,又或者 K 比较大,从而使得最终产品部门的劳动生产率相对较高,进而 w_Y 比较高,这时就会出现高级劳动者向最终产品部门转移的现象,最终实现高级劳动者和不同劳动者工资相等。这种现象比较接近劳动力相对短缺的发达国家,蓝领工人与白领的收入差距不大。若出现这种情况,(6-18)式条件将不满足,即 $L_C+L_F<L$,那么此时均衡时高级劳动者中在最终品部门工作的人数为:

$$\tilde{L}_Y = \left[1-\frac{n}{n+1}\left(1-\frac{w_F^*+1}{v}\right)-\frac{n(v-w_F^*-1)^2}{w_F^* v(n+1)^2}\right]L \tag{6-20}$$

　　根据高级劳动者的能力分布,以及(6-17)式的边界值,可以求得创新部门的创新速度,即每一期开发出来的新设计方案的期望值为:

$$E(N) = L_C \int_{\tilde{s}}^{1} s\mathrm{d}s = \frac{1-\tilde{s}^2}{2} \frac{n}{n+1} \Big(1 - \frac{w_F^* + 1}{n}\Big) L \qquad (6-21)$$

　　其中,N 为创新部门每期的创新数量,均衡时创新者平均工资的期望值为:

$$\tilde{w} = v \int_{\tilde{s}}^{1} s\mathrm{d}s = \frac{(1-\tilde{s}^2)}{2} v \qquad (6-22)$$

　　由于均衡时创新部门临界创新者的工资与金融部门劳动者的工资是相等的,所以创新部门的平均工资要高于金融部门和最终品部门,高出的这一部分工资就是创新者的创新租金,创新租金是对创新者创新能力和所承担创新风险的回报,创新租金是创新动力的源泉,因而保持较高的创新租金且不被快速耗散,是推动产业持续创新的根本途径。另外,从模型的均衡分析来看,技术存量的增加,在最终品部门表现为中间投入品种类 K 的增加,这会相应提高最终品部门工人的边际产出从而提高工资收入,这对创新租金有抵销的作用。但技术存量的增加也会通过提高中间品部门利润的途径增加创新租金,另外,知识存量的增加还可以通过知识外溢途径直接提高创新者的生产率,即通过提高其创新成功的概率 s 来提高创新租金。从实践来看,由于知识存量较高创新者的效率也较高,发达国家技术存量较高、产业工人工资较高、创新租金相对较低,从而创新的绝对速度也是较快的。从发展中国家来看,在知识存量较低的情况下,在吸引外部技术增加技术存量的同时,更应快速培育和积累人力资本,从而提高产业创新的效率,增强产业创新的后劲。至于金融市场竞争即 n 的变化如何影响创新部门的创新行为,下面将具体分析其影响机制。

　　首先,当金融市场竞争增强,即金融机构数量 n 增加时,由(6-13)式可知均衡时创新者的融资价格 R 将会下降,给定创新者的能力分布,融资成本的下降将会拓宽创新者的获利空间,从而将高级劳动者变成创新者参与约束放松,也就是将创新者的能力边界 $\tilde{s}$ 向左拓展。由于这一机制是通过降低创新者的融资成本来促进技术创新的,可将其称为融资成本降低机制。其次,当金融机构数量 n 增加时,由古诺竞争的市场机制可知,会提高均衡时的资金供给,从而缓解创新者的融资约束,促进技术创新,即融资约束缓解机制。最后,当金融市场竞争增强时,由(6-15)式可知金融部门的利润总量将会下降,从而降低金融部门对高级劳动者的吸纳,即 L_F 会降低,从而减少金融部门对创新部门的人力资本争夺,使更多的人力资本回流到实体经济创新部门,可称之为人力资本回流机制。综上所述,金融市场竞争的增强能够通过融资成本降低机制、融资约束缓解机制和人力资本回流机制这三个机制来促进实体产业的技术创新。

第四节　中国金融市场竞争增强促进企业技术创新实证检验

一、变量选取与数据来源

从中国金融结构的发展来看,近年来股权融资和债券融资已获得了长足的进步,但在全社会的融资结构中银行贷款仍占主导地位(千慧雄和安同良,2019)。根据中国人民银行的统计,2022 年全社会融资规模增量为 32.01 万亿元,其中对实体经济发展的人民币贷款为 20.91 万亿元,占全部融资的 65.32%,而银行贷款在各类贷款中又占绝对主体,因此用银行业竞争来反映金融市场的竞争具有代表性。关于银行业竞争的测度,借鉴姜付秀等(2019)的测算方法,根据原中国银行保险监督管理委员会公布的银行机构经营许可证信息,计算出各家银行历年在各个省区的分支机构数量,进而计算出历年各个省区银行业竞争的赫芬达尔—赫希曼指数,记作 HHI。创新指标选取各个省区的专利授权数量,记作 $Inno$。从其他控制变量来看,为控制需求因素对创新的影响,增加地区人均 GDP 指标,记作 $GDP\text{-}Per$;为明确所有制结构对技术创新的影响,增加规模以上工业企业中的国有及国有控股企业、私营企业、外资及港澳台资企业的主营业务收入比重,分别记作 $Ratio\text{-}State$、$Ratio\text{-}Private$、$Ratio\text{-}Foreign$;企业的出口行为能够通过竞争效应、学习机制等促进技术创新(Wagner,2007),用出口占 GDP 的比重来控制这一效应,记作 $Export$;企业的 R&D 投资也是影响创新结果的重要因素,用企业平均 R&D 投资规模来控制,记作 $R\&D\text{-}Per$。

从数据来源来看,专利数据和 R&D 数据来自《中国科技统计年鉴》,银行许可证信息来自原中国银行保险监督管理委员会网站,国有及国有控股企业、私营企业、外资及港澳台资企业主营业务收入、出口、人口规模、GDP 数据来自国研网数据库。由于西藏地区有较多年份的数据缺失,剔除这一地区;另外,为保持数据序列长短的平衡性,取 2001—2021 年时间段,最终形成了 30 个省级区域 21 年的平衡面板数据。

二、回归分析

下面分析银行业市场竞争是否对技术创新有实质性影响,首先通过 DW 检验、Wooldridge 检验和 Arellano-Bond 检验,发现面板模型存在较强的序列相关问题,因此这里使用动态面板模型,需要用 GMM 方法进行回归,回归结果见表 6 - 1。

表 6 - 1　银行业市场竞争对技术创新影响检验

解释变量	(1)	(2)	(3)
$L1. Inno$	0.046** (0.032)	0.043** (0.019)	0.061** (0.023)
$L2. Inno$	0.435*** (0.021)	0.464*** (0.312)	0.453*** (0.055)
HHI	−7.643*** (1.103)	−7.563*** (0.854)	−7.443*** (1.103)
$GDP\text{-}Per$	0.644** (0.048)	0.557** (0.049)	0.567** (0.052)
$R\&D\text{-}Per$	0.052* (0.031)	0.041* (0.019)	0.052* (0.031)
$Export$	0.252* (0.082)	0.242* (0.083)	0.255** (0.071)
$Ratio\text{-}State$	0.304*** (0.055)		
$Ratio\text{-}Private$		−0.065* (0.019)	
$Ratio\text{-}Foreign$			−0.263 (0.204)

（续表）

解释变量	(1)	(2)	(3)
$AR(2)$	0.719	0.705	0.944
$Sargan$	0.871	0.815	0.803
N	570	570	570

注：*、** 和 *** 分别表示参数估计在 10%、5% 和 1% 水平上显著；小括号内为参数估计的标准误差；$AR(2)$检验和 $Sargan$ 检验报告的是对应的 P 值，下同，不再赘述。

从表6-1的回归检验可以发现，银行业市场竞争变量 HHI 的系数显著为负，HHI 是一个负向指标，HHI 指数越大表明金融市场竞争越弱，即垄断性越强，因而这一变量的系数显著为负表明从省级区域来看银行业市场竞争的增强能够促进企业技术创新。从其他控制变量来看，区域人均收入的增加能够促进企业技术创新，这表明区域需求因素对技术创新有显著的拉动作用（安同良和千慧雄，2014）。企业 R&D 投入的增加能够促进创新产出的增加，这因为 R&D 本身就是创新投入行为，其增加会对创新产出产生正向的影响，另外 R&D 投入的增加也可以提高现有创新人员的创新效率。缘于出口的竞争机制、学习机制、互补机制等，企业的出口行为能够显著地促进技术创新（Wagner，2007）。国有及国有控股企业是中国创新的主体，其比重的增加对区域创新有显著的促进作用；私营企业自身的研发能力较弱、资金也较为短缺等因素导致其创新不积极；外资及港澳台资企业的主要目的是利用资源和占领市场，对创新活动也不积极。

三、稳健性检验

为检验回归结果的稳健性，下面重新构建银行业市场竞争指标，使用五大商业银行——中国工商银行、中国建设银行、中国农业银行、中国银行和中国交通银行的分支机构数占所在省区的分支机构总数的比重来衡量区域的银行业竞争程度，记作 $Ratio-5$。回归模型和回归方法与前面相同，结果见表6-2。

表 6-2　稳健性检验

解释变量	(1)	(2)	(3)
L1. Inno	0.102** (0.013)	0.114** (0.019)	0.124** (0.018)
L2. Inno	0.604** (0.009)	0.619** (0.010)	0.613** (0.008)
Ratio-5	−1.034*** (0.198)	−1.147*** (0.238)	−1.128*** (0.224)
GDP-Per	0.473*** (0.048)	0.408*** (0.064)	0.394*** (0.045)
R&D-Per	0.031* (0.014)	0.021 (0.179)	0.029* (0.014)
Export	0.112 (0.105)	0.149* (0.053)	0.109* (0.068)
Ratio-State	0.524** (0.164)		
Ratio-Private		−0.154** (0.041)	
Ratio-Foreign			−0.249* (0.051)
AR(2)	0.236	0.243	0.345
Sargan	0.366	0.452	0.365
N	570	570	570

从表 6-2 的稳健性检验来,Ratio-5 的系数显著为负,与前面的分析完全一致,从其他控制变量的结果来看也基本一致,因此前述检验得出的银行业市场竞争能够显著促进技术创新的结果是稳健的。

四、传导机制检验

(一) 融资成本降低机制

银行业市场竞争的增强,一方面可以直接降低金融市场的资金供给价格;另一方面,为了避免信息不对称引致的"赢者诅咒",银行会积极主动地去获取企业信息,从而降低企业融资产生的交易成本(姜付秀等,2019),这两个机制都可以降低企业的融资成本。融资成本,这里取各省级区域规模以上工业企业财务费用,用 Cost 表示,在《中国工业统计年鉴》中有直接的统计。融资成本与负债水平和利率密切相关,因此还需要控制住企业的负债水平和利率。负债水平取各省级区域规模以上工业企业负债总额,用 Debt 来表示。根据中国的实际情况,商业银行要价的利率通常是中国人民银行要求的基准利率再加一个加成,因此这里只要控制住基准利率即可。中国人民银行公布的银行贷款基准利率主要有五个:六个月内(含六个月)、六个月至一年(含一年)、一年至三年(含三年)、三年至五年(含五年)、五年以上。通过相关分析发现这五个指标是高度线性相关的,因此可以取这五个指标的平均值来代表基准利率,记作 Interest rate,另外,基准利率一年调整超过两次的取历次调整利率的算数平均值。银行业市场竞争,所有制结构等其他变量的取值与前面相同,回归模型依然是动态面板模型,用 GMM 方法回归,结果见表 6-3。

表 6-3　融资成本降低机制

解释变量	(1)	(2)	(3)
L1. Cost	0.565 *** (0.143)	0.474 (0.350)	0.476 ** (0.183)
HHI	4.134 *** (1.124)	3.559 ** (1.435)	3.894 *** (0.858)
Debt	0.684 *** (0.157)	0.679 * (0.405)	0.653 ** (0.319)
Interest rate	6.842 ** (2.699)	6.774 ** (2.701)	7.347 *** (1.701)
Ratio-State	−0.384 ** (0.061)		
Ratio-Private		0.547 * (0.281)	
Ratio-Foreign			−0.629 (0.655)

解释变量	（1）	（2）	（3）
$AR(2)$	0.172	0.543	0.293
$Sargan$	0.455	0.467	0.567
N	600	600	600

从表 6-3 的回归结果可以发现，HHI 的系数显著为正，即银行业市场竞争可以显著地降低企业的融资成本，即金融市场竞争可以通过融资成本降低机制促进技术创新。从其他控制变量来看，融资规模和利率的系数显著为正，这和预期是一致的，财务费用与融资规模和融资价格应该是正相关的。从所有制结构的影响来看，国有及国有控股企业份额的提高能够降低区域融资成本，这表明国有企业的融资约束较低，融资价格也相对便宜；而私有企业比重的提高则会显著提高区域的财务费用，私有企业融资难的问题更为突出。

（二）融资约束缓解机制

融资约束缓解机制是指银行业市场竞争能够增加对创新者的资金供给，拓宽创新者的融资空间，从而放松创新者的参与约束，使更多的创新者能够启动创新项目，最终促进企业技术创新。这一机制的检验首先是融资约束的测算，这里借鉴 Hoshi et al. (1991)、姜付秀等(2019)的方法，使用投资-现金敏感性方法来衡量融资约束。产业层面没有直接的投资数据，《中国工业统计年鉴》中有各地区规模以上工业企业固定资产的统计，可以使用每年规模以上工业企业固定资产的增量作为投资变量，用 $Invest$ 来表示。同样现金指标也没有直接的统计，可以使用规模以上工业企业流动资产总额减去应收账款和存货作为现金的近似物来代替现金指标，用 CF 来表示。《中国工业统计年鉴》可获得的数据最新到 2021 年，因此，这里的数据为 2001—2021 年的省级面板数据，回归模型为：

$$Invest_{it} = \alpha + \beta_1 HHI_{it} + \beta_2 HHI_{it} * CF_{i,t-1} + \beta_3 CF_{i,t-1} + \gamma Controls_{i,t-1} + \varepsilon$$

$$(6-23)$$

这里核心解释变量为 $HHI*CF$，由于银行业市场竞争(HHI)和现金(CF)都是负向指标,因此当回归系数 β_2 为正时就表明,银行业市场竞争的增强可以缓解企业投资的现金敏感性,即缓解企业的融资约束。由于投资具有惯性,这里使用的是动态面板回归模型,用 GMM 方法进行回归,结果见表 6-4。

表 6-4　融资约束缓解机制

解释变量	(1)	(2)	(3)
L1.Invest	−0.136*** (0.012)	−0.124*** (0.011)	−0.119*** (0.014)
HHI	−4.136** (1.743)	−3.348* (2.394)	−5.578*** (2.113)
HHI*CF	0.574** (0.233)	0.458* (0.264)	0.677*** (0.269)
CF	0.072* (0.048)	0.076* (0.053)	0.019* (0.009)
Interest rate	0.853* (0.488)	1.124*** (0.343)	1.366*** (0.523)
Growth rate	0.157*** (0.034)	0.168*** (0.023)	0.214*** (0.024)
Ratio-State	0.262** (0.074)		
Ratio-Private		−0.019 (0.043)	
Ratio-Foreign			−0.134 (0.125)
AR(2)	0.851	0.865	0.773
Sargan	0.612	0.536	0.59
N	600	600	600

从表 6-4 的回归结果可以发现,规模以上企业的投资行为对现金是敏感的,三个回归方程中 CF 的回归系数都显著为正;银行业市场竞争对企业投资也具有直接的促进作用,HHI 的回归系数显著为负;核心解释变量 HHI*CF 的回归系数显著

为正,这表明银行业市场竞争能够显著地缓解企业的融资约束。另外,从其他的控制变量来看,利率的回归系数显著为正,这表明中国企业投资具有明显的顺周期特点,很容易出现投资"潮涌现象",进而导致产能过剩(林毅夫等,2010)。从所有制结构来看,国有企业是固定资产投资的主力;私营企业受融资约束相对较强,其较高的地区投资水平会下降;外企受融资约束的影响不显著。

(三) 人力资本回流机制检验

从理论分析来看,人力资本回流机制是指市场银行业市场竞争会使银行部门的市场势力下降,降低资金的供给价格,继而导致银行部门收益下降,最终会降低银行部门人力资本的工资水平,从而减缓银行部门对创新部门的人力资本争夺,甚至出现银行部门人力资本向创新部门回流的现象。因此人力资本回流机制是银行业市场竞争通过工资影响人力资本流向的一个中介效应,这里借鉴 Baron and Kenny(1986)提出的因果步骤法来检验这一中介效应。根据 Baron and Kenny(1986)的检验方法,第一步需要检验金融市场竞争对中介变量工资的影响,第二步检验工资对人力资本流向的影响,第三步检验市场竞争和工资对人力资本流向的联合影响。银行业市场竞争仍然使用各个地区的 HHI 指数;由于银行业从业人员和平均工资没有直接的统计,这里使用金融业从业人员和平均工资,由于中国的金融结构是以银行为主体,这一变换对结果影响不大。工资使用金融业从业人员平均工资与研究和试验发展(Research and Experimental Development)人员平均工资的比值(w)来表示,由于统计口径的变化,2001 年和 2002 年研究和试验发展人员的平均工资以科学研究和综合技术服务业人员平均工资替代。人力资本的流向用金融业从业人员与规模以上企业 R&D 人员的比值(p)来测算,其中,由于统计口径的变化,规模以上企业 R&D 人员用 R&D 全时当量来替代。金融业从业人员、金融业从业人员平均工资,以及研究和试验发展人员平均工资的数据来自历年《中国劳动统计年鉴》,其他数据的来源与前文相同,最终形成 2001—2021 年的省级面板数据。由于回归依然是动态面板模型,所以仍旧使用 GMM 方法进行检验,回归结果见表 6 - 5。

表 6-5 人力资本回流机制

解释变量	被解释变量		
	w	p	p
$L1.w$	0.732*** (0.165)		
$L1.p$		0.677*** (0.102)	0.564*** (0.068)
w		11.324** (5.346)	8.854*** (2.672)
HHI	2.491* (1.347)		−37.847 (845.62)
$GDP\text{-}Per$	0.125** (0.046)	−0.024 (1.246)	−2.732 (25.124)
$Export$	0.138 (0.233)	−6.332** (1.254)	−3.190* (1.023)
$Ratio\text{-}State$	0.123 (0.403)	15.443 (18.498)	13.488 (93.397)
$AR(2)$	0.732	0.455	0.532
$Sargan$	0.343	0.451	0.223
N	570	570	570

从表 6-5 的检验中可以发现,首先,HHI 指数与相对工资 w 显著正相关,这表明银行业的垄断性越强(金融市场竞争水平越低),其从业人员的平均工资相对于 R&D 人员越高,即银行业市场竞争对中介变量——工资的影响是显著的。其次,中介变量工资对人力资本流向的影响也是显著的,从表 6-5 的第二个回归可以发现,相对工资 w 与人力资本分布 p 显著正相关,即人力资本显著地向高工资行业流转。最后,从金融市场竞争和工资对人力资本分布的联合影响来看,银行业市场竞争对人力资本分布的影响不显著,工资的影响依然是显著为正的,这表明银行业市场竞争对人力资本分布的影响是完全通过工资这一中介变量实现的,即完全中介效应模型。通过三步因果检验可以发展,银行业市场竞争的增强能够相对降低银行业从业人员

的工资水平,缓解银行业与实体产业人力资本的争夺,产生一定的人力资本回流效应,从而促进实体产业的技术创新。另外,从其他变量的影响来看,人均GDP水平高的地区银行业从业人员的相对工资水平会更高,这是因为通常情况下金融发展与经济发展是伴生的,存在较强的正反馈关系;出口比重较高的地区也会将更多的创新人才锁定在实体产业;工资和人力资本分布的滞后影响都比较显著,这表明工资具有较强的黏性,人力资本的流转,尤其是行业间的流转还存在较多的壁垒。

第五节　本章小结

自从Schumpeter(1934)强调了银行在企业技术创新中的关键性作用之后,主流研究普遍认为银行业市场竞争增强能够促进实体企业技术创新,但对其背后的传导机制一直缺乏系统的理论研究。尤其是关于中国背景下银行业竞争能否促进企业技术创新,以及各种传导机制是否畅通研究的也比较少。鉴于此,本章在Romer(1991)水平创新的理论框架下,嵌入银行业古诺竞争市场结构,构建金融市场竞争对企业技术创新的影响机制模型,该模型能够将融资成本降低机制、融资约束缓解机制、人力资本回流机制这三个机制纳入统一的理论框架。同时,本研究还根据银行业分支机构数量构建HHI指数测度银行业市场竞争程度,使用中国省级面板数据对银行业市场竞争能否促进企业创新,以及三个传导机制是否畅通进行系统的实证检验,研究结果表明:

第一,在中国银企关系中,银行尤其是大型商业银行具有强大的市场势力,对实体企业客观上存在"掠夺性",对技术创新存在一定的阻碍作用。从盈利能力上看,中国银行业的平均利润率远远高于制造业,是制造业的将近两倍,而这些利润都是从包括制造业在内的实体经济转移而来;从员工的工资水平来看,以银行业为主的金融业从业人员的平均工资是制造业的1.63倍,货币金融服务和资本市场服务等金融行业比制造业和科研人员要高出更多,这将刺激人力资本向金融业涌进,实体企业的人力资本将会相对匮乏;另外,实体企业受融资难、融资贵问题的长期困扰,势必会影响其对风险大、周期长的R&D项目的投资。

　　第二,中国银行业市场竞争对企业技术创新具有促进作用,三个传导机制基本畅通。理论和实证研究的结果都表明,中国银行业市场竞争的增强能够促进企业技术创新;传导机制的实证检验也表明,融资成本降低机制、融资约束缓解机制,以及通过工资中介变量实现的人力资本回流机制都是畅通的。

　　第三,中国的银企关系,以及企业技术创新行为存在显著的所有制差异。从融资约束来看,国有企业尤其是国有大中型企业基本不受融资约束的影响,而私营企业尤其是中小微私营企业则常年受融资约束的影响;从融资成本来看,国有及国有控股企业比重上升的区域融资成本显著下降,而私营企业比重的上升则会显著提高区域融资成本;从创新行为来看,国有及国有控股企业是中国创新的主体,私营企业自身研发能力较弱、资金也较为短缺等因素导致其创新不积极,外资及港澳台资企业的主要目的是利用资源和占领市场,对创新活动也不积极。

　　另外,从其他的相关分析来看,中国人力资本的流转,尤其是行业间的流转还存在较多的壁垒,这会对人力资本的回流机制产生一定的阻塞作用;出口不仅可以通过学习效应、竞争效应等直接促进技术创新,还可以将更多的人力资本锁定在出口企业,间接地促进技术创新;区域收入的增加可以通过需求拉动作用促进企业技术创新;中国企业投资存在着典型的顺周期特征,投资“潮涌”会导致一定的产能过剩。基于这些研究和发现,为进一步推动中国金融业尤其是银行业深化改革,更好地服务实体经济和创新发展,本研究建议:

　　第一,多措并举推动金融市场竞争,降低银行机构尤其是头部银行的市场势力。进一步鼓励股份制银行、各地区城商行的发展,打破区域性经营壁垒,使其能够与大型商业银行形成全国性竞争;加快推动股权市场和债券市场发展,使其能够对银行业形成跨业竞争压力;充分利用金融科技发展成果,有序推进互联网金融等新型金融业态发展,拓宽企业融资渠道;稳步推进银行业对外开放,引入外部竞争,发挥其“鲶鱼效应”。

　　第二,疏通传导机制和渠道,保证金融竞争效应对企业技术创新的有效传导。进一步深化利率市场化改革,增加利率对资金供求和风险的敏感性;减少政府对银行信贷资金的直接政策性配置,降低“关系型”信贷的比重,使信贷资金能够无阻碍地向高效部门和创新部门流动；消除人力资本行业间、区域间流动壁垒，疏通人力资本回流机制。

第三，消除金融市场上的所有制歧视，激发私营企业和外资企业的创新活力。要给予私营企业和外资企业在金融市场上与国有及国有控股企业同等的待遇；对于私营企业，尤其是中小私营企业在金融市场上的内生性弱势地位可以给予适当的政策性帮扶；对于外资企业应积极引导其研发中心向中国的转移。

另外，还需要构建完善财政金融支持企业技术创新的基础设施、长效机制，以及其他相关配套支撑体系。加快云技术、大数据、互联网等金融科技在银行业的应用，提高银行对创新企业"软信息"的搜集和甄别效率，降低银行企业间的信息不对称程度；优化分配结构，提高居民可支配收入，发挥需求拉动对技术创新的促进作用；整合创新资源，深入推进产学研合作，发挥创新的协同效应；继续推进对企业出口的鼓励政策，发挥出口对人力资本的锁定效应；进一步构建和完善科技贷款、科技债券、科技担保、科技保险、财政科技投入、多层次资本市场等企业技术创新支撑体系建设；进一步加强对知识产权的保护，阻止创新租金的快速耗散。

第七章 中国金融效率提升对企业技术创新的促进机制

第一节 金融效率与企业技术创新

从世界各国近 20 年来的发展来看,金融活动在区域经济发展中的作用越来越显著,以金融规模与 GDP 的比值来度量的金融化指数在逐年上升(Philippon and Reshef, 2013),那么这一强劲的金融化趋势对技术创新和经济增长将会产生怎样的影响呢? 金融对技术创新的积极作用早在 Schumpeter(1934)时就得到明确的肯定,后又被众多追随者从理论和经验上进行充分的证明,正如 Miller (1998)所讲"金融市场对经济增长的贡献是一个不言自明的命题,已经不需要再讨论了"。然而同时也有一些研究者在探讨金融对技术创新和经济增长的消极作用,如与实体经济抢夺人力资本,增加经济运行的波动性(Kindkeberger, 1978;Tobin, 1984) 等。尤其是 2007—2008 年全球金融危机后,大量的经验证据表明,金融发展与经济增长存在着"倒 U 型"关系,即金融规模超过一个门槛值后会对经济增长产生阻碍作用,如私人信贷占 GDP 比重超过 100%时(Arcand et al. , 2012),金融业从业人员占劳动人口比重超过 3.9%时(Cecchetti and Kharroubi, 2012),金融部门的进一步扩张会对实体经济造成损害。金融与经济发展之间最终呈现这种非线性关系的根本原因在于金融功能的双重性:一方面,金融系统系对实体经济具有价值发现、风险管理、储蓄投资转换、流动性创造等主体功能,这些功能越强,即效率越高,对实体经济的促进作用就越大;另一方面,金融部门具有自己的利益诉求,会利用自己的优势即市场势力来寻求利益最大化(张杰和吴迪,2013),金融规模的扩张则是金融势力增长的重要途径,当金融势力过强时,势必会对技术创新和经济增长产生阻碍作用。

从我国近年来金融发展的实践来看,私人信贷占 GDP 的比重在 2009 年时首次超过 100%,达到 117%,而且呈持续上升趋势,2017 年时则高达 180%(IMF,2018),这远远超过了 100%的临界值;金融业从业人员占劳动人口的比重全国平均水平比较低,2016 年时仅为 0.82%,但在金融发达的北京和上海地区则高达 4.2%和2.6%。那么,我国的金融发展对技术创新是否有推动或阻碍作用? 这些作用的发生机制是什么? 金融系统又应该如果调整,使之更好地为我国向创新驱动转型服务?围绕这些问题,本章从金融系统的主体功能效率——金融效率和金融机构的市场势力——金融势力两个方向入手,构建理论模型来分析金融发展对技术创新的双重作用机制,同时运用省级层面的数据进行实证分析,以期获得对我国金融发展与技术创新关系的全面认识,从而为实践提供理论借鉴。

第二节　金融效率与技术创新相关文献回顾

自从 Schumpeter(1934)指出技术创新需要强有力的金融支持之后,关于金融发展与技术创新和经济增长关系的讨论就从未停止,纵观国内外的研究脉络,大致可分为三类:一是沿着 Schumpeter(1934)的思想继续深入探讨金融对技术创新和经济增长的推动机制,以及在全球范围内寻找经验证据,这一直是 20 世纪的主流研究;二是伴随着对金融作用的肯定研究,一些研究者也在探讨金融对经济发展的副作用;三是2008 年金融危机后,研究者和监管部门重新审视了金融对经济发展正反两个方面的作用,认为金融与经济发展之间存在着非线性的"倒 U 型"关系。下面将对这些研究进行详细的回顾。

Schumpeter 是最早肯定金融对技术创新具有积极推动作用的经济学家,他认为金融中介提供的金融服务——动员储蓄、项目评估、风险管理、经理管理等对技术创新和经济增长是至关重要的。接着 Patrick(1966)提出了金融发展的"供给引领"和"需求跟随"作用,"供给引领"是指金融机构能够将社会资源从落后的传统部门转移到先进的现代部门,从而推动技术进步和经济增长,Gurley and Shaw (1955)、

Goldsmith（1969）、Xu(2000)等为此提供了一定的经验支持。"需求跟随"作用则是指实体经济部门的发展会引致对金融机构和金融工具的大量需求,Kuznets(1955)、Ang and McKibbin（2007）等提供了相应的经验证据。McKinnon（1973）、Shaw（1973)通过对大量发展中国家金融抑制的研究,发现金融自由化和发展能够促进储蓄、提高资金配置效率,从而推动技术创新和经济增长。关于金融发展推动技术创新和经济增长的理论机制研究,Levine(2005)列出了五条路径:(1) 为高效地配置资本而生产、处理和搜集信息;(2) 监督和改善企业管理;(3) 为改善资源配置而进行的交易便利化、套期保值和风险统筹活动;(4) 为缓解投资中的金融摩擦而进行的储蓄汇集和动员活动;(5) 推动专业化,以及产品和服务交易的便利化。

虽然在整个 20 世纪金融发展对技术创新和经济增长的积极推动作用获得了主流经济学家的充分肯定,但对金融功能的质疑也从未停止。Robinson(1952)指出金融与经济发展的关系是经济发展推动金融发展,而不是相反。Minsky(1974) 和 Kindkeberger(1978)指出金融深化会导致宏观经济波动性的增加。Tobin(1984)一方面指出大的金融系统会把精英人才从生产性实体部门吸引到金融部门,这是人力资本的一种错配;另一方面他还指出金融部门产生的社会收益(包括流动性创造和价格发现)会被无用甚至有害的金融工具抵销,为此 Tobin(1984)提出征收"Tobin 税"来防止过度投机。Rajan(2005)指出金融深化会导致金融规模和金融系统复杂性的同时增加,系统脆弱性也会不断积累,最终会导致系统的毁灭性崩溃。这些观点对金融危机有相当的预见性,但都未形成主流,对金融系统副作用的深刻反思是在金融危机后。

2007—2008 年的全球金融危机促使学界和监管部门不得不重新审视金融系统对技术创新和经济增长的作用,急剧扩张的金融系统是否已经成为经济发展的负担?近年来,国际清算组织(BIS)和国际货币基金组织(IMF)的一些研究者指出,金融发展水平与经济增长之间是呈"倒 U 型"关系,超过临界值后金融发展会阻碍经济增长。如:Cecchetti and Kharroubi (2012)发现,私人信贷占 GDP 的比重达到 90% 后,金融规模与经济增长就会呈现负相关关系,同时他认为这是因为金融部门与实体经济部门争夺稀缺资源所致;Arcand et al.（2012）也发现,在高收入国家私人信贷占

GDP 比重达到 100％时会出现转折点。另外,金融发展与经济增长之间的"倒 U 型"关系被大量的经验证据支持(Law and Singh, 2014;Cournède and Denk, 2015;Mbome, 2016)。金融发展与技术创新和经济增长的非线性关系,最终阻碍创新和增长的理论解释大致有以下三个方面:一是信用结构的解释,信用扩张的创新和增长作用主要是通过企业,而不是通过居民,而后期的信用扩张主要是居民的消费信用扩张,因而没有增长效应(Beck et al. ,2012);二是效率边界问题,金融部门发展的增长效应主要来源于使实体经济生产向效率边界靠拢,但这总有极限,当接近边界时,增长效应将会消失(Aghion et al. ,2005;Gründler,2015);三是过高的金融租金导致的人力资源错配问题,金融部门发展得相对较快就会收取过高的信息租金,从而使得部门工资有较高的溢价,会将更多的人才资源从实体经济吸引到本部门,从而对实体经济造成伤害((Philippon, 2010;D'Acunto and Frésard, 2018)。

关于金融与技术创新关系,国内的也有一定数量的研究,其中只有少量的理论分析,如:王定祥等(2009)探讨了金融资本形成促进经济增长的内在作用机制;张若雪和袁志刚(2010)探讨了金融低效与技术创新能力不足的耦合对经济外部失衡的影响;易信和刘凤良(2015)建立内生增长模型,探讨金融发展对技术创新和产业结构转型的影响。其余更多的是进行多维度的经验分析,如探讨金融生态、金融中介、制度环境、金融结构等金融系统各方面的发展对技术创新的影响(张杰等,2012;王贞洁和沈维涛,2013;杨有才,2014;邵宜航等,2014;彭俞超,2015;徐浩等,2016)。从当前国内外的研究来看,关于金融与技术创新和经济增长的关系,正反两个方面都有一定数量的研究,但将两个方面的作用置于一个框架的研究还较少,尤其是对金融势力的掠夺作用的研究较少。基于此,本研究首先在统一的框架下构建金融效率、金融势力对技术创新的影响机制模型,进而使用中国省级区域数据进行实证分析,全面分析金融效率、金融势力对中国技术创新及结构的影响。

第三节　金融效率提升对企业技术创新促进机制理论模型

借鉴 Romer(1990)的内生增长模型,以及 Aghion and Howitt(1992)的垂直创新

模型,这里假设经济系统中存在四个部门:最终产品部门、中间品部门、创新部门和金融部门。四个部门共同使用系统中的 L 个劳动者。其中,金融部门为研发部门提供融资,进行技术创新;研发部门将创新出来的新生产技术出售给中间品部门,用来生产更高级的中间品;中间品部门将按照垄断价格将其出售给最终产品部门;最终产品部门按完全竞争价格向居民提供最终产品。下面是对模型的具体构建,首先假设居民有相同的跨时偏好函数:

$$U(y) = \int_0^{+\infty} y_t e^{-rt} \, \mathrm{d}t \qquad\qquad (7-1)$$

其中,y_t 是居民最终品消费数量,r 是居民对时间的偏好,为简化分析这里等于利率。最终产品部门的生产函数为:

$$y_t = A_t x_t^{\alpha} \qquad\qquad (7-2)$$

其中,$0 < \alpha < 1$ 表示边际产出递减。这里的下标 t 不是时间,而是指第 t 代技术,当第 $t+1$ 代技术被使用后,第 t 代技术将会被完全取代,即 Schumpeter 所谓的"创造性毁灭"。借鉴 Aghion and Howitt(1992)的垂直创新模型,第 $t+1$ 代比第 t 代技术有更高的生产力,为简化分析,这里假设每次更新所带来的生产力提高幅度是相同的,即:

$$A_{t+1} = \beta A_t \qquad\qquad (7-3)$$

其中,$\beta > 1$ 表示技术代际之间的增长幅度。若把最终产品作为一般等价物,那么,中间品的价格为其边际产出,应为:

$$p_t = \alpha A_t x_t^{\alpha-1} \qquad\qquad (7-4)$$

为简化分析,这里假设 1 单位劳动可以生产 1 单位中间品,若中间品部门劳动的工资为 w_t,那么中间品部门将会选择最优的产出,使其利润最大化,即:

$$\pi_t = \max_{x_t}(p_t x_t - w_t x_t) \qquad\qquad (7-5)$$

将(7-4)式的价格函数代入(7-5),优化后可得:

$$x_t = \left(\frac{\alpha^2 A_t}{w_t}\right)^{\frac{1}{1-\alpha}} \qquad\qquad (7-6)$$

$$\pi_t = w_t \frac{1-\alpha}{\alpha} \left(\frac{\alpha^2 A_t}{w_t} \right)^{\frac{1}{1-\alpha}} \qquad (7-7)$$

创新部门在进行持续不断的创新,在第 t 代技术创造出后,创新部门会把这一技术卖给一个垄断者进行中间品的生产,之后再进行第 $t+1$ 的研发,那么第 t 代技术的价值取决于 $t+1$ 代技术出现之前中间品部门可获得的垄断利润。若创新部门使用 n_t 的人进行研发,这里假设创新的抵达速度服从一个参数为 λn_t 的泊松分布,那么,第 $t+1$ 代技术的等待时间 T 服从一个指数分布:

$$F(T) = 1 - e^{-\lambda n_t T} \qquad (7-8)$$

其密度函数为:

$$f(T) = \lambda n_t e^{-\lambda n_t T} \qquad (7-9)$$

那么在第 t 代技术完成后,创新部门投入 n_t 的研发人员开发 $t+1$ 代技术,第 t 代技术可获得的期望利润的现值为:

$$V_t = \int_0^{+\infty} \pi_t e^{-rT} \lambda n_t e^{-\lambda n_t T} \mathrm{d}T \qquad (7-10)$$

(7-10)式也就是第 t 代技术的价值,由于第 t 代技术是第 $t-1$ 期研发人员所开发的,所以这就是第 $t-1$ 期研发人员可获得的全部收益,将(7-7)式的利润函数带入(7-10),可得:

$$V_t = \frac{w_t \frac{1-\alpha}{\alpha} \left(\frac{\alpha^2 A_t}{w_t} \right)^{\frac{1}{1-\alpha}}}{r + \lambda n_t} \qquad (7-11)$$

其中 r 为贴现率,由于创新部门的收益要滞后一期才能实现,所以创新部门需要向金融部门融资来进行技术开发。借鉴 King and Levine(1993)的处理方法,这里假设有一个先验的概率 ϕ,一个研发人员可以以概率流 λ 进行创新,同时在 $1-\phi$ 的概率下不创造任何价值。若金融部门甄别一个研发人员类型的成本为 c(用劳动来衡量),甄别后,金融部门只对有创新能力的人员进行支持,即在 $t-1$ 期,金融部门支持的研发人员数目是 ϕn_{t-1}。但是由于有限信息和有限理性的存在,金融部门在甄别时也存在误判的问题,这里假设金融部门甄别的准确率为 p,则 p 代表着金融部门的甄别效率。那么金融部门支持的研发人员中实际上有研发能力的人数为 $p\phi n_{t-1}$,根据泊松分布,创新的实际抵达率为 $p\phi\lambda n_{t-1}$,即可获得的创新的期望价值是 $p\phi\lambda n_{t-1}V_t$。此时,金融部门总的识别成本为 $cn_{t-1}w_{t-1}$,而创新部门实际支付的总工资为 $\phi n_{t-1}w_{t-1}$。这里假设金融部门存在一定的市场势力,按照成本加成的方式对资金进行定价,即金融部门对资金的要价为 $c(1+\Delta)n_{t-1}w_{t-1}$,在此条件下,创新部门的均衡应满足:

$$c(1+\Delta)n_{t-1}w_{t-1}+\phi n_{t-1}w_{t-1}=p\phi\lambda n_{t-1}V_t \tag{7-12}$$

将(7-11)式代入(7-12)式可得:

$$\left(\frac{\alpha^2 A_t}{w_t}\right)^{\frac{1}{1-\alpha}}=\frac{\left(1+\dfrac{c(1+\Delta)}{\phi}\right)(r+\lambda n_t)}{p\lambda\left(\dfrac{1}{\alpha}-1\right)}\frac{w_{t-1}}{w_t} \tag{7-13}$$

根据(7-3)式,每次技术创新会是 A_t 扩大 β 倍,那么总产出及相应的工资水平也会扩大 β 倍,即:

$$\frac{w_t}{w_{t-1}}=\beta \tag{7-14}$$

将(7-14)式代入(7-13),以及联立(7-6)式可得:

$$x_t=\frac{\left(1+\dfrac{c(1+\Delta)}{\phi}\right)(r+\lambda n_t)}{\beta p\lambda\left(\dfrac{1}{\alpha}-1\right)} \tag{7-15}$$

系统中的总人口为 L,创新部门中使用 n_t;金融部门使用 $c(1+\Delta)n_t$,其中 $c\Delta n_t$ 部分是由于金融部门的市场势力造成的损耗;中间品部门使用 x_t。那么均衡时应满足:

$$x_t+n_t+c(1+\Delta)n_t=L \tag{7-16}$$

将(7-15)式代入(7-16)式,可得:

$$n_t=\frac{\beta p\lambda L\left(\dfrac{1}{\alpha}-1\right)-\left(1+\dfrac{c(1+\Delta)}{\phi}\right)r}{\beta p\lambda\left(\dfrac{1}{\alpha}-1\right)(1+c(1+\Delta))+\lambda\left(1+\dfrac{c(1+\Delta)}{\phi}\right)} \tag{7-17}$$

由(7-8)式可知,经济系统技术创新速度与研发人员数量 n_t 是正相关的,因此要对技术创新进行影响因素分析,只需研究 n_t 与各参数的关系即可。从(7-17)式可知,影响 n_t 变化的共有四类九个参数,分别是:金融部门四个(甄别成本 c,代表着金融部门的经营效率;市场势力 Δ,代表着金融部门对实体部门的利益攫取能力;甄别准确率 p,代表着金融部门的甄别能力和甄别效率;贴现率 r,代表着金融市场基准利率水平);创新部门三个(技术进步的代际幅度 β,研发人员的工作效率 λ 和技术开发成功的概率 ϕ);最终产品部门一个(生产部门的生产率 α);第四类是系统环境,这里只有人口规模 L 一个参数。下面逐个分析各参数对技术创新的影响。

首先分析金融部门对技术创新的影响,通过对(7-17)式的分析可知:

$$\frac{dn_t}{dc}=-\frac{\frac{r(1+\Delta)}{\phi}\left[\beta p\left(\frac{1}{\alpha}-1\right)(1+c(1+\Delta))+\left(1+\frac{c(1+\Delta)}{\phi}\right)\right]+(1+\Delta)\left[\beta p\left(\frac{1}{\alpha}-1\right)+\frac{1}{\phi}\right]\left[\beta p\lambda L\left(\frac{1}{\alpha}-1\right)-\left(1+\frac{c(1+\Delta)}{\phi}\right)r\right]}{\lambda\left[\beta p\left(\frac{1}{\alpha}-1\right)(1+c(1+\Delta))+\left(1+\frac{c(1+\Delta)}{\phi}\right)\right]^2}<0$$

(7-18)

$$\frac{dn_t}{d\Delta}=-\frac{\frac{rc}{\phi}\left[\beta p\left(\frac{1}{\alpha}-1\right)(1+c(1+\Delta))+\left(1+\frac{c(1+\Delta)}{\phi}\right)\right]+c\left[\beta p\left(\frac{1}{\alpha}-1\right)+\frac{1}{\phi}\right]\left[\beta p\lambda L\left(\frac{1}{\alpha}-1\right)-\left(1+\frac{c(1+\Delta)}{\phi}\right)r\right]}{\lambda\left[\beta p\left(\frac{1}{\alpha}-1\right)(1+c(1+\Delta))+\left(1+\frac{c(1+\Delta)}{\phi}\right)\right]^2}<0 \quad (7-19)$$

$$\frac{dn_t}{dp}=\frac{\beta p\lambda\left(\frac{1}{\alpha}-1\right)\left[L\lambda\left(1+\frac{c(1+\Delta)}{\phi}\right)+(1+c(1+\Delta))\left(1+\frac{c(1+\Delta)}{\phi}\right)r\right]}{\left[\beta p\lambda\left(\frac{1}{\alpha}-1\right)(1+c(1+\Delta))+\lambda\left(1+\frac{c(1+\Delta)}{\phi}\right)\right]^2}>0$$

(7-20)

$$\frac{dn_t}{dr}=-\frac{1+\frac{c(1+\Delta)}{\phi}}{\beta p\lambda\left(\frac{1}{\alpha}-1\right)(1+c(1+\Delta))+\lambda\left(1+\frac{c(1+\Delta)}{\phi}\right)}<0 \quad (7-21)$$

从金融部门来看,c 是甄别成本,代表着金融部门的内部经营效率,经营效率越

高则 c 越低,所转嫁给创新部门的融资成本就会越低,因此技术创新与经营效率正相关(c 与经营效率负相关);金融部门的市场势力 Δ 越大则其从创新部门攫取的创新成果就越多,这样创新部门的创新激励就会越小,因此金融市场势力与技术创新负相关;甄别效率 p 越高则创新部门的实际研发效率就会越高,创新的期望收益也就越高,创新激励就会越强,因此甄别效率 p 与技术创新正相关;创新价值是未来利润流的一个贴现值,贴现率 r 越高则创新价值就会降低,因此技术创新与贴现率 r 负相关。综上可得命题 1:

命题 1:给定其他条件,技术创新与金融部门经营效率和甄别效率正相关;与金融部门的市场势力、金融市场的贴现率负相关。

下面分析创新部门自身的因素对技术创新的影响,由(7-17)式可得:

$$\frac{\mathrm{d}n_t}{\mathrm{d}\beta}=\frac{p\lambda\left(\frac{1}{\alpha}-1\right)\left(1+\frac{c(1+\Delta)}{\phi}\right)\left[\lambda L+r(1+c(1+\Delta))\right]}{\left[\beta p\lambda\left(\frac{1}{\alpha}-1\right)(1+c(1+\Delta))+\lambda\left(1+\frac{c(1+\Delta)}{\phi}\right)\right]^2}>0 \qquad (7-22)$$

$$\frac{\mathrm{d}n_t}{\mathrm{d}\lambda}=\frac{\left(1+\frac{c(1+\Delta)}{\phi}\right)r}{\lambda^2\left[\beta p\left(\frac{1}{\alpha}-1\right)(1+c(1+\Delta))+\left(1+\frac{c(1+\Delta)}{\phi}\right)\right]}>0 \qquad (7-23)$$

$$\frac{\mathrm{d}n_t}{\mathrm{d}\phi}=\frac{\beta\lambda pc(1+\Delta)\left(\frac{1}{\alpha}-1\right)(r(1+c(1+\Delta))+\lambda L)}{\phi^2\left[\beta p\lambda\left(\frac{1}{\alpha}-1\right)(1+c(1+\Delta))+\lambda\left(1+\frac{c(1+\Delta)}{\phi}\right)\right]^2}>0 \qquad (7-24)$$

由(7-22)(7-23)和(7-24)可知,n_t 与 β 正相关,与 λ 正相关,与 ϕ 正相关。本模型是垂直技术创新模型,参数 β 代表的是技术创新的代际幅度,β 越大,则新一代技术带来的生产率提高就越多,那么新技术的价值就越大,创新部门的收入就越高,从而会吸引更多的研发人员进入创新部门,继而提高创新速度。参数 λ 代表研发人员的研发效率,在研发人员一定的情况下,研发效率的提高可以自然地提高创新速度;另外,由于 λ 的提高会相应提高研发人员的收入,从而可以吸引更多的研发人员进入创新部门,促进创新速度的提升。参数 ϕ 反映的是不确定条件下,创新项目先天的成功概率,ϕ 越大则创新的预期价值就越大,进行创新的研发人员就会越多,创新的速度就会越快。综上可得命题 2：

命题 2：给定其他条件，技术创新与技术创新代际幅度正相关，与研发效率正相关，与创新项目成功的概率正相关。

从生产部门来看：

$$\frac{\mathrm{d}n_t}{\mathrm{d}\alpha} = -\frac{\beta p\lambda\left(1+\frac{c(1+\Delta)}{\phi}\right)\left[\lambda L+r(1+c(1+\Delta))\right]}{\alpha^2\left[\beta p\lambda\left(\frac{1}{\alpha}-1\right)(1+c(1+\Delta))+\lambda\left(1+\frac{c(1+\Delta)}{\phi}\right)\right]^2}<0 \quad (7-25)$$

代表要素生产率的参数 α 与 n_t 负相关，这是因为在总人口一定的条件下，生产部门与创新部门之间存在竞争关系，生产部门的效率提高会相应提高其从业人员的收入，这样就会吸引创新部门的劳动者进入，从而降低技术创新的速度。综述可得命题 3：

命题 3：给定其他条件，技术创新与生产部门的劳动生产率负相关。

最后一个影响因素是系统人口 L，由(7－17)式可得：

$$\frac{\mathrm{d}n_t}{\mathrm{d}L} = \frac{\beta p\left(\frac{1}{\alpha}-1\right)}{\beta p\left(\frac{1}{\alpha}-1\right)(1+c(1+\Delta))+\left(1+\frac{c(1+\Delta)}{\phi}\right)}>0 \quad (7-26)$$

人口的增加，一方面可以扩大市场规模，从而提高创新项目的市场价值；另一方面可以增加创新部门的研发人员，因而提升创新速度。综上可得命题 4：

命题 4：给定其他条件，技术创新与人口规模正相关。

第四节　中国金融效率提升促进企业技术创新实证检验

一、变量选取与数据说明

关于技术创新，可以从投入和产出两个维度进行衡量。投入方面，从《中国科技统计年鉴》上的指标来看，我国规模以上企业的科技活动投入有四个指标，分别是：R&D 经费支出、新产品开发经费支出、技术获取经费支出和技术改造经费支出。将这四项指标加总可以得到区域科技活动经费总支出,以作为实证分析的一个因变量 *innoput*,另外这四项支出的比例关系可以作为创新结构做进一步深入分析时使用。技术创新的产出方面,可以用专利来代表,从统计数据上看专利授权分为三类:发明专利、实用新型专利和外观设计专利。这里使用三项加总的专利授权总量作为另一个因变量 *innoout*。

实证分析的核心解释变量是金融效率与金融势力,金融效率是一个综合性较强的概念,从层次上看可以分为宏观效率、微观效率和市场效率。根据数据的可得性,这里从两个维度进行测度,一是储蓄动员效率。在测算上,把金融部门从业人员(L)和资本存量(K)作为金融部门的两个投入要素,把社会融资规模作为金融部门的产出,用 DEA 方法测算出金融部门的全要素生产率,作为解释变量 *eff*1。其中,资本存量采用通用的永续盘存法进行测算:

$$K_t = I_t + (1-\delta)K_{t-1} \qquad\qquad (7-27)$$

基期的资本存量则借鉴朱平芳(2014)的测算方法:

$$K_0 = \frac{I_0}{g+\delta} \qquad\qquad (7-28)$$

其中,g 为样本前期投资的年均增长率,这里取 5%;δ 为折旧率,这里取 15%。根据数据的可得性,这里把 2003 年作为基期。

另一个效率是金融配置效率,用区域 GDP 与社会融资规模的比值来衡量,作为解释变量 *eff*2。金融势力是指金融部门对实体经济的利益攫取能力,这里取金融业人均增加值来测度,将其作为解释变量 *fpow*。其他的控制变量还有区域 R&D 人员全时当量($R\&DP$),用以控制研发效率的影响;区域人均国内生产总值($GDPP$),用以控制区域需求因素对创新的影响;出口($Export$)占 GDP 的比重,用以控制对外经济联系的影响。另外,为全面了解金融市场对技术创新的作用,这里还需分析金融发展对技术创新的影响,金融发展用金融相关率(FIR)来测度,金融相关率用一个区域的股票市值、居民储蓄存款余额和保费收入这三项金融资产与 GDP 的比值来衡量。

关于数据来源,金融业增加值、金融业固定资产投资、金融业从业人员这三个指标来自《中国第三产业统计年鉴》;区域专利授权数、区域科技活动投入(包括 R&D、新产品开发、技术获取、技术改造)、区域 R&D 全时当量这些数据来自《中国科技统计年鉴》,其他指标包括区域 GDP、人口、出口等都来自中经网数据库和 Wind 数据库。由于《中国第三产业统计年鉴》的数据最早只能追溯到 2003 年,实证检验的实践段为 2003—2021 年,并且,当有些变量的时间较短时进行统一的截取。另外,由于西藏地区有较多的数据缺失,这里剔除西藏这一地区,仅仅对 30 个省级区域进行分析。

二、回归分析

(一) 金融发展对技术创新及结构的影响

面板数据的分析首先要对变量进行平稳性检验,这里采用 LLC 检验、Breitung 检验、Im-Pesaran 检验、Fisher-ADF 检验和 Fisher-PP 检验五种方法进行交叉检验,发现除 $innoput$ 和 $innoout$ 外,其他变量都是平稳的,但对二者取对数后就变得平稳了,因此回归分析中 $innoput$ 和 $innoout$ 采取对数形式,解释变量则采用水平形式。另外,经过检验,效率变量存在一定的内生性,同时还存在一定的异方差问题,因此这里采用 GMM 方法进行回归分析。另外,技术创新结构,从前端看是企业采取各类创新活动所形成的投入结构,从后端看则是各类创新成果的对比关系。从中国企业创新活动的实际情况来看,投入端主要包括四类行为:R&D、新产品开发、技术获取和技术改造。这里分析的技术创新结构指的就是创新的投入结构,分别为 R&D 支出在创新总投入中的比重($ratio_1$)、新产品开发在创新总投入中的比重($ratio_2$)、技术获取支出在创新总投入中的比重($ratio_3$)、技术改造在创新总投入中的比重($ratio_4$)。表 7-1 列出了区域金融发展对技术创新及结构的影响。

表 7 - 1　　金融发展对技术创新及结构的影响

解释变量	$\ln innoput$	$\ln innoout$	$ratio_1$	$ratio_2$	$ratio_3$	$ratio_4$
C	13.945*** (0.000)	7.864* (0.089)	0.233*** (0.000)	0.250*** (0.000)	0.051*** (0.000)	0.464*** (0.000)
FIR	0.055** (0.014)	0.043*** (0.000)	−0.013*** (0.000)	0.004** (0.014)	0.005* (0.065)	0.008** (0.002)
$R\&DP$	7.95e-06*** (0.000)	9.57e-06*** (0.000)	1.88e-07** (0.010)	2.96e-07*** (0.000)	−2.41e-07*** (0.000)	−2.44e-07*** (0.006)
$GDPP$	0.138*** (0.000)	0.190*** (0.000)	0.029*** (0.000)	0.013*** (0.000)	−0.001 (0.692)	−0.043*** (0.000)
$Export$	0.297* (0.098)	0.398* (0.060)	−0.151*** (0.000)	0.026 (0.256)	0.117*** (0.000)	0.010 (0.799)
$K\text{-}P\ rk\ LM$	9.661 (0.008)	9.661 (0.008)	9.661 (0.008)	9.661 (0.008)	9.661 (0.008)	9.661 (0.008)
$K\text{-}P\ rk$ $Wald\ F$	1 126.504	1 126.504	1 126.504	1 126.504	1 126.504	1 126.504
$Hansen\ J$	0.470 (0.493)	0.050 (0.823)	0.195 (0.658)	1.892 (0.169)	0.099 (0.753)	0.013 (0.910)

注:*、**和***分别表示参数估计在10%、5%和1%水平上显著,下同。

　　内生变量的工具变量,这里选取其自身的滞后项,GMM 回归中,首先要对工具变量进行不可识别检验、弱工具变量检验和过度识别检验。在随机扰动项存在异方差的条件下不可识别检验使用 $K\text{-}P\ rk\ LM$ 统计量,弱工具变量检验使用 $K\text{-}P\ rk$ $Wald\ F$ 统计量,过度识别检验则使用 $Hansen\ J$ 统计量。从表 7 - 1 的检验结果看,三个回归中 $K\text{-}P\ rk\ LM$ 统计量的 P 值都低于 1%,因此强烈拒绝不可识别。Stock 和 Yogo 给出了名义检验水平为 5% 的 $Wald$ 检验的临界值,实际显著水平不超过 10% 的临界值是 19.93,实际显著水平不超过 15% 的临界值是 11.59。从表中的检验结果的 $K\text{-}P\ rk\ Wald\ F$ 统计量可以看出,实际显著水平都不超过 15%,可以认为不存在弱工具变量问题。最后从过度识别的 $Hansen\ J$ 检验来看,不存在过度识别问题。

　　从表 7 - 1 的回归结果可以发现,区域金融发展——这里用的是金融深化的金融相关率指标,对区域技术创新的投入和产出都有显著的促进作用,这表明我国金融业的发展对技术创新总体上有积极的推动作用。从结构上看,金融发展对技术创新的支持有显著的结构性差异,对 R&D 比重有显著的负作用,对技术改造比重的提升作用最大,其次是技术获取,对新产品开发比重也有较弱的提升作用。这表明我国金融系统的风险包容性较低,对高风险的 R&D 活动和新产品开发活动的支持力度远远低于低风险的技术获取和技术改造。另外,从其他变量的影响来看,研发效率的提高能够推动区域创新投入的增加,尤其是对高风险的 R&D 活动和新产品开发活动有积极的作用;区域人均产出的增加能够增强区域创新风险承担能力,同时对创新也会产生较强的需求拉动作用,因此也能推动创新的开展;企业出口过程中产生的学习机制、竞争机制和互补机制能够推动企业进一步开展技术创新,因此区域出口规模的增长能够显著地推动区域技术创新投入的增加,但更多的是增加技术获取的投入。

(二) 金融效率对企业技术创新影响的整体性检验

下面检验金融效率对技术创新的整体性影响,这里技术创新是从投入的角度来衡量的,回归方法与前面相同,表 7-2 是回归结果。

表 7-2　金融效率技术创新关系整体性检验

解释变量	ln *innoput*	ln *innoput*	ln *innoput*
C	12.521*** (0.000)	13.042*** (0.000)	14.048*** (0.000)
$eff1$	1.078 (0.043)		
$Eff2$		0.165*** (0.003)	
$fpow$			−0.007 (0.003)
$R\&DP$	7.50e-06*** (0.000)	6.23e006*** (0.000)	8.68e-06*** (0.000)
$GDPP$	0.174 (0.000)	0.151** (0.000)	0.192*** (0.000)

解释变量	ln *innoput*	ln *innoput*	ln *innoput*
Export	0.306 (0.518)	0.874 (0.044)	0.268 (0.026)
K-P rk LM	15.758 (0.000)	20.300 (0.000)	76.113 (0.000)
K-P rk Wald F	17.595	17.535	694.949
Hansen J	0.002 (0.9687)	0.011 (0.9175)	1.110 (0.2921)

从表7-2的回归结果可以发现,储蓄动员效率和配置效率的提高对区域技术创新有显著的推动作用,而金融市场势力的提高对技术创新则有显著的抑制作用。从具体的指标构建来看,储蓄动员效率实质上反映的是融资成本问题,能力越强,表明在金融部门一定的人员和资本投入下可以融通更多的社会资本,融资成本的下降则可以拓展技术创新的融资空间,因此会有更多的技术创新投入。配置效率反映的是单位融资推动的 GDP 规模,资金使用越高效的部门进行技术创新的倾向就越大,因此配置效率与技术创新有较强的正相关关系。金融势力反映的是金融机构的盈利能力,由于金融机构本身并不创造财富,其盈利来源于实体经济的利润转移,若金融机构的市场势力过强,则会将过多的实体经济利润转移至金融部门,这就会对实体经济造成一种掠夺,将会阻碍实体经济的创新与发展。从我国近年来屡屡发生的融资难来看,实体经济的资金短缺已成为常态,在这种情况下金融部门的所谓的"盈利能力"增强就较多的是对实体经济的利润剥夺。

(三) 金融效率对技术创新结构的差异性影响

技术创新结构,由于这里采用的是投入结构,因此在本质上反映了技术创新投入的风险结构,R&D 支出、新产品开发支出、技术获取支出和技术改造支出,在风险上是依次递减的。下面就是检验金融效率对各类不同风险的技术创新活动的影响有何差异,表7-3是回归分析的结果。

表 7 - 3　金融效率对技术创新结构的影响

解释变量	$ratio_1$	$ratio_2$	$ratio_3$	$ratio_4$	$ratio_1$	$ratio_2$	$ratio_3$	$ratio_4$	$ratio_1$	$ratio_2$	$ratio_3$	$ratio_4$
C	0.074 (0.387)	0.108 (0.120)	0.151*** (0.001)	0.659*** (0.000)	0.282*** (0.000)	0.345*** (0.000)	0.045*** (0.004)	0.327*** (0.000)	0.220*** (0.000)	0.237*** (0.000)	0.058*** (0.000)	0.482*** (0.000)
$eff1$	0.121* (0.060)	0.107** (0.038)	-0.077** (0.024)	-0.148* (0.095)								
$eff2$					-0.009* (0.069)	-0.017*** (0.000)	0.001 (0.580)	0.025*** (0.001)				
$fpow$									0.001*** (0.000)	0.001*** (0.000)	-0.004*** (0.002)	-0.001*** (0.000)
R&DP	1.72e-07 (0.177)	2.21e-07** (0.020)	-1.99e-07** (0.003)	-1.86e-07 (0.240)	3.51e-07*** (0.000)	4.96e-07*** (0.000)	-2.65e-07*** (0.000)	-5.84e-07*** (0.000)	1.84e-07** (0.017)	2.29e-07*** (0.000)	-2.24e-07*** (0.000)	-1.95e-07** (0.043)
GDPP	0.031*** (0.000)	0.020*** (0.000)	-0.003 (0.140)	-0.047*** (0.000)	0.023*** (0.000)	0.012*** (0.000)	-0.001 (0.879)	-0.035*** (0.000)	0.017*** (0.000)	0.007*** (0.008)	0.003** (0.030)	-0.028*** (0.000)
Export	0.154** (0.005)	0.023* (0.060)	0.116*** (0.000)	0.011 (0.866)	0.187*** (0.000)	-0.042 (0.195)	0.124*** (0.000)	0.105* (0.053)	0.150*** (0.000)	0.025 (0.298)	0.116*** (0.000)	0.008 (0.851)
K-P rk LM	15.758 (0.000)	15.758 (0.000)	15.758 (0.004)	15.758 (0.004)	20.300 (0.000)	20.3000 (0.000)	20.300 (0.000)	20.300 (0.000)	76.113 (0.000)	76.113 (0.000)	76.113 (0.000)	76.113 (0.000)
K-P rk Wald F	13.595	13.595	13.595	13.595	17.535	17.535	17.535	17.535	694.949	694.949	694.949	694.949
Hansen J	0.156 (0.693)	0.024 (0.875)	0.689 (0.406)	0.015 (0.903)	0.114 (0.735)	0.994 (0.318)	0.056 (0.812)	0.447 (0.489)	0.004 (0.950)	0.044 (0.834)	0.273 (0.601)	0.120 (0.729)

　　表7-3回归方法与前面相同,从检验结果来看,这些回归中不存在不可识别、弱工具变量和过度识别问题。从各变量的影响来看,储蓄动员效率的提高对R&D、产品创新、技术获取和技术改造这四类创新结构的影响呈现逐次递减的情况,并且对R&D和产品创新比重的提高有正效应,对技术获取和技术改造比重的提高有负效应。这表明储蓄动员效率的提高会使金融系统有更强的风险包容性,这会使R&D和产品创新这些高风险创新投入的增长快于低风险的技术获取和技术改造投入的增长,因而储蓄动员效率的提高有助于区域创新结构的优化和高级化。从配置效率的影响来看,当配置效率提高时,资金首先是向短期效应明显、风险较低的技术改造和技术获取流动,然后再支持风险较大、周期较长的R&D和产品开发活动,因此配置效率就表现出对技术改造和技术获取比重提高有推动作用,对R&D和产品开发比重的提高有一定的抑制作用。最后从金融势力的影响来看,金融机构攫取能力的提高对技术改造和技术获取有显著的抑制作用,对R&D和产品开发有微弱的正向作用,相较而言抑制作用要大于促进作用,因而金融机构攫取能力的提高总体上表现为抑制技术创新。

(四)金融效率对技术创新影响的区域比较分析

　　我国区域经济发展不平衡,在金融发展和技术水平的差异尤为显著,因此金融效率、金融势力对技术创新的影响在区域上可能存在较大的差异,这里就需要做一个区域差异分析。依据国家统计局的划分,东部地区包括北京、上海等10个省(市);中部地区包括山西、安徽等6个省;西部地区包括内蒙古、重庆等12个省(市、自治区),由于数据缺,这里剔除西藏,因此剩余11个省(市、自治区);东北地区包括辽宁、吉林、黑龙江3个省。表6-4列出的就是区域差异影响,篇幅原因,这里仅仅给出了核心解释变量的回归系数,因变量为 ln *innoput*,回归方法与前面相同。

表 7 - 4　金融效率对技术创新影响的区域差异

	东部地区	中部地区	西部地区	东北地区
$eff1$	0.715* (0.052)	0.883* (0.074)	2.469* (0.086)	0.892* (0.076)
$eff2$	0.038** (0.011)	−0.145*** (0.006)	−0.228*** (0.000)	−0.137*** (0.008)
$fpow$	−0.023*** (0.000)	0.014*** (0.005)	0.019*** (0.000)	0.017*** (0.006)

从表 7 - 4 的比较可以发现,储蓄动员效率的提高对东部、中部、西部、东北地区技术创新投入都有显著的推动作用,但中部、东北地区,尤其是西部地区更为敏感,这实际上是这些地区金融资源匮乏和金融资源动员能力低下的一个表现,还处在边际效率快速递增的阶段。从金融势力的抑制作用来看,东部地区有显著的抑制作用,而其他地区则没有表现出抑制作用,这表明虽然东部地区金融业发达,金融资源丰富,但金融部门的市场势力更强,对实体经济也表现出更强的掠夺性。最后从配置效率来看,当配置效率提高时,东部地区会有更多的资金流入创新部门,而其他地区由于资金的匮乏,更多的是将资金用于其他部门,对技术创新没有起到推动作用。

(五) 稳健性检验

为检验回归结果的稳健性,这里从创新结果——区域专利授权量对技术创新重新度量进行回归分析,表 7 - 5 列出的是稳健性检验的结果。

表 7 - 5　稳健性检验

解释变量	ln $innoout$	ln $innoout$	ln $innoout$
C	6.746*** (0.000)	7.468*** (0.000)	7.774*** (0.000)
$eff1$	0.745* (0.063)		
$eff2$		0.043 (0.812)	

解释变量	ln *innoout*	ln *innoout*	ln *innoout*
fpow			-0.018^{***} (0.000)
R&DP	$6.64\text{e-}06^{***}$ (0.000)	$6.61\text{e-}06^{***}$ (0.001)	$8.47\text{e-}06^{***}$ (0.000)
GDPP	0.258^{***} (0.000)	0.247^{***} (0.000)	0.416^{***} (0.000)
Export	1.301^{***} (0.006)	1.240^{**} (0.035)	1.249^{***} (0.000)
K-P rk LM	11.487 (0.003)	21.312 (0.000)	27.392 (0.000)
K-P rk Wald F	13.715	12.635	100.519
Hansen J	0.335 (0.562)	0.001 (0.969)	0.133 (0.715)

从表 7-5 的检验结果看可以发现,储蓄动员效率和配置效率的提高对技术创新依然有推动作用,金融势力的提高对技术创新有抑制作用,这与前面的回归结果是一致的,略微不同的是配置效率的作用不显著。这是因为配置效率提升后资金首先配置的是低风险技术获取和技术改造这些创新活动,之后才是 R&D 和新产品开发,而专利的取得更多的是取决于后两种创新行为,因而这一作用在这里表现得不显著,这在本质上与前面的分析依然是一致的,因此可以认为回归分析结果是稳健的。

第五节　本章小结

对于技术创新而言,金融系统可以通过选择机制、监督机制、风险分散机制、人力资本积累机制等多种主体功能的发挥来选择优秀的创新项目、有效监督创新过程、分散创新风险、提升创新人员的人力资本,从而推动技术创新的开展。金融系统的主体功能效率——金融效率越高则对技术创新的推动作用就越大,然而随着金融系统的扩张,一方面金融系统本身的效率会下降,另一方面金融机构市场势力——金融势力的增强会使金融部门工资产生溢价,从而与实体经济争夺精英人才,造成人力资源从生产性部门转移到非生产性的金融部门。更为重要的是,金融势力的过强会造成对实体经济的掠夺,从而阻碍技术创新。本研究从金融效率、金融势力的双向作用出发,构建了金融发展对技术创新的影响机制模型,详细分析了金融部门的经营效率、甄别效率对技术创新的促进机制,同时也分析了金融势力对技术创新的阻碍作用。在理论分析的基础上,使用省级数据对中国的金融效率、金融势力对技术创新的影响进行了实证分析。研究发现:

第一,我国金融深化对技术创新整体上有推动作用,但金融系统的风险包容性较低。虽然我国私人信贷占 GDP 的比重较高,但金融深化对技术创新仍有积极的推动作用,没有进入"倒 U 型"曲线的右端。然而我国金融系统的风险包容性较低,对低风险的技术改造和技术获取支持力度要远远高于对高风险的 R&D 和新产品开发活动,这不利于我国技术创新结构的优化和升级。

第二,整体上金融效率对技术创新有积极的推动作用,金融势力则会阻碍技术创新,但二者对技术创新结构的影响也有显著的差异。省级数据的实证分析证实了金融效率、金融势力对技术创新双向作用的存在,同时也显示出影响上的结构性差异。具体来说,储蓄动员效率的提高能够增强金融系统的包容性,更有利于 R&D 和新产品开发活动;配置效率的提高则更有利于低风险的技术改造和技术获取;金融势力的增强对高风险创新活动阻碍作用不明显,对低风险的技术获取和技术改造有显著的负向作用。

第三,由于我国区域发展水平的非平衡性,金融效率、金融势力对技术创新的影响在区域间有较大差异。东部地区有充足的金融资源、发达的金融基础设施,但金融机构的市场势力也更强,因而金融势力对技术创新的阻碍作用要大于中西部地区;同样道理,金融效率对技术创新的推动作用在中西部地区尚处于边际报酬递增阶段,金融效率的提升对技术创新的积极推动作用在西部地区更为显著。

第四,从其他变量的影响来看,研发效率的提高能够推动区域创新投入的增加,尤其是对高风险的 R&D 活动和新产品开发活动有积极的作用;区域人均产出的增加能够增强区域创新风险承担能力,同时对创新也会产生较强的需求拉动作用,因此也能推动创新的开展;企业出口过程中产生的学习机制、竞争机制和互补机制能够推动企业进一步开展技术创新,因此区域出口规模的增长能够显著地推动区域技术创新投入的增加,但更多的是增加技术获取的投入。

基于这些研究与发现,为进一步提升我国金融系统对实体经济的服务功能,引导金融资源支持实体经济技术创新,优化技术创新结构,持续提升我国各区域技术创新能力,本章提供以下建议:

第一,增强金融系统的风险包容性,以金融结构的优化升级推动技术创新与结构的优化升级。加大银行体系中科技金融的建设力度,提升银行系统对技术创新风险的承受能力;加快多层次资本市场体系建设,提高直接融资比重,在为企业降杠杆的过程中提高其技术创新投资倾向;推动 VC、PE 及天使投资等风险包容性较高的创新创业投资市场。从根本上改变我国风险承受力较低的金融结构,从而推动技术创新结构进一步优化升级。

第二,多措并举提升金融系统对实体经济和技术创新服务的主体功能效率。加大金融基础设施的建设力度,积极运用以互联网、云计算、大数据等为基础的最新金融科技成果,对传统金融系统进行改造;有序推动 P2P、众筹、网络银行等新型金融业态发展,为中小企业等"长尾客户"提供有效的金融服务;深化国有金融机构管理体制创改革,提升经营效率。

第三,稳步推进金融市场化改革进程,适度控制金融机构市场势力。以新一轮的股权改革推动金融机构的深化改革,进一步消除金融系统的区域性、行业性壁垒;在金融风险可控的条件下,适度降低金融准入门槛,推动金融主体的市场竞争;进一步扩大金融开放,增强金融市场活力。

第八章　中国普惠金融发展与企业技术创新

第一节　普惠金融与企业技术创新

党的二十大报告指出,"从现在起,中国共产党的中心任务就是团结带领全国各族人民全面建成社会主义现代化强国、实现第二个百年奋斗目标,以中国式现代化全面推进中华民族伟大复兴"。在当前阶段,推进中国式现代化的总任务就是开创新发展格局,实现高质量发展,而加快实现高水平科技自立自强,则是推动高质量发展的必由之路。因此完善科技创新体系,促进以企业为主体的技术创新是实现高质量发展、推进中国式现代化的重中之重。技术创新,尤其是现代复杂性技术创新对金融的依赖性越来越高,因而高效有序的创新金融支撑体系必然是开放创新生态系统的一个重要组成部分。这一思想早在 Schumpeter(1934) 系统提出创新理论时就有所体现,他着重强调了金融在企业技术创新过程中的作用,指出银行家在某些时候甚至能够以社会的名义取代企业家实现技术创新。Hicks(1969) 在随后的研究中也指出新技术在市场化阶段需要稳定的金融支持,一个发展滞后、流动性不足的金融市场很难帮助企业完成技术创新。Levine(2004) 则系统地分析了金融市场在企业技术创新过程中具有五方面的促进作用:生产信息和配置资本、对企业的管理和监督、规避风险、动员和集聚储蓄、便利化产品和服务贸易。国际上大量实证研究表明发展良好的金融市场能够促进企业技术创新和经济增长(King and Levine, 1997;Meierrieks, 2015)。国内也有许多关于金融发展促进企业技术创新的理论和经验研究,如:中国金融结构优化、金融市场深化能够促进企业技术创新(千慧雄和安同良,2022);中国金融市场的发展能够促进产业结构升级和企业技术创新(易信和刘凤良,2015);数字金融的发展能够促进企业,尤其是中小企业的技术创新(唐松等,2020)。国内外众多的理论和经验研究都表明金融发展对企业技术创新有重要的支撑和推动作用。

　　然而金融发展并没有给予企业及其他主体平等的机会,相反,世界各国普遍存在着金融排斥现象,低收入者、弱势群体,以及中小微企业遭受严重的金融排斥,无法获得适当的金融服务(Conroy,2005)。世界银行(2014)的调查显示,世界上有20.5亿人无法获得正规金融服务,而且这些人主要集中于发展中国家。即使在发达国家,金融排斥也普遍存在。Carbo et al.(2010)对欧洲金融排斥的调查研究表明,在成年人中,遭受金融排斥的人口在意大利高达22.4%,葡萄牙为16.7%,金融业高度发达的英国金融排斥率也有10.6%。据FDIC(2014)的调查,2013年美国有7.7%的家庭没有银行账户,另外还有20%的家庭虽然有银行账户,但在银行体系之外还使用替代金融服务,这意味着美国的金融排斥率也非常高。从企业层面来看,Beck et al.(2005)对54个国家4 000多个企业的调查分析表明,中小微企业比大企业遭受融资约束的概率高30%,而且企业规模越小,受融资约束越严重。从中国的情况来看,据统计,90%以上的中小企业无法从正规金融机构获得商业贷款,融资难问题已经严重制约了中小企业的发展(李建军和张丹俊,2015);从融资规模占比来看,2014年末中小微企业获得的信贷余额仅占企业贷款余额的30.4%,与其60%以上的GDP贡献率不相称。近年来,随着普惠金融的推进,小微企业贷款比重有大幅提升,根据原中国银保监会的统计,2021年末全国小微企业贷款余额近50万亿元,占全国企事业贷款余额的比重约为40%,但仍有较大空间。另外,中国民营企业在融资过程中还遭受着附加的"所有制"歧视,融资难、融资贵现象较为突出(刘尚希等,2018)。在金融排斥下,中小微企业,尤其是民营企业技术创新活动较难有效开展。

　　面对普遍存在的金融排斥对经济增长和技术创新的阻碍,联合国于2005年倡导发展普惠金融,即立足机会均等和商业可持续的原则,以可负担的成本为社会各阶层提供有效的金融服务,这一号召迅速得到世界各国的响应。先后成立了普惠金融联盟(AFI)、普惠金融专家组(FIGE)、全球普惠金融合作伙伴组织(GPFI)等国际组织来协调和推进全球普惠金融的发展。中国普惠金融的发展可以追溯到20世纪80年代的扶贫贷款,到2013年十八届三种全会中央正式提出"发展普惠金融,鼓励金融创新",2015 年国务院出台了《推进普惠金融发展规划(2016—2020 年)》,普惠金融建设全面展开,中央多个部委以及地方政府都出台了相关配套政策,推进普惠金融的发展。根据中国人民银行统计,2018 年 12 月,金融机构发放小微企业普惠贷款累计1.22 万亿元,到 2022 年 6 月增加到 4.13 万亿元,增长了 2.39 倍。从经营主体来看,2018 年 12 月金融机构发放小微企业普惠贷款累计 1 815 万户,到 2022 年 6 月增加到 4 456 万户,增长了 1.46 倍。从数据上看,普惠金融发放贷款的规模和覆盖范围都有大幅提升,一定程度上缓解了小微企业融资难问题。从现有普惠金融对企业技术创新影响的研究来看,主要是多维度的实证检验(陈淑云和陶云清,2019;Li and Li,2022;刘京焕等,2022),缺少系统性的理论分析。基于此,本研究在 Aghion and Howitt(1992)垂直创新的框架下,引入创新者创新能力和自有资产异质性分布,成功将普惠金融参数纳入技术创新模型。系统分析金融机构市场势力、金融业市场效率、金融机构甄别能力等普惠金融作用参数对企业技术创新的影响机制,并使用中国省级面板数据检验普惠金融对企业技术创新推动作用的存在性,以及传导机制的畅通性,以期为进一步完善中国普惠金融体系,更好地推动金融服务实体经济,促进企业技术创新提供借鉴。

第二节　普惠金融对企业技术创新促进机制理论模型

借鉴 Aghion and Howitt(1992)垂直创新模型结构,假设经济系统被划分为四个部门:最终产品部门、中间品部门、创新部门和金融部门。系统一共有 L 个劳动者,这些劳动者既可以作为普通劳动要素投入中间品或金融部门,也可以作为创新者到创新部门进行研发活动。当劳动者作为创新者进行创新活动时,这里假设其创新能力 s 具有异质性,s 服从$(0,1)$上的均匀分布,即有 s 的概率创新者能够以概率流 λ 进行创新,有 $1-s$ 的概率不创造任何价值。另外假设劳动者的资产 a 也服从$(0,1)$上的均匀分布,这一假设在创新者进行融资时具有重要意义。经济系统四部门的具体运行过程如下:最终产品部门仅仅使用中间品作为投入要素进行最终消费品生产;中间品部门使用劳动和创新部门授权的中间品设计方案进行生产;创新部门使用劳动和从金融部门融到的资金进行技术创新;金融部门使用劳动和资本为创新部门提供融资服务。下面是对模型的具体构建,首先假设消费者具有相同的跨期偏好函数:

$$U(y) = \int_0^{+\infty} y_t e^{-rt} \, dt \tag{8-1}$$

其中,y_t 表示第 t 期最终品消费数量,r 表示消费者的纯时间偏好率,这里假设等于利率。最终产品的生产函数为:

$$y_t = A_t x_t^{\beta} \tag{8-2}$$

下标 t 表示的是使用第 t 代技术,x_t 表示第 t 代技术生产的中间品投入数量,A_t 则表示使用第 t 代技术时的生产率,$0<\beta<1$ 表示边际产出递减。当第 $t+1$ 代技术应用于生产之后,第 t 代技术将被完全取代,创新的"抢夺市场效应"是完全的,也即 Schumpeter 所讲的"创造性毁灭"。借鉴 Aghion and Howitt(1992)的设定,假设每次技术创新引致的生产率进步幅度是相同的,即:

$$\frac{A_{t+1}}{A_t} = \delta \tag{8-3}$$

其中,$\delta>1$ 为代际技术进步幅度。这里可把最终产品作为一般等价物,设其价格为1,那么第 t 代中间品价格应与其边际产品价值相等,即:

$$p_t = \beta A_t x_t^{\beta-1} \tag{8-4}$$

中间品部门使用劳动和创新部门的设计方案进行中间品生产,假设1单位劳动可以生产1单位中间品,且由于创新部门仅将产品设计方案授权给一个中间品厂商,因此中间品部门在其产品市场上是垄断者,面对(8-4)式的需求函数,中间品部门厂商会优化其产出,使其利润最大化,即:

$$\pi_t = \max_{x_t}(p_t x_t - w_t x_t) \tag{8-5}$$

其中,π_t 表示中间品厂商利润,w_t 表示中间品部门劳动者工资,这里暂时没有考虑中间品设计方案授权费的问题,在后面创新部门的描述中将具体讨论,但不影响这里的均衡结果。(8-4)式和(8-5)式联立可得优化后的结果为:

$$x_t = \left(\frac{\beta^2 A_t}{w_t}\right)^{\frac{1}{1-\beta}} \tag{8-6}$$

$$\pi_t = w_t \frac{1-\beta}{\beta}\left(\frac{\beta^2 A_t}{w_t}\right)^{\frac{1}{1-\beta}} \tag{8-7}$$

创新部门创新者需要投入 1 单位资金才可以进行创新活动,为简化分析,假设这1 单位资金创新者将全部向金融部门进行融资。根据前面的假设,创新者的创新能力和资产都是在(0,1)上的均匀分布,创新者的资产是显性的,因此金融部门可以观测到,创新能力则是隐性的,金融部门无法直接观测到,但金融部门知道创新者创新能力的分布,所以金融部门可以根据创新者的资产状况和平均创新能力对融资进行差别化定价,其定价公式为:

$$p_f = \kappa[\mu + (1-E(s))(1-a)] \tag{8-8}$$

其中,p_f 表示资本的单位价格;$1-a$ 表示金融部门资金风险暴露的部分,该部分损失的平均概率为 $1-E(s)$,金融部门要求对此风险的补偿为 $(1-E(s))(1-a)$;μ 是单位融资所需的固定成本,包括契约成本、甄别成本等;$\kappa>1$,在所有成本得到补偿后,金融部门采取成本加成的定价方法,κ 的大小反映了金融部门的市场势力。给定创新者的资产分布和创新能力分布,以及面临的融资条件,创新者参与创新的激励相容条件是:

$$sv_t - \kappa[\mu + (1-E(s))(1-a)] \geqslant w_t \tag{8-9}$$

(8-9)式整理后可得:

$$s \geqslant -\frac{\kappa(1-E(s))}{v_t}a + \frac{w_t + \kappa(1-E(s)+\mu)}{v_t} \tag{8-10}$$

其中,v_t 表示创新价值,由于创新部门是连续创新,第 t 技术的价值 v_t 由第 $t+1$ 技术出现之前中间品部门全部利润以专利授权费形式转移到创新部门。根据前面的假设,以及泊松分布与指数分布的关系,若参与第 $t+1$ 代技术开发的创新者有 n_t 人,那么第 $t+1$ 代技术的等待时间 T 服从指数分布,其密度函数为:

$$f(T) = \lambda n_t e^{-\lambda n_t T} \tag{8-11}$$

那么第 t 代技术的价值 v_t 为：

$$v_t = \int_0^{+\infty} \int_0^T \pi_t e^{-rt} \lambda n_t e^{-\lambda n_t T} \mathrm{d}t \mathrm{d}T \qquad (8-12)$$

将(8-7)式的利润函数代入(8-12)式,可得:

$$v_t = \frac{w_t \dfrac{1-\beta}{\beta} \left(\dfrac{\beta^2 A_t}{w_t}\right)^{\frac{1}{1-\beta}}}{r+\lambda n_t} \qquad (8-13)$$

根据创新能力 s 的分布,创新者资产 a 的分布,以及激励相容条件(8-10),可得创新者的人数为:

$$n_t = \int_0^1 \int_{\frac{\kappa(1-E(s))}{v_t}a+\frac{w_t+\kappa(1-E(s)+\mu)}{v_t}}^1 L\mathrm{d}s\mathrm{d}a = \left[1 - \frac{\kappa(1-E(s))}{2v_t} - \frac{w_t+\kappa\mu}{v_t}\right]L$$

$$(8-14)$$

每个创新者融资 1 单位,那么金融部门的利润为:

$$\pi_F = [\kappa[\mu+(1-E(s))(1-a)]-1] \times n_t \qquad (8-15)$$

均衡时劳动者在三部门的工资水平相等,因此金融部门能够容纳的劳动者数量为:

$$n_F = \frac{[\kappa[\mu+(1-E(s))(1-a)]-1] \times n_t}{w_t} \qquad (8-16)$$

同时三部门劳动者总人数为 L,因此,联立(8-6)(8-14)(8-16)三式有:

$$\left(\frac{\beta^2 A_t}{w_t}\right)^{\frac{1}{1-\beta}} + \left[1-\frac{\kappa(1-E(s))}{2v_t}-\frac{w_t+\kappa\mu}{v_t}\right]L + \frac{[\kappa[\mu+(1-E(s))(1-a)]-1] \times n_t}{w_t} = L$$

$$(8-17)$$

根据(8-17),可以求出均衡时的工资水平 w_t,即通过 w_t 的调节使得劳动力在中间品部门、劳动部门和金融部门的流动趋于平衡。(8-17)式为嵌套结构,无法给出显性解,但这不是本模型关注的核心问题,下面重点分析普惠金融对企业创新速度的影响机制。

根据模型结构,企业创新速度取决于创新部门能够且愿意获得融资开展研发活

动的创新者人数 n_t，而 n_t 的大小又受 β、A_t、λ、κ、r、μ、$1-E(s)$ 等参数的影响。下面首先分析普惠金融对金融部门相关的四个参数 κ、r、μ、$1-E(s)$ 的影响，进而分析普惠金融对企业技术创新的影响。根据普惠金融的内涵，其核心原则是在金融部门商业可持续的前提下，通过各种途径降低金融服务价格，提高金融服务覆盖率。首先分析 κ 的影响，由(8-14)式可得：

$$\frac{\partial n_t}{\partial \kappa} = -\frac{1-E(s)+2\mu}{2v_t}L < 0 \qquad (8-18)$$

即企业技术创新速度与 κ 负相关。κ 代表的是金融部门成本加成的大小，κ 越大，表明金融部门的市场势力越强，由于金融部门不直接创造财富，其所有收益都来自实体部门的转移，本模型中则来自创新部门的转移。κ 越大，创新者的创新价值被金融部门转移走的部分就越多，创新者的积极性就会越低。从(8-10)式的参与约束来看，κ 越大，参与约束的斜率越陡峭，且截距越高，那么就要求更高的 s 才会参与创新。另外，从(8-16)式来看：

$$\frac{\partial n_F}{\partial \kappa} = \frac{[\mu+(1-E(s))(1-a)]\times n_t}{w_t} > 0 \qquad (8-19)$$

即金融部门市场势力的增强会提高金融部门的利润水平，从而提高金融部门的实际工资，最终引致人力资本更多地流入金融部门，相对减少创新者的人数，从而降低企业创新速度。因此面对这种情况，普惠金融的推行就是要通过增强金融业行业内竞争及跨业竞争，降低金融机构的市场势力与金融服务价格，从而降低创新者融资成本，拓宽创新者参与约束；同时，可以降低金融部门超额利润，推动人力资本从金融部门向实体部门主要是创新部门回流，从而推动企业技术创新。综上可得命题1：

命题1：通过推动金融业同业竞争和跨业竞争等途径降低金融部门市场势力的普惠金融措施，可以降低创新者融资成本、缓解创新者融资约束，同时促进人力资本从金融部门向创新部门回流，从而促进企业技术创新。

下面分析参数 r 和 μ 对企业技术创新的影响机制。r 是贴现率，通过(8-13)式可知，创新价值 v_t 与贴现率负相关，即贴现率的上升会导致创新价值降低，要求具备更高创新能力 s 的创新者才会参与到创新部门，导致创新者人数减少，技术创新速度下降。参数 μ 是创新者融资时需要负担的与金融部门融资风险暴露无关的固定成本，μ 的上升会直接提高创新者融资成本，减少创新者创新价值剩余，从而降低创新者积极性，阻碍企业技术创新。整体来看，参数 r 和 μ 反映的都是金融系统运行效率，这两个参数过高或是金融基础设施效率低会导致固定成本过高，或是金融企业内部管控效率较低，抑或是金融业体制机制僵化。因此可以通过金融基础设施的建设和升级、深化金融企业尤其是国有金融企业改革、优化金融业体制机制等措施，提高金融业服务效率，降低金融服务成本，为普惠金融的推进奠定基础，促进企业技术创新。综上可得命题 2：

命题 2：通过加强金融基础设施建设、深化金融企业改革、优化金融业体制机制等措施奠定普惠金融的实施基础，可以提高金融企业效率和金融业市场效率，为降低创新者融资成本、缓解创新者融资约束拓展空间。

下面分析 $1-E(s)$ 对企业技术创新的影响。s 是企业创新能力的分布，$E(s)$ 是其平均值，而 $1-E(s)$ 在模型中是金融部门对创新者不创造任何价值的估计。这是由于金融机构与创新者之间关于创新能力存在信息不对称问题，而金融机构的甄别能力不足，或者甄别成本过高，导致无法识别每个创新者的真实创新能力，只能通过大数定数定律来覆盖其风险。而实际情况是，当金融机构给出（8-8）式的定价公式后，创新者会产生一个自选择过程，最终参与研发活动创新者的创新能力要满足（8-10）式条件，即获得融资的创新者样本是在 $[\tilde{s}, 1)$ 上的分布，其中 $\tilde{s}$ 是满足（8-8）式边界创新者的创新能力，因此按照整体分布估计创新者失败的概率 $1-E(s)$，明显高于实际的样本均值。这会产生两个不良的后果：一是会提高金融服务价格，将更高份额的创新价值转移到创新部门，降低创新者积极性；二是会提高创新者参与创新的边界值 $\tilde{s}$，导致参与创新的创新者人数下降，从而降低企业技术创新速度。因此，旨在提高金融机构甄别能力、降低甄别成本的普惠金融措施能够降低创新者融资成本，缓解融资约束，拓宽创新者参与技术创新的能力空间，最终促进技术创新。综上可得命题 3：

命题 3：提高金融机构甄别能力、降低甄别成本的普惠金融措施，能够降低创新者融资成本、缓解创新者融资约束、拓宽创新者参与空间，最终促进企业技术创新。

第三节　中国普惠金融发展促进企业技术创新实证检验

一、变量选取与数据来源

首先是核心解释变量区域普惠金融指数的测算,指标选取上借鉴范兆斌和张柳青(2017)的测算方法,从金融服务的地理渗透性、服务可得性和实际实用度三个维度,选取 6 个指标进行衡量,分别是:每平方公里金融机构数,用各省银行业金融机构营业网点数除以建成区面积表示;每平方公里金融业从业人员数,用各省金融业从业人员数除以建成区面积表示;每万人拥有金融机构数,用各省银行业金融机构营业网点数除以年末常住人口数表示;每万人拥有金融业从业人员数,用各省金融业从业人员数除以年末常住人口数表示;存款占 GDP 比重,用各省银行业金融机构各项存款年末余额除以 GDP 表示;贷款占 GDP 比重,用各省人民币各项贷款年末余额占GDP 比重表示。具体测算上借鉴 Sarma(2008)的方法,首先将各个指标标准化:

$$d_i = \frac{A_i - m_i}{M_i - m_i} \tag{8-20}$$

其中,d_i 表示第 i 个指标标准化后的数值,A_i 是该指标的实际值,M_i 和 m_i 分别表示该指标的最大值和最小值。由公式(8-20)的计算方法可知,$0 \leqslant d_i \leqslant 1$,且 d_i 越大表示一个区域在这个维度上的普惠金融发展程度越好。若从 n 个维度来衡量区域普惠金融发展程度,那么 n 维笛卡尔空间上的点 $D_i = (d_1, d_2, d_3, \cdots d_n)$ 就可以表示该区域普惠金融的实际发展情况。在 n 维空间上,点 $O = (0,0,0,\cdots 0)$ 表示普惠金融发展最差的位置,而点 $I = (1,1,1,\cdots 1)$ 则表示普惠金融在各个维度上发展都是最好的,因此一个区域的普惠金融发展指数,可以用该区域的 D_i 与点 I 之间的逆欧几里得距离来表示,即:

$$IFI_i = 1 - \frac{\sqrt{(1-d_1)^2 + (1-d_2)^2 + (1-d_3)^2 + \cdots + (1-d_n)^2}}{\sqrt{n}} \tag{8-21}$$

其中,IFI_i 表示区域 i 的普惠金融发展指数。技术创新可以从投入和产出两个维度来衡量,在基准检验中用区域 R&D 投入来测度,记作 *Inno*,在稳健性检验中用区域专利授权数来测度。另外,其他控制变量有:区域人均 GDP,控制需求因素在技术创新中的拉动作用,记作 *GDP-Per*;企业平均 R&D 全时当量,控制研发能力对技术创新的影响,记作 *R&D-Per*;出口占 GDP 比重,控制出口因素对技术创新的影响,记作 *Export*;为控制所有制因素对企业技术创新行为的影响,用规模以上国有及国有控股企业、私营企业、外资及港澳台资企业主营业务收入在区域规模以上企业中的占比来衡量,分别记作 *Ratio-State*、*Ratio-Private* 和 *Ratio-Foreign*。

关于数据来源,金融数据来自历年《中国金融年鉴》和 Wind 数据库,技术创新数据来自《中国科技统计年鉴》,GDP 数据、各区域建成区面积、出口数据、所有制结构数据等来自中经网和 CNKI 统计年鉴数据库。由于西藏地区数据缺失较多,所以剔除这一区域。另外由于各个指标可以获得的数据时间跨度长短不一,为保证数据的平衡性,这里选取的时间跨度为 2007—2019 年,最终形成的数据结构为 30 个省级区域 2007—2019 年的面板数据。

二、回归分析

根据理论分析结果以及可以获取的数据结构,下面首先检验中国省级区域普惠金融发展对企业技术创新的整体影响。大量研究结果表明企业 R&D 投入具有较强的惯性,即被解释变量具有自回归效应,同时 Wooldridge 检验结果也表明回归模型存在较强的序列相关问题。因此,这里需要将被解释变量的滞后项也作为解释变量,回归模型就成了动态面板模型,这里采用 GMM 方法进行回归,检验结果见表 8-1。

表 8-1　普惠金融对企业技术创新影响检验

解释变量	(1)	(2)	(3)
$L1.Inno$	0.552*** (0.008)	0.551*** (0.009)	0.549*** (0.008)
IFI	2.555*** (0.554)	2.263*** (0.501)	2.078*** (0.358)

（续表）

解释变量	(1)	(2)	(3)
GDP-Per	0.046^{**} (0.004)	0.047^{***} (0.004)	0.048^{***} (0.004)
R&D-Per	0.053^{**} (0.013)	0.044^{**} (0.010)	0.044^{**} (0.009)
Export	0.323^{***} (0.009)	0.324^{***} (0.009)	0.324^{***} (0.008)
Ratio-State	0.012[*] (0.007)		
Ratio-Private		−0.014[*] (0.005)	
Ratio-Foreign			−0.036 (0.062)
AR(2)	0.488	0.527	0.551
Sargan	0.544	0.494	0.497
N	330	330	330

注：*、** 和 *** 分别表示参数估计在 10%、5% 和 1% 水平上显著；小括号内为参数估计的标准误差；*AR(2)* 检验和 *Sargan* 检验报告的是对应的 *P* 值，下同，不再赘述。

从表 8-1 的回归检验来看，普惠金融指数 *IFI* 回归系数显著为正，即中国普惠金融的发展能够显著地促进企业 R&D 投入增加，从而促进企业技术创新。从普惠金融测度的具体结果来看，中国各省域普惠金融指数具有普遍上升的趋势。以北京为例，2007—2019 年每平方公里银行业经营网点数由 2.62 家上升到 3.11 家，每平方公里金融业从业人员数由 0.16 人上升到 0.37 人，每万人拥有银行业经营网点数由 2.01 家上升到 2.11 家，每万人拥有金融业从业人员数由 0.01 人上升到 0.03 人，存款余额占 GDP 比重由 3.82 上升至 4.84，贷款余额占 GDP 比重由 1.92 上升到 2.08，六个维度的普惠金融发展水平得到全面的提升。普惠金融发展水平较低的西部地区如青海、宁夏等除个别指标外，大部分维度的普惠金融发展水平都得到了提升。

从其他控制变量来看，*GDP-Per* 回归系数显著为正，这表明需求因素对技术创新有显著的拉动作用，也表明随着经济发展水平的提高，企业更加重视技术创新，创新作为经济增长的驱动因素变得越来越重要。企业平均 R&D 全时当量高的区域 R&D 投入也越高，这一方面由于 R&D 支出和 R&D 全时当量是企业技术创新的两项投入，本身就具有较强的相关性；另一方面，R&D 全时当量高的区域企业创新能力也相对较高，开展技术创新的积极性相应也会越高。出口对区域企业技术创新有显著的促进作用，这是由于出口过程中伴随着竞争效应、学习效应，以及知识的互补效应，这些效应能够提升企业的创新能力，并增强其创新意愿。从所有制结构的影响来看，国有企业仍是中国企业技术创新的主力军；私营企业由于受研发能力较弱、吸引创新人才困难、融资约束较强等因素制约，进行 R&D 活动的积极性较低，其世界首创、国内首创加总后的占比在三种所有制中是最低；外资及港澳台资企业的主要目的是开拓产品市场，R&D 投资的积极性不高（安同良等，2020；安同良和千慧雄，2021）。

三、稳健性检验

下面用各省专利授权数作为技术创新指标重新构建被解释变量对上述检验结果进行稳健性检验，其他变量保持不变，用 GMM 方法进行回归，检验结果见表 8-2。

表 8-2　稳健性检验

解释变量	(1)	(2)	(3)
L1. Inno	0.763*** (0.025)	0.764*** (0.035)	0.786*** (0.025)
IFI	1.181*** (0.315)	1.113*** (0.337)	0.912*** (0.277)
GDP-Per	0.071*** (0.011)	0.073*** (0.013)	0.062*** (0.011)
R&D-Per	0.144** (0.015)	0.143* (0.082)	0.122* (0.017)

解释变量	(1)	(2)	(3)
Export	0.038** (0.013)	0.039* (0.017)	0.054* (0.039)
Ratio-State	0.459*** (0.064)		
Ratio-Private		−0.311** (0.043)	
Ratio-Foreign			0.149 (0.122)
AR(2)	0.275	0.263	0.287
Sargan	0.488	0.485	0.489
N	330	330	330

从表 8-2 的稳健性检验来看，*IFI* 回归系数依然显著为正，即普惠金融的发展能够促进区域专利数的增长，即促进区域企业技术创新，与前面的分析完全一致。其他控制变量的回归结果也与前面基本一致，因此普惠金融对企业技术创新影响的检验结果具有稳健性。

四、传导机制检验

从理论分析过程来看，降低金融机构市场势力、提升金融机构甄别能力、提高金融业市场效率等普惠金融措施的实施，最终能够降低金融服务成本，提高金融服务覆盖率。从传导机制来看，可以通过三条路径促进企业技术创新。一是融资约束缓解机制，普惠金融首先能够提高金融服务的覆盖率，这就会提高创新企业，尤其是中小创新企业融资的可获得性，从而缓解其融资约束，为其技术创新提供更多的金融支持。二是融资成本降低机制，普惠金融在提高金融覆盖率的同时，会降低金融服务价格，即降低创新企业的融资成本，从理论模型分析可知，融资成本的降低会相对提高创新者的创新收益，从而拓宽创新空间。三是人力资本回流机制，普惠金融的实施会相对降低金融业的利润率，从而相对降低金融从业者的收入水平，这会促使人力资本从金融部门回流至实体经济部门,尤其是创新部门,从而促进企业技术创新。下面使用中国省级区域的经验数据对这三个传导机制进行检验。

(一) 融资约束缓解机制

融资约束缓解机制检验借鉴 Hoshi et al. (1991)的投资-现金敏感性方法,即如果普惠金融能够缓解企业的融资约束,那么普惠金融就应该能够降低企业的投资现金敏感性。投资变量用各省规模以上工业企业固定资产增量来表示,记作 $Invest$。现金没有直接的统计,这里构造一个现金近似物来表示,即用规模以上工业企业流动资产总额减去应收账款,再减去存货,记作 CF。另外还需要增加企业主营业务收入增长率,用于控制企业预期对投资的影响,记作 $Growth\ rate$,普惠金融、利率、所有制结构等其他控制变量的选取与前面相同。经检验被解释变量的滞后项对其有显著的影响,因此这里的回归模型依然是动态面板结构,采用 GMM 方法进行回归,检验结果见表8-3。

表8-3　融资约束缓解机制

解释变量	(1)	(2)	(3)
$L1.Invest$	-0.261*** (0.019)	-0.263*** (0.020)	-0.246*** (0.021)
IFI	4.497*** (0.763)	4.461** (0.802)	3.917*** (0.723)
$IFI*CF$	-0.504*** (0.083)	-0.501*** (0.088)	-0.439** (0.079)
CF	0.186*** (0.021)	0.199** (0.025)	0.186*** (0.021)
$Interest\ rate$	0.003** (0.001)	0.003** (0.001)	0.003** (0.001)
$L1.Growth\ rate$	0.036* (0.001)	0.004* (0.003)	0.005* (0.001)
$Ratio\text{-}State$	0.036** (0.019)		

（续表）

解释变量	（1）	（2）	（3）
Ratio-Private		-0.038^* （0.013）	
Ratio-Foreign			0.014 （0.007）
AR（2）	0.575	0.588	0.734
Sargan	0.764	0.770	0.824
N	330	330	330

从表 8 - 3 的回归结果来看,现金变量的回归系数显著为正,即企业投资是具有现金敏感性的,充裕的现金对企业投资有积极推动作用;普惠金融回归系数也为正,这表明普惠金融本身对企业投资有直接的推动作用;普惠金融与现金的交叉项,即 *IFI* * *CF* 的回归系数显著为负,这表明 *IFI* 能够降低 *CF* 的回归系数,即普惠金融能够降低企业投资的现金敏感性,融资约束缓解机制这一传导渠道是畅通的。从其他控制变量来看,利率系数显著为正,这表明中国企业投资具有顺周期特征,容易出现投资潮涌,进而导致产能过剩(林毅夫等,2010)。*L1. Growth rate* 系数显著为正,即前一期企业经营增长对下期投资具有显著促进作用,增长和投资具有正向反馈作用,这与顺周期投资具有相同的效应。从所有制结构的影响来看,私营企业受融资约束最为严重,国有及国有控股企业、外资及港澳台资企业基本不受融资约束影响,且国有企业依然是区域投资的主力。

（二）融资成本降低机制

融资成本降低机制的被解释变量融资成本取企业财务费用,记作 *Cost*,解释变量除普惠金融外,还需要控制企业债务规模,取规模以上工业企业年底债务总额,记作 *Debt*,其他控制变量与前面相同。由于企业经营的连续性,财务费用具有显著的惯性,其滞后项也作为解释变量,因此这里采用 GMM 方法进行动态面板的回归,结果见表 8 - 4。

表 8 - 4　融资成本降低机制

解释变量	(1)	(2)	(3)
L1. Cost	0. 604 *** (0. 038)	0. 585 *** (0. 044)	0. 682 *** (0. 046)
L2. Cost	0. 245 *** (0. 033)	0. 245 *** (0. 027)	0. 292 *** (0. 032)
IFI	−0. 088 (0. 512)	−0. 203 (0. 652)	−0. 327 (0. 557)
Debt	0. 125 ** (0. 058)	0. 124 * (0. 064)	0. 037 (0. 082)
Interest rate	0. 157 *** (0. 007)	0. 152 *** (0. 008)	0. 151 *** (0. 011)
Ratio-State	−0. 386 ** (0. 063)		
Ratio-Private		0. 584 *** (0. 055)	
Ratio-Foreign			−2. 049 *** (0. 362)
AR(2)	0. 109	0. 115	0. 107
Sargan	0. 116	0. 201	0. 158
N	330	330	330

从表 8 - 4 的回归结果可以发现, IFI 的回归系数为负, 但不显著, 这表明中国近年来大力推进普惠金融建设, 为中小企业纾困解难, 对缓解其融资约束做出较大贡献, 但融资成本没有显著下降, 解决中小企业"融资贵"问题的成效不显著。其中一方面原因是中小企业融资贵具有内生性, 中小企业由于自身资质问题, 融资风险高于大中型企业, 尤其是国有大中型企业, 金融机构为覆盖其融资风险, 势必会收取更高的融资价格。另一方面, 金融基础设施建设滞后, 尤其是征信体系建设覆盖面还不够, 中小微企业征信建设滞后, 导致金融机构无法对中小微企业风险状况做出准确评估, 为降低金融风险, 金融机构采取宁高勿低的策略, 最终导致普惠金融建设中融资成本

下降比较困难。所有制结构对区域融资成本的影响进一步印证了这一结论,即国有及国有控股企业、外资及港澳台资企业比重的上升都会降低区域融资成本,而私营企业比重的上升则会提高区域融资成本,这是由于中小微企业主要分布于私营企业,这些企业融资成本相对较高,而且下降困难。

(三) 人力资本回流机制

从理论分析可知,普惠金融的发展能够相对降低金融部门工资,这会促使金融部门人力资本回流至创新部门,从而促进技术创新,因此这一机制的传导是由普惠金融到工资,再到人力资本流动的中介效应。这里借鉴 Baron and Kenny(1986)提出的中介效应检验方法对人力资本回流机制进行检验:第一步检验普惠金融对相对工资的影响;第二步检验相对工资对人力资本流动的影响;第三步检验普惠金融和相对工资对人力资本流动的联合影响。关于变量的选取,相对工资取区域金融业从业人员平均工资除以 R&D 人员平均工资,记作 w;相对人口用区域金融业从业人员除以 R&D 全时当量,这是由于 R&D 人员没有完备的统计,但这一指标与 R&D 全时当量有稳定的线性关系,因此可以用 R&D 全时当量来代替,其他控制变量以及回归方法与前面相同,检验结果见表 8-5。

表 8-5　人力资本回流机制

解释变量	被解释变量		
	w	p	p
$L1.w$	0.975 *** (0.068)		
$L1.p$		0.514 *** (0.004)	0.493 *** (0.004)
w		0.418 ** (0.138)	0.588 *** (0.081)
IFI	−3.266 *** (0.742)		3.405 (2.547)
$GDP\text{-}Per$	0.008 * (0.006)	0.151 *** (0.013)	0.071 *** (0.014)

（续表）

解释变量	被解释变量		
	w	p	p
$Export$	0.024 (0.017)	−0.684** (0.047)	−0.565* (0.041)
$Ratio\text{-}State$	0.276*** (0.071)	0.062 (0.054)	−0.044 (0.049)
$AR(2)$	0.155	0.257	0.194
$Sargan$	0.711	0.113	0.105
N	330	330	330

从表 8-5 的回归结果可以发现,普惠金融的发展可以显著降低金融业从业人员的相对工资。从近年来中国融资结构的变化来看,根据中国人民银行公布的区域社会融资规模增量统计表可以发现,2011 年各类贷款占比为 82.39%,债券融资占比为 10.64%,非金融企业股票融资占比为 3.41%,到 2021 年,这三个数据分别为 55.6%、32.9%和 3.9%,即贷款在融资结构中的比重大幅下降,这缘于中国近年来多层次资本市场建设的不懈努力,以及推动金融科技发展,鼓励金融业态创新,推动跨部门竞争,降低了区域融资对单个金融业态的依赖程度,这对推动金融业利润和从业人员收入的合理下降具有积极作用。由第二个和第三个回归方程可以发现,w 的回归系数显著为正,IFI 的回归系数不显著,这表明,金融业相对工资的下降能产生人力资本回流的作用,且这一作用是完全通过相对工资变化这一中介变量来传导的,普惠金融的发展对人力资本回流没有直接效应。

第四节　本章小结

为缓解金融发展过程中普遍存在的"金融排斥"问题,中国及世界其他许多国家都在大力推进普惠金融,尤其是与金融科技相结合的数字普惠金融的发展,大量证据表明普惠金融能够进一步赋能实体经济,促进经济增长。由于经济增长的终极动力是技术创新,因此对普惠金融能否促进企业技术创新,以及其传导机制的研究就显得尤为重要。为此,本研究在垂直创新框架下,将企业创新能力和融资能力设定为异质性分布形式,构建普惠金融对企业技术创新的影响机制模型,在理论分析的基础上使用中国省级面板数据,构建普惠金融测算指数,对普惠金融能否促进中国企业技术创新,以及传导机制是否畅通进行检验。研究表明:

第一,从理论分析来看,普惠金融的发展能够促进企业技术创新,普惠金融促进企业技术创新的主要传导渠道有融资约束缓解机制、融资成本降低机制、人力资本回流机制。通过这些机制普惠金融能够提高金融服务的覆盖率,尤其是提升中小创新企业融资的可获得性,同时能够降低融资成本,进一步缓解创新者参与创新的能力约束,拓宽创新空间。

第二,从中国省级数据的经验分析来看,中国普惠金融的发展能够显著促进企业技术创新;普惠金融向企业技术创新传导的融资约束缓解机制和人力资本回流机制完全畅通,且人力资本回流机制是完全通过相对工资进行传导的,普惠金融对人力资本回流没有直接效应;中国普惠金融的发展没有显著降低企业的融资成本,即融资成本降低机制不完全畅通。

第三,中国省级的经验分析还表明,中国企业的 R&D 投资以及固定资产投资具有显著的顺周期特征,容易形成投资潮涌和产能过剩;需求对区域技术创新有显著的拉动作用;出口对企业技术创新有积极的推动作用;国有及国有控股企业依然是中国技术创新的主力军,私营企业受自身技术和资金等条件约束严重,创新积极性较低,外资及港澳台资企业的主要目的是利用资源和占领市场,创新积极性也不高。

基于这些研究和发现,为提升中国金融业服务实体经济效能,尤其是对企业技术创新的支撑力和加速器作用,为构筑创新文化和培育创新基因注入有益的金融因子,本研究建议:

第一,多维度推进普惠金融建设,尤其是大力发展数字普惠金融。提升金融业同业竞争以及跨业竞争水平,降低头部金融机构以及融资平台市场势力,发挥金融业市场竞争的普惠效应;深化国有及国有控股金融机构改革和金融业市场体制改革,提高金融企业效率和市场效率,为降低融资费用奠定基础;进一步完善贷款抵押品制度,适度扩大知识产权,以及其他非物质产权抵押规模,提升创新型小微企业资信水平;加强对创新型中小企业股权融资和债券融资的政策支持力度,发挥多层次资本市场的普惠作用;顺应数字经济发展大潮,用金融科技改造传统金融机构,在坚守金融风险底线条件下,大力推动数字金融产品和金融服务创新。

第二,疏通普惠金融促进企业技术创新的传导渠道,重点加强融资成本降低机制的建设。加强和完善社会信用体系建设,运用大数据、人工智能等新一代信息技术,打破"信息孤岛",构建完备的小微企业以及个人信用数据库;引导各级地方政府深耕基础,培育和辅助小微创新型企业,推动利率、担保费率等融资成本对其定向下降;营造人才立国、技术强国的文化氛围,创造条件引领青年人才树立钻研基础科学、创新报国的志向;提高科研技术人员相对收入,打破人才流动壁垒,促进人才由虚拟经济向实体经济尤其是创新部门的流转。

第三,继续发挥国有及国有控股企业技术创新的"主力军"作用,积极向关键技术、核心技术、"卡脖子"技术攻关;引导外资及港澳台资企业研发中心向中国境内转移,促进与国内企业的研发合作;在融资、税收、财政补贴等政策方面给民营企业平等条件,调动其创新积极性。鼓励出口企业和对外投资企业在产品贸易过程中更加注重人才和技术的交流,提升自身创新能力。提高居民可支配收入水平,发挥需求对技术创新的拉动作用。

结语：促进企业技术创新的中国
金融优化发展路径

经过改革开放 40 多年的发展，随着实体经济社会主义市场经济体系的建立与日趋完善，中国金融业由"大一统"的金融体系发展成为以中国人民银行为领导，国有商业银行为主体，城市信用合作社、农村信用合作社等吸收公众存款的金融机构，以及政策性银行等银行业金融机构，金融资产管理公司、信托投资公司、财务公司、金融租赁公司，以及经国务院银行业监督管理机构批准设立的其他金融机构，外资金融机构并存和分工协作的金融机构体系。中国金融监管体系经历了"大一统"金融体系下的监管缺位、中央银行初步确立下的综合监管、"一行三会"下的分业监管、"一行两会"下的功能监管，最终形成了中央金融委员会集中统一领导下的"一行一总局——一会"协同监管框架。经过利率市场化改革，中国形成了以公开市场操作（OMO）利率、中期借贷便利（MLF）利率、常备借贷便利（SLF）利率、贷款市场报价利率（LPR）、存款基准利率、超额准备金利率、上海银行间同业拆放利率（SHIBOR）、国债收益率等为核心的完备的市场化利率体系，通过货币政策工具调节银行体系流动性，在利率走廊的辅助下引导市场基准利率以政策利率为中枢运行，并通过银行体系传导至贷款利率，形成市场化的利率形成和传导机制（易纲，2021）。中国的汇率制度也从单一的固定汇率制度，盯住一篮子货币的固定汇率制度，双重汇率制度，以市场供求为基础的、单一的、有管理的浮动汇率制度，最终形成当前以市场供求为基础、参考一篮子货币调节、有管理的浮动汇率制度。

伴随着中国金融机构体系的日益完备和金融监管体系构建的不断优化，以及以市场为基础的利率形成制度、汇率形成制度等基本金融制度的确立，中国金融业本身也获得了长足发展，同时对中国企业技术创新形成了强有力的支撑。第一，金融市场彻底摆脱了"金融抑制"下的金融浅短状态,金融市场厚度、金融市场宽度和金融市场自由度三个维度的金融深化都获得大幅提升。且金融深化能够通过金融市场厚度增加、金融市场宽度拓展和金融市场自由度提升三个维度促进企业技术创新,金融深化促进企业技术创新的融资约束缓解机制、融资成本降低机制和融资效率提高机制三个传导渠道基本畅通。第二,以融资结构度量的中国金融结构,虽然当前还是以低风险的银行贷款为主,但相较于改革开放初期银行贷款占绝对主导地位的金融结构已有较大改善,且多层次资本市场体系建设的日趋完善、注册制改革的落地、新一轮金融科技创新催生的金融跨界融合,以及新型金融业态的兴起等都将进一步提高中国金融结构的风险包容性,从而提升中国金融结构与创新结构的适应性。第三,经过市场化改革,银行等金融机构成为独立的市场主体,银行间,以及银行与其他金融机构间的市场竞争日益激烈。且金融市场竞争的增强能够通过融资成本降低机制、融资约束缓解机制和人力资本回流机制三个渠道促进中国企业技术创新。第四,金融资产价格形成和金融资源的配置已由"计划指令"转型为以市场为供求关系为基础的市场调节方式。金融市场的储蓄动员、信息甄别、资源配置等效率都得到持续提升。且金融市场效率的提升能够通过降低企业融资成本、缓解企业融资约束等渠道促进企业技术创新。第五,起步于20世纪80年代扶贫贷款的中国普惠金融,近年来获得各级政府的大力推动,尤其是重视数字普惠金融的发展,从而使金融服务的可获得性、金融服务的覆盖面、金融服务价格的可负担性等各方面都获得较大程度的改善。普惠金融推进的过程中能够通过降低企业融资价格、缓解企业融资约束等途径拓展企业技术创新可能性空间,从而促进企业技术创新。

改革开放以来,面对国内外的技术差距,中国走了一条技术引进消化吸收再创新的技术追赶道路。当前我国的技术水平已经向世界技术前沿靠拢,甚至在某些领域处于领先水平,当前亟须解决的是关键技术、核心技术、"卡脖子"技术。加之国际上某些国家对中国进行技术封锁,因此继续依靠国外技术引进的道路已经走不通,这就需要实现高水平的科技自立自强。从生产系统来看,中国已经快速经历了简单的手工生产、中级的大规模生产,目前正向复杂的综合性生产迈进,而综合性生产阶段使用的技术是复杂性技术,复杂性技术的创新通常具有投入大、周期长、风险大的特征,且创新会在不确定的节点上呈现涌现现象,因此需要大规模、持续、稳定的资金投入。作为创新主体的企业,需要资金来维持正常的生产经营活动,单靠其内源融资很难进行持续大规模的 R&D 投资,其创新活动必然需要外部金融市场的支持。从国际经验来看,创新水平高的地区大都有发达的金融市场相伴生,因此积极引导金融市场支持实体经济技术创新是实现高水平科技自立自强的必然选择。中国政府历来就十分重视利用财政金融手段对技术创新进行支持:对重大科研攻关项目的直接组织和投资;对企业技术创新进行补贴,引导商业银行对企业技术创新项目进行科技贷款等。随着中国实体经济发展取得巨大成就,以及国际经济、政治、文化地位的大幅提升,中国金融强国建设逐步提上日程(杨涤,2004;白钦先和刘刚,2006;陆磊,2015)。党的十九大报告也明确提出要深化金融体制改革,增强金融服务实体经济的能力,这是金融强国建设的实际行动。金融强国的核心要义是金融市场发育程度要高,能够参与甚至决定全球金融资源的配置,即利用国内国际两个市场的金融资源来支持中国实体经济发展,尤其是技术创新。基于对中国改革开放以来金融市场发展,以及金融深化、金融结构优化、金融市场竞争增强、金融效率提高、普惠金融发展五个维度金融发展促进企业技术创新机制的研究,为更好地引导金融市场服务实体经济,实现中国高水平科技自立自强,本研究提出以下金融发展优化路径:

第一,以市场化改革为抓手,继续推进金融深化战略,建设金融强国。继续健全和完善市场化利率形成机制,控制通货膨胀,提高金融资产实际收益率;适度放宽金融机构进入壁垒,推动金融机构服务向底层拓展,增加金融市场厚度。推动金融市场多元化建设,促进跨业融合与竞争,鼓励金融产品创新、业态创新,拓展金融市场宽度。深化"放管服"改革,完善金融企业,尤其是国有金融企业现代企业制度建设,提高金融市场自由度。稳步推进人民币国际化,参与全球金融治理;建设具有世界竞争力的国际金融中心,吸引全球金融资源向中国汇聚;培育世界顶级金融机构,引领中国金融强国建设。

第二,积极推进中国金融结构转型升级,深化金融供给侧结构性改革,提高金融结构对创新的风险包容性和风险承担能力。加大银行体系中科技金融的建设力度,提升银行系统对技术创新风险的承受能力;加快多层次资本市场体系建设,提高直接融资比重,在为企业降杠杆的过程中提高其技术创新投资倾向;重点是通过加强制度建设,深入推进资本市场改革,促进资本市场长期健康发展。以科创板、注册制改革为支点,降低创新型企业股权融资的难度。推动 VC、PE 及天使投资等风险包容性高的创新创业投资市场建设,从根本上改变中国金融结构风险承受力较低的局面,以金融结构的优化升级推动技术创新与结构的优化升级。

第三,多措并举推动金融业市场竞争,降低金融机构尤其是头部金融机构的市场势力。以新一轮的股权改革推动金融机构的深化改革,进一步消除金融系统的区域性、行业性壁垒;在金融风险可控的条件下,适度降低金融准入门槛,推动金融主体的市场竞争;进一步扩大金融开放,增强金融市场活力。进一步鼓励股份制银行、各地区城商行的发展,打破区域性经营壁垒,使其能够与大型商业银行形成全国性竞争;加快推动股权市场和债券市场发展,使其能够对银行业形成跨业竞争压力;充分利用金融科技发展成果,有序推进互联网金融等新型金融业态发展,拓宽企业融资渠道;稳步推进银行业对外开放,引入外部竞争,发挥其"鲶鱼效应"。

第四,提升金融系统对实体经济和技术创新服务的主体功能效率。加大金融基础设施的建设力度,积极运用以互联网、云计算、大数据等为基础的最新金融科技成果对传统金融系统进行改造,一方面传统金融系统要积极应用以互联网、云计算、大数据等为基础的最新金融科技成果,提高其对创新企业"软信息"的搜集和甄别效率,降低金融机构与创新企业间的信息不对称程度;另一方面要有序推动 P2P、众筹、网络银行等新型金融业态发展,为中小企业等"长尾客户"提供有效的金融服务。进行金融系统体制机制创新,深化国有金融机构管理体制创新改革,尤其是改革和完善金融机构监管考核和内部激励机制,提升金融机构本身的风险包容性和支持实体经济的积极性,形成金融体系支持实体经济发展,尤其是支持实体经济创新的长效机制。

第五,多维度推进普惠金融建设,尤其是大力发展数字普惠金融。构建和完善普惠金融法律框架,为普惠金融体系建设指明方向;鼓励区域性小型金融机构的创立和发展,使其深耕尾部金融需求;加强对中小微企业及大众的金融消费者教育,增强金融消费者自我保护和信用自我维护的意识;运用新兴金融科技技术,深挖大数据,提高社会征信的广度、深度和精度,为普惠金融建设提供坚实的信息基础;提升金融业同业竞争以及跨业竞争水平，降低头部金融机构以及融资平台市场势力，发挥金融业市场竞争的普惠效应；深化国有及国有控股金融机构改革和金融业市场体制改革，提高金融企业效率和市场效率，为降低融资费用奠定基础；进一步完善贷款抵押品制度，适度扩大知识产权及其他非物质产权抵押规模，提升创新型小微企业资信水平；加强对创新型中小企业股权融资和债券融资的政策支持力度，发挥多层次资本市场的普惠作用；顺应数字经济发展大潮，用金融科技改造传统金融机构，在坚守金融风险的底线条件下，大力推动数字金融产品和金融服务创新。

第六，疏通传导渠道，提升金融发展促进企业技术创新的作用效能。疏通信贷传导渠道，使金融市场厚度增加能够惠及创新企业，提升信贷资金的可获得性，缓解其融资约束；完善信用体系、担保体系建设，适度降低资本市场进入门槛，推动供应链金融建设，降低企业融资成本；降低头部金融机构市场势力，促进同业竞争和跨业竞争，提升金融机构服务效率。进一步深化利率市场化改革，增加利率对资金供求和风险的敏感性；减少政府对银行信贷资金的直接政策性配置，降低"关系型"信贷的比重，使信贷资金能够无阻碍地向高效部门和创新部门流动；消除人力资本行业间、区域间流动壁垒，疏通人力资本回流机制。疏通普惠金融促进企业技术创新的传导渠道，重点加强融资成本降低机制的建设。加强和完善社会信用体系建设，运用大数据、人工智能等新一代信息技术，打破"信息孤岛"，构建完备的小微企业以及个人信用数据库；引导各级地方政府深耕基础，培育和辅助小微创新型企业，推动利率、担保费率等融资成本对其定向下降；营造人才立国、技术强国的文化氛围，创造条件引领青年人才树立钻研基础科学、创新报国的志向；提高科研技术人员相对收入，打破人才流动壁垒，促进人才由虚拟经济向实体经济尤其是创新部门的流转。

参考文献

[1] 安同良,姜舸,王大中.中国高技术制造业技术测度与赶超路径——以锂电池行业为例[J].经济研究,2023,58(01):192-208.

[2] 安同良,千慧雄.中国居民收入差距变化对企业产品创新的影响机制研究[J].经济研究,2014,49(09):62-76.

[3] 安同良,千慧雄.中国企业 R&D 补贴策略:补贴阈限、最优规模与模式选择[J].经济研究,2021,56(01):122-137.

[4] 安同良,施浩,ALCORTA L.中国制造业企业 R&D 行为模式的观测与实证——基于江苏省制造业企业问卷调查的实证分析[J].经济研究,2006,(02):21-30,56.

[5] 安同良,魏婕,姜舸.基于复杂网络的中国企业互联式创新[J].中国社会科学,2023,(10):24-43,204-205.

[6] 安同良,魏婕,舒欣.中国制造业企业创新测度——基于微观创新调查的跨期比较[J].中国社会科学,2020,(03):99-122,206.

[7] 安同良.中国企业的技术选择[J].经济研究,2003,(07):76-84,92.

[8] 白俊红,刘宇英.金融市场化与企业技术创新:机制与证据[J].经济管理,2021,43(04):39-54.

[9] 白钦先,刘刚.金融强国:中国的战略选择[J].经济与管理研究,2006,(06):5-14.

[10] 贝多广.好金融好社会:中国普惠金融发展报告(2015)[M].北京:经济管理出版社,2016.

[11] 程惠芳,陆嘉俊.知识资本对工业企业全要素生产率影响的实证分析[J].经济

研究,2014,49(05):174-187.

[12] 戴静,杨筝,刘贯春,等.银行业竞争、创新资源配置和企业创新产出——基于中国工业企业的经验证据[J].金融研究,2020,(02):51-70.

[13] 樊纲,王小鲁,朱恒鹏.中国市场化指数:各地区市场化相对进程 2011 年报告[M].北京:经济科学出版社,2011.

[14] 范兆斌,张柳青.中国普惠金融发展对贸易边际及结构的影响[J].数量经济技术经济研究,2017,34(09):57-74.

[15] 方芳,蔡卫星.银行业竞争与企业成长:来自工业企业的经验证据[J].管理世界,2016,(07):63-75.

[16] 龚强,张一林,林毅夫.产业结构、风险特性与最优金融结构[J].经济研究,2014,49(04):4-16.

[17] 贾春新.金融深化:理论与中国的经验[J].中国社会科学,2000,(03):50-59,204.

[18] 姜付秀,蔡文婧,蔡欣妮,等.银行竞争的微观效应:来自融资约束的经验证据[J].经济研究,2019,54(06):72-88.

[19] 金麟洙.从模仿到创新:韩国技术学习的动力(中译本)[M].北京:新华出版社,1998.

[20] 李建军,张丹俊.中小企业金融排斥程度的省域差异[J].经济理论与经济管理,2015,(08):92-103.

[21] 李健,贾玉革.金融结构的评价标准与分析指标研究[J].金融研究,2005,(04):57-67.

[22] 李青原,李江冰,江春,等.金融发展与地区实体经济资本配置效率——来自省级工业行业数据的证据[J].经济学(季刊),2013,12(02):527-548.

[23] 李再扬,冯根福.西方金融市场效率理论发展述评[J].财贸经济,2003,(07):90-95,97.

[24] 林毅夫,孙希芳,姜烨.经济发展中的最优金融结构理论初探[J].经济研究,2009,44(08):4-17.

[25] 林毅夫,巫和懋,邢亦青."潮涌现象"与产能过剩的形成机制[J].经济研究,
    2010,45(10):4-19.

[26] 刘超,孙晓鹏.金融结构对金融风险影响的空间外溢性与区域异质性研究[J].
    统计研究,2023,40(04):73-87.

[27] 刘莉亚,余晶晶,杨金强,等.竞争之于银行信贷结构调整是双刃剑吗?——中
    国利率市场化进程的微观证据[J].经济研究,2017,52(05):131-145.

[28] 刘尚希,王志刚,程瑜,等.降成本:2018年的调查与分析[J].财政研究,2018,
    (10):2-24.

[29] 刘文琦,何宜庆,郑悦.金融深化、融资约束与企业研发投资——基于行业异质
    性视角的分析[J].江西社会科学,2018,38(12):197-206.

[30] 陆磊.在改革开放中建设金融强国[N].人民日报,2015-10-14(007).

[31] 孟猛.金融深化和经济增长间的因果关系——对我国的实证分析[J].南开经济
    研究,2003,(01):72-74.

[32] 彭俞超.金融功能观视角下的金融结构与经济增长——来自1989～2011年的
    国际经验[J].金融研究,2015,(01):32-49.

[33] 千慧雄,安同良.银行业市场竞争对企业技术创新的影响机制研究[J].社会科
    学战线,2021,(03):83-92.

[34] 千慧雄,安同良.中国金融结构与创新结构的适应性研究[J].经济学家,2020,
    (02):88-98.

[35] 千慧雄,安同良.中国金融深化对企业技术创新的影响机制研究[J].南京社会
    科学,2022,(07):50-60.

[36] 邵宜航,刘仕保,张朝阳.创新差异下的金融发展模式与经济增长:理论与实证
    [J].管理世界,2015,(11):29-39.

[37] 孙伍琴,王培.中国金融发展促进技术创新研究[J].管理世界,2013,(06):172-
    173.

[38] 唐松,伍旭川,祝佳.数字金融与企业技术创新——结构特征、机制识别与金融
    监管下的效应差异[J].管理世界,2020,36(05):52-66,9.

[39] 王定祥,李伶俐,冉光和.金融资本形成与经济增长[J].经济研究,2009,44
    (09):39-51,105.

[40] 王建国.金融自由化与金融深化[J].金融研究,1998,(09):34-37.

[41] 王贞洁,沈维涛.金融生态环境、异质性债务与技术创新投资——基于我国制造
    业上市公司的实证研究[J].经济管理,2013,35(12):130-139.

[42] 谢雪燕,朱晓阳.数字金融与中小企业技术创新——来自新三板企业的证据
    [J].国际金融研究,2021,(01):87-96.

[43] 徐浩,温军,冯涛.制度环境、金融发展与技术创新[J].山西财经大学学报,
    2016,38(06):41-52.

[44] 杨涤.提高我国金融资源配置效率的途径研究——中国的金融强国之路探索
    [J].世界经济研究,2004,(02):23-27.

[45] 杨友才.金融发展与经济增长——基于我国金融发展门槛变量的分析[J].金融
    研究,2014,(02):59-71.

[46] 易纲.中国的利率体系与利率市场化改革[J].金融研究,2021,(09):1-11.

[47] 易纲.中国金融资产结构分析及政策含义[J].经济研究,1996,(12):26-33.

[48] 易信,刘凤良.金融发展、技术创新与产业结构转型——多部门内生增长理论分
    析框架[J].管理世界,2015,(10):24-39,90.

[49] 余超,杨云红.银行竞争、所有制歧视和企业生产率改善[J].经济科学,2016,
    (02):81-92.

[50] 张成思,刘贯春.最优金融结构的存在性、动态特征及经济增长效应[J].管理世
    界,2016,(01):66-77.

[51] 张杰,芦哲,郑文平,等.融资约束、融资渠道与企业 R&D 投入[J].世界经济,
    2012,35(10):66-90.

[52] 张杰,吴迪.银行与企业的关系:共生抑或掠夺[J].经济理论与经济管理,2013,
    (06):77-90.

[53] 张杰,郑文平,新夫.中国的银行管制放松、结构性竞争和企业创新[J].中国工
    业经济,2017,(10):118-136.

[54] 张军,金煜. 中国的金融深化和生产率关系的再检测:1987—2001[J]. 经济研究,2005,(11):34 - 45.

[55] 张若雪,袁志刚. 技术创新能力、金融市场效率与外部经济失衡[J]. 金融研究,2010,(12):57 - 66.

[56] 张璇,李子健,李春涛. 银行业竞争、融资约束与企业创新——中国工业企业的经验证据[J]. 金融研究,2019,(10):98 - 116.

[57] 赵奇伟,张诚. 金融深化、FDI 溢出效应与区域经济增长:基于 1997~2004 年省际面板数据分析[J]. 数量经济技术经济研究,2007,(06):74 - 82.

[58] AGARWAL S, HAUSWALD R. Distance and Private Information in Lending [J]. Review of Financial Studies, 2010, 23(7): 2757 - 2788.

[59] AGHION P, ANGELETOS G M, BANERJEE A, et al. Volatility and Growth: Credit Constraints and Productivity-Enhancing Investment[Z]. NBER Working Papers, 2005.

[60] AGHION P, HOWITT P. A Model of Growth Through Creative Destruction [J]. Econometrica, 1992, 60(2): 323 - 351.

[61] ALLEN F, GALE D. Comparing Financial Systems[M]. Cambridge, MA: MIT Press, 2000.

[62] ALLEN F, GALE D. Diversity of Opinion and Financing of New Technologies [J]. Journal of Financial Intermediation, 1999, 8(1 - 2): 68 - 89.

[63] ALLEN F, GALE D. Financial Markets, Intermediaries, and Intertemporal Smoothing[J]. Journal of Political Economics, 1997, 105(33): 523 - 546.

[64] ALMAZAN A. A Model of Competition in Banking: Bank Capital vs Expertise [J]. Journal of Financial Intermediation, 2002, 11(1): 87 - 121.

[65] AMORE M D, SCHNEIDERB C, ŽALDOKAS A. Credit Supply and Corporate Innovation[J]. Journal of Financial Economics, 2013, 109(3): 835 - 855.

[66] ANG J B, MCKIBBIN W J. Financial Liberalization, Financial Sector

Development and Growth: Evidence From Malaysia[J]. Journal of Development
Economics, 2007, 84(1): 215 - 233.

[67] ARCAND J L, BERKES E, PANIZZA U. Too Much Finance? [Z] IMF
Working Paper 12/161.

[68] AW B Y, ROBERTS M J, XU D Y. R&D Investment, Exporting, and
Productivity Dynamics[J]. American Economic Review, 2011, 101(4): 1312 -
1344.

[69] BARON R M, KENNY D A. The Moderator-Mediator Variable Distinction in
Social Psychological Research: Conceptual, Strategic, and Statistical
Considerations[J]. Journal of Personality and Social Psychology, 1986, 51(6):
1173 - 1182.

[70] BAUMOL W J. The Free-Market Innovation Machine: Analyzing the Growth
Miracle of Capitalism[M]. Princeton: Princeton University Press, 2002.

[71] BECK T, LEVINE R. Industry Growth and Capital Allocation: Does Having a
Market-or Bank-system Matter? [J]. Journal of Financial Economics, 2002, 64
(2): 147 - 180.

[72] BECK T, DEGRYSE H, KNEER C. Is More Finance Better? Disentangling
Intermediation and Size Effects of Financial Systems[J]. Journal of Financial
Stability, 2014, 10: 50 - 64.

[73] BECK T, DEMIRGÜÇ-KUNT A, MAKSIMOVIC V. Bank Competition and
Access to Finance: International Evidence[J]. Journal of Money Credit Bank,
2004, 36(3): 627 - 648.

[74] BENCIVENGA V R, SMITH B D. Some Consequences of Credit Rationing in
an Endogenous Growth Model[J]. Journal of Economic Dynamics and Control,
1993, 17: 97 - 122.

[75] BENFRATELLO L, SCHIANTARELLI F, SEMBENELLI A. Banks and
Innovation: Microeconometric Evidence on Italian Firms[J] Journal of Financial

Economics, 2008, 90 (2): 197 - 217.

[76] BERGER A N, HUMPHREY D B. The Dominance of Inefficiencies over Scale and Product Mix Economies in Banking[J]. Journal of Monetary Economics, 1991, 28(1): 117 - 148.

[77] BLACKBURN K, HUNG V A. Theory of Growth, Financial Development and Trade[J]. Economica, 1998, 65(257): 107 - 124.

[78] BOOT A W A, GREENBAUM S J, THAKOR A. Reputation and Discretion in Financial Contracting[J]. American Economic Review, 1993, 83: 1165 - 1183.

[79] BOYD J H, PRESCOTT E C. Financial Intermediary Coalitions[J]. Journal of Economic Theory, 1986, 38(2): 211 - 232.

[80] CARBO S, GARDENER E P M, MOLYNEUX P. Financial Exclusion in Europe[J]. Public Money & Management, 2010, 27(1): 21 - 27.

[81] CECCHETTI G, KHARROUBI E. Reassessing the Impact of Finance on Growth[Z] BIS Working Papers 2012, No. 381.

[82] CETORELLI N, STRAHAN P. Finance as a Barrier to Entry: Bank Competition and Industry Structure in Local U. S. Markets[J]. Journal of Finance, 2006, 61(1): 437 - 461.

[83] CETORELLI N. Competition Among Banks: Good or Bad? [J]. Economic Perspectives, 2001, 25(2): 38 - 48.

[84] CHAVA S, OETTL A, SUBRAMANIAN A, et al. Banking Deregulation and Innovation[J]. Journal of Financial Economics, 2013, 109(3): 759 - 774.

[85] CLARK J A, SPEAKER P J. Economies of Scale and Scope in Banking: Evidence from a Generalized Translog Cost Function[J]. Quarterly Journal of Business and Economics, 1994, 33: 3 - 25.

[86] CONROY J. APEC and Financial Exclusion: Missed Opportunities for Collective Action? [J]. Asia-Pacific Development Journal, 2005, 12(1): 53 - 79.

[87] COURNÈDE B, DENK O. Finance and Economic Growth in OECD and G20 Countries[Z]. OECD Economics Department Working Papers, 2015, No. 1223.

[88] D'ACUNTOF, FRÉSARD L. Finance, Talent Allocation, and Growth[Z]. CESifo Working Paper Series 6883, 2018, CESifo.

[89] DEGRYSE H, ONGENA S. Distance, Lending Relationships, and Competition [J]. Journal of Finance, 2005, 60(1): 231 – 266.

[90] DEMIRGÜÇ-KUNT A, FEYEN E, LEVINE R. The Evolving Importance of Banks and Securities Markets[J]. World Bank Economic Review, 2012, 27(3), 476 – 490.

[91] DIAMOND D W. Financial Intermediation and Delegated Monitoring [J]. Review of Economic Studies, 1984, 51(3): 393 – 414.

[92] EMERSON R, HALL S G, ZALEWSKA-MITURA A. Evolving Market Efficiency with an Application to Some Bulgarian Shares[J]. Economic Change and Restructuring, 1997, 30(2 – 3): 75 – 90.

[93] EMILIA B D P, GOBBI G. The Changing Structure of Local Credit Markets: Are Small Business Especial? [J]. Journal of Banking and Finance, 2001, 25 (12): 2209 – 2237.

[94] EMILIA B D P, DELL'ARICCIA G. Bank Competition and Firm Creation[J]. Journal of Money, Credit and Banking, 2004, 36(2): 225 – 251.

[95] FAMA E F. Efficient Capital Markets: A Review of Theory and Empirical Work[J]. Journal of Finance, 1970, 25: 383 – 417.

[96] Federal Deposit Insurance Corporation. 2013 FDIC National Survey of Unbanked and Underbanked Households[R]. FDIC, Washington, DC, 2014.

[97] FERRARIS L, MINETTI R. Foreign Lenders and the Real Sector[J]. Journal of Money, Credit and Banking, 2007, 39(4): 945 – 964.

[98] FRIEDMAN M. A Natural Experiment in Monetary Policy Covering Three

Episodes of Growth and Decline in the Economy and the Stock Market[J]. The Journal of Economic Perspectives, 2005, 19(4): 145 – 150.

[99] FRY M J. Money and Capital or Financial Deepening in Economic Development? [J]. Journal of Money, Credit and Banking, 1978, 10(4): 464 – 475.

[100] GERSCHENKRON A. Economic Backwardness in Historical Perspective-A Book of Essays[M]. Cambridge: Harvard University Press, 1962.

[101] GOLDSMITH R W. Financial Structure and Development[M]. New Haven: Yale University Press, 1969.

[102] GREENWOOD J, JOVANOVIC B. Financial Development, Growth, and the Distribution of Income[J]. Journal of Political Economy, 1990, 98(5): 1076 – 1107.

[103] GROSSMAN S J, STIGLITZ J. On the Impossibility of Informationally Efficient Markets[J]. American Economic Review, 1980, 70: 393 – 408.

[104] GRüNDLER K. The Vanishing Effect of Finance on Growth[Z]. Discussion Paper Series 133, 2015.

[105] GURLEY J G, SHAW E S. Financial Aspects of Economic Development[J]. The American Economic Review, 1955, 45(4): 515 – 538.

[106] HABIBULLAH M S, ENG Y K. Does Financial Development Cause Economic Growth? a Panel Data Dynamic Analysis for the Asian Developing Countries[J]. Journal of the Asia Pacific Economy, 2006,11(4): 377 – 393.

[107] HALL B H, LERNER J. The Financing of R&D and Innovation[Z]//HALL B H, ROSENBERG N (eds). Handbook of the Economics of Innovation. North-Holland Publishers, Elsevier, Amsterdam, 2010: 609 – 639.

[108] HARHOFF D. Are There Financing Constraints for R&D and Investment in German Manufacturing Firms? [J]. Annals of Economics and Statistics, 1998,49 – 50: 421 – 456.

[109] HAUSWALD R, MARQUEZ R. Competition and Strategic Information

Acquisition in Credit Markets[J]. Review of Financial Studies, 2006, 19(3): 967 - 1000.

[110] HICKS J R. A Theory of Economic History[M]. Oxford: Oxford University Press, 1969.

[111] HOLMSTROM B, TIROLE J. Market Liquidity and Performance Monitoring [J]. Journal of Political Economy, 1993, 101: 678 - 709.

[112] HOSHI T, KASHYAP A, SCHARFSTEIN D. Corporate Structure, Liquidity, and Investment: Evidence from Japanese Industrial Groups [J]. Quarterly Journal of Economics, 1991, 106(1): 33 - 60.

[113] JAYARATNE J, STRAHAN P E. The Finance-Growth Nexus: Evidence from Bank Branch Deregulation[J]. The Quarterly Journal of Economics, 1996, 111(3): 639 - 670.

[114] KASMAN A. Cost Efficiency, Scale Economies, and Technological Progress in Turkish Banking[J]. Central Bank Review, 2002, 2(1):1 - 20.

[115] KEMME D M. Financial Structure and Economic Growth: A Cross-Country Comparison of Banks, Markets and Development[J]. Comparative Economic Studies, 2005, 47(4): 710 - 712.

[116] KING R G, LEVINE R. Finance and Growth: Schumpeter Might Be Right [J]. Quarterly Journal of Economics, 1993a,108(3): 717 - 737.

[117] KING R G, LEVINE R. Finance, Entrepreneurship and Growth: Theory and Evidence[J]. Journal of Monetary Economics, 1993b, 32(3): 513 - 542.

[118] KPODAR K, SINGH R J. Does Financial Structure Matter for Poverty? Evidence from Developing Countries [Z]. Policy Research Working Paper Series 5915, The World Bank, 2011.

[119] KUZNETS S. International Differences in Capital Formation and Financing [Z]//Capital Formation and Economic Growth, National Bureau of Economic Research, Inc, 1955: 19 - 111.

[120] LAW S H, NIRVIKAR S. Does too much Finance Harm Economic Growth? [J]. Journal of Banking and Finance, 2014, 41: 36 - 44.

[121] LEVINE R. Finance and Growth: Theory andEvidence[Z]. NBER Working Papers 10766, 2004.

[122] LEVINE R. Stock Markets, Growth, and Tax Policy[J]. Journal of Finance, 1991, 46: 1445 - 1465.

[123] LEYSHON A, THRIFT N. The Restructuring of the U. K. Financial Services Industry in the 1990s: a Reversal of Fortune? [J]. Journal of Rural Studies, 1993, 9(3): 223 - 241.

[124] LIAN Y. Bank Competition and the Cost of Bank Loans[J]. Review of Quantitative Finance and Accounting, 2018, 51(1): 253 - 282.

[125] LOURY G C. Market Structure and Innovation[J]. The Quarterly Journal of Economics, 1979, 93(3): 395 - 410.

[126] LOVE I, PERÍA M S M. How Bank Competition Affects Firms' Access to Finance[J]. World Bank Economic Review, 2015, 29(3): 413 - 448.

[127] MBOME M S. Financial Development, Macroeconomic Stability and Growth [Z]. Departmental Working Papers, 2016.

[128] MCKEE G, KAGAN A. Community Bank Structure an x-efficiency Approach [J]. Review of Quantitative Finance and Accounting, 2018, 51(1): 19 - 41.

[129] MCKINNON R I. Money and Capital in Economic Development [M]. Washington, DC: Brookings Institution, 1973.

[130] MEIERRIEKS D. Financial Development and Innovation: Is There Evidence of a Schumpeterian Finance-Innovation Nexus? [J]. Annals of Economics and Finance, 2015, 15(2): 61 - 81.

[131] MERTON R C. A Simple Model of Capital Market Equilibrium with Incomplete Information[J]. Journal of Finance, 1987, 42(3): 483 - 509.

[132] MI B, HAN L. Banking Market Concentration and Syndicated Loan Prices

[J]. Review of Quantitative Finance and Accounting, 2020, 54(1): 1 - 28.

[133] MILLER M H. Financial Markets and Economic Growth[J]. Journal of Applied Corporate Finance, 1998, 11(3): 8 - 14.

[134] MINSKY H. The Modeling of Financial Instability: An Introduction[C]// Proceedings of the Fifth Annual Pittsburgh Conference, Instruments Society of America, 1974: 267 - 72.

[135] MORALES M F. Financial Intermediation in a Model of Growth Through Creative Destruction[J]. Macroeconomic Dynamics, 2003, 7: 363 - 93.

[136] MUDD S. Bank Structure, Relationship Lending and Small Firm Access to Finance: A Cross-country Investigation [J]. Journal of Financial Services Research, 2013, 44(2): 149 - 174.

[137] ONGENA S, SMITH D C. The Duration of Bank Relationships[J]. Journal of Finance Economics, 2001, 61(3): 449 - 475.

[138] PATRICK H T. Financial Development and Economic Growth in Underdeveloped Countries[J]. Economic Development and Cultural Change, 1966, 14: 174 - 189.

[139] PETERSEN M, RAJAN R. Does Distance Still Matter: the Information Revolution in Small Business Lending[J]. Journal of Finance, 2002, 57(6): 2533 - 2570.

[140] PHILIPPE A, PETER H, DAVID M F. The Effect of Financial Development on Convergence: Theory and Evidence [J]. The Quarterly Journal of Economics, 2005(1): 173 - 222.

[141] PHILIPPON T, RESHEF A. An International Look at the Growth of Modern Finance[J]. The Journal of Economic Perspectives, 2013, 27 (2): 73 - 96.

[142] PHILIPPON T. Financiers Versus Engineers: Should the Financial Sector Be Taxed or Subsidized? [J]. American Economic Journal: Macroeconomics, 2010, 2 (3): 158 - 182.

[143] PORTA R L, LOPEZ-DE-SILANES F, SHLEIFER A, et al. Law and Finance[J]. Journal of Political Economy, 1998, 106(6): 1113 - 1155.

[144] RAJAN R G, ZINGALES L. Financial Dependence and Growth[J]. American Economic Review, 1998, 88(3): 559 - 586.

[145] RAJAN R G, ZINGALES L. Financial Systems, Industrial Structure, and Growth[J]. Oxford Review of Economic Policy, 2001, 17(4): 467 - 482.

[146] RAJAN R G, ZINGALES L. Which Capitalism? Lessons From the East Asian Crisis[J]. Journal of Applied Corporate Financial, 1999, 47: 1367 - 1400.

[147] RAJAN R. Has Financial Development Made the World Riskier? [C]. Proceedings of the 2005 Jackson Hole Conference organized by the Kansas City Fed, 2005.

[148] ROBINSON J. The Generalization of the General Theory[G]. The Rate of Interest and Other Essays, London: Macmillan, 1952.

[149] ROMER P M. Endogenous Technological Change[J]. Journal of Political Economy, 1990, 98(5): 71 - 102.

[150] SARMA M. Index of Financial Inclusion[Z]. Indian Council for Research on International Economic Relations New Delhi Working Papers, 2008.

[151] SCHUMPETER J A. The Theory of Economic Development[M]. Cambridge, MA: Harvard University Press, 1934.

[152] SHAW E S. Financial Deepening in Economic Development[M]. New York: Oxford University Press, 1973.

[153] STEIN J C. Information Production and Capital Allocation: Decentralized Versus Hierarchical Firms[J]. Journal of Finance, 2002, 57(5):1891 - 1921.

[154] STIGLITZ J E. Credit Markets and the Control of Capital[J]. Journal of Money, Credit and Banking, 1985, 17: 133 - 152.

[155] SYVERSON C. What Determines Productivity? [J]. Journal of Economic Literature, 2011, 49(2): 326 - 365.

[156] TIAN L, HAN L. How Local is Local? Evidence from Bank Competition and Corporate Innovation in U. S. [J]. Review of Quantitative Finance and Accounting, 2019, 52(1): 289 – 324.

[157] TOBIN J. On the efficiency of the financial system[J]. Lloyds Bank Review, 1984, 153: 1 – 15.

[158] TOWNSEND R M, UEDA K. The Financial Deepening, Inequality, and Growth: A Model-Based Quantitative Evaluation[J]. Review of Economic Studies, 2006, 73(1): 251 – 280.

[159] WAGNER J. Exports and Productivity: A Survey of the Evidence from Firm-level Data[J]. The World Economy, 2007, 30(1): 60 – 82.

[160] WAGNER J. The Causal Effects of Exports on Firm Size and Productivity: First Evidence from a Matching Approach[J]. Economics Letters, 2002, 77 (2): 287 – 292.

[161] World Bank. Global Financial Development Report 2014: Financial Inclusion [R]. World Bank Publications—Books, The World Bank Group, number 16238, 2014.

[162] XU Z. Financial Development, Investment, and Economic Growth [J]. Economic Inquiry, 2000, 38(2): 331 – 344.